本书为国家社会科学基金项目“粮食主产区粮食生产规模与效率同步提升的机理及其实现途径研究”（编号：15BJY094）最终成果
本书获湖南省国内一流培育学科（农林经济管理）建设资助

经济管理学术文库 • 经济类

粮食主产区粮食生产规模与效率同步提升的机理及其实现途径研究

Research on the Mechanism of Synchronous Promotion and Its Realization on the Grain Production Scale and Efficiency in Main Grain Producing Areas

罗光强／著

经济管理出版社
ECONOMY & MANAGEMENT PUBLISHING HOUSE

图书在版编目（CIP）数据

粮食主产区粮食生产规模与效率同步提升的机理及其实现途径研究/罗光强著．—北京：经济管理出版社，2020.11

ISBN 978-7-5096-7448-2

Ⅰ.①粮…　Ⅱ.①罗…　Ⅲ.①粮食产区—粮食—生产—研究—中国　Ⅳ.①F326.11

中国版本图书馆 CIP 数据核字（2020）第 162365 号

组稿编辑：曹　靖
责任编辑：任爱清
责任印制：任爱清
责任校对：王纪慧

出版发行：经济管理出版社
（北京市海淀区北蜂窝 8 号中雅大厦 A 座 11 层　100038）
网　　址：www. E-mp. com. cn
电　　话：（010）51915602
印　　刷：北京玺诚印务有限公司
经　　销：新华书店
开　　本：720mm×1000mm/16
印　　张：13.25
字　　数：252 千字
版　　次：2020 年 11 月第 1 版　　2020 年 11 月第 1 次印刷
书　　号：ISBN 978-7-5096-7448-2
定　　价：88.00 元

前　言

目前，我国粮食生产成本不断上涨，粮食生产受到价格“天花板”和成本“地板”的双重挤压，出现所谓的“三高”问题，粮食补贴和价格保护两项基本政策开始出现与新环境“水土不服”的问题。因此，创新粮食主产区粮食生产体制，发展适度规模经营，提高粮食生产效率，既是战略上保障国家粮食安全、转变生产方式、提高粮食产品国际竞争力的必然选择，也是策略上提高粮食生产综合能力、推进现代化粮食生产、实现“四化”同步发展目标的必要举措，又是政策上解决新时期粮食安全与农民增收矛盾、保护粮农积极性的着力点与突破口，更是着力化解粮食生产高产出与低效率内在矛盾的现实需要。

首先，本书从理论视角考察了经济学理论关于农业规模生产效率的“IR”之争，提出“粮食生产的规模化经营不等同于工业生产的规模化经营”的逻辑假设，界定了粮食规模生产效应的多功能和完全成本等概念，由此构建了主产区粮食生产规模与效率同步提升的理论分析框架。其次，从现实视角考察了中国粮食生产规模和效率演变的现实特征，选择代表性主产区考量粮食规模生产的多功能性特征和粮食规模生产的完全成本以及粮食专项补贴政策的现实偏差、主产区粮食生产规模与效率同步提升的现实基础等问题。再次，利用门槛模型实证分析了粮食生产规模与效率同步提升的禀赋条件及其特征，回答了主产区实施粮食生产规模与效率同步提升的可行性问题；利用宏观统计数据，实证分析了主产区粮食生产效率的时序演变特征、空间演变特征和SFA模型计量特征；从宏微观视角分析了主产区粮食生产规模与效率同步提升的影响因素。最后，基于理论与实证分析的基础，探讨了实现主产区粮食生产规模与效率同步提升的机理与途径。

本书的主要观点与特色主要体现在以下五个方面：一是立足中国粮食生产国情，特别是粮食生产传统精耕细作方式和土地家庭承包责任制以及国家粮食安全责任等，解决中国粮食主产区粮食规模经济效应的内在不经济和外在不经济及其内外在经济的非协同性等问题，以探索主产区粮食生产规模与效率同步提升的有效途径。二是粮食生产的规模化经营不等同于工业生产的规模化经营，粮食生产的规模化经营具有规模效应的多功能性特征，现代粮食规模生产的多功能表现为经济功能、生态功能、休闲功能等；因此，主产区粮食大户专项补贴政策的设计应该基于粮食规模生产的多功能目标和行为。三是粮食生产的自然特性、市场特性和社会特性（粮食安全）决定着粮食生产成本完全不同于一般工业品生产成本，粮食生产成本的社会特性即经济学所界定的外部经济性。因此，将包括外部经济补偿的粮食生产总成本称为“完全成本”，并利用完全成本概念厘清财政补贴的责任边界、内容和标准。四是主产区粮食规模生产实属主产区禀赋经济演变的现代化方式，具有分工专业化、要素市场化、经济形式混合化等粮食生产文明演进特征。因此，粮食主产区需要从区域经济特色化、生产服务公共化、生产行为市场化等推进粮食生产规模化、集约化与专业化发展，实现粮食规模经济效应。五是我国粮食主产区粮食规模生产正处于重要发展阶段，粮食生产规模经济效应具有阶段性演变的多适度规模区间和多适度空间。因此，实施国家粮食生产规模与效率同步提升战略必须遵循粮食生产规模效应的时序演变规律和空间演变规律，因时施策、因异施治，充分发挥中央、地方和市场主体的协同效应。

本书是在国家社会科学基金项目研究成果（编号：15BJY094）的基础上撰写而成，在此特向课题组成员表示感谢。由于笔者水平有限，撰写时间仓促，因此书中错误和不足之处在所难免，恳请广大读者批评指正。

罗光强

2020 年 7 月 6 日于长沙东湖

目 录

第一章　导论

第一节　选题背景与意义

一、选题背景

近年来我国粮食生产已经进入艰难的瓶颈期，在“洋货入市、国货入库”愈演愈烈的时代背景下（何秀荣，2016），我国粮食生产成本不断上涨，粮食生产受到价格“天花板”和成本“地板”的双重挤压，粮食补贴和价格保护两项基本政策开始出现与新环境“水土不服”的问题（孔祥智）；同时，日益稀缺的资源和脆弱的生态环境正对粮食生产出现的高投入、高产出的经营模式亮起“红灯”，保障粮食安全面临严峻的挑战（程国强）。几乎到了为“养活”自己而不遗余力，付出昂贵代价却日感捉襟见肘。面对这种严峻的产业形势，只有创新粮食生产体制，寻求中国农业发展方式的转变，发展适度规模经营，提高粮食生产效率，才能解决“由谁种田、怎样种田、提高粮食产业竞争力”的问题，也是吻合新时期发展阶段变化的逻辑和必然要求。

中央一号文件多次强调提出，把农业发展从主要追求产量和依赖资源消耗的粗放经营转到数量质量效益并重、注重提高竞争力、注重农业科技创新、注重可持续的集约发展上来。可以判定，我国粮食生产已经步入新的发展阶段，一方面需要继续扩大粮食种植规模，另一方面又需要同步提升粮食生产效率。因此，着力并同步提升粮食主产区粮食生产的规模与效率，既是战略上保障国家粮食安全、转变生产方式、提高粮食产品国际竞争力的必然选择，又是策略上提高粮食生产综合能力、推进现代粮食生产、实现“五化”协同发展目标的必由举措，还是政策上解决新时期粮食安全与农民增收矛盾、保护粮农积极性的着力点与突破口，更是着力化解粮食生产高产出与低效率内在矛盾的现实需要。

当前，中国粮食生产面临的主要矛盾，越来越在于粮食生产的效率或生产方式，而解决问题的关键在于扩大经营规模，以遏制资本边际报酬递减现象。解决我国温饱和粮食增收的经验并不能解决粮食生产方式和效率问题，缺乏效率和自力更生的粮食生产方式不能保障粮食经营者获得合理的收益和形成现代粮食产业生产方式。因此，构建一个经营有规模、生产有效率、服务靠社会、竞争有优势、产业能自立的现代粮食生产方式，是新时期中国粮食产业发展的战略选择和紧迫性工作。

二、研究意义

（一）理论意义

在目前战略导向、策略要求、政策指向和现实要求下，如何结合粮食主产区特点，探寻主产区粮食生产规模与效率同步提升的有效途径，切实解决粮食生产高产出与低效率内在矛盾，实现我国粮食生产经营方式的根本转变，就必须在理论上和实践行为上解决好以下七个问题：粮食生产规模与效率实现同步提升的逻辑是什么？粮食生产规模与效率实现同步提升的宏微观经验是什么？主产区粮食生产规模与效率同步提升的现实基础和问题是什么？主产区粮食生产规模与效率同步提升的成本补贴依据是什么？制约主产区粮食生产规模与效率同步提升的因素是什么？主产区粮食生产规模与效率同步提升的机理是什么？实现主产区粮食生产规模与效率同步提升的机制与途径如何？这些问题都亟待通过研究作出科学回答，具有重要的理论研究价值。

（二）现实意义

目前我国农业劳动生产率不足第二产业的1/7，不到第三产业的1/3，采用传统的农业经营方式已经很难大幅度提高劳动生产率（孙长学、郭冠男），解决粮食安全与农民增收的矛盾遇到了新瓶颈。基于此，设计《粮食主产区粮食生产规模与效率同步提升的机理及其实现途径研究》选题，试图对上述问题做出科学的回答，以期破解难题，化解粮食生产高产出与低效率内在矛盾，推进现代粮食规模化和集约化生产，提高粮食生产综合能力，保障国家粮食安全，加快实现“十二五”工业化、信息化、城镇化、农业现代化同步发展的目标。显然，本研究具有重要的现实价值。

第二节　国内外研究动态

关于粮食生产规模与效率的问题属于农业规模化问题，有关农业规模化问题一直是经济学理论和实践的焦点问题之一。弗朗斯瓦·魁奈、阿瑟·杨、马克思、西奥多·舒尔茨等的研究开创了农业规模化发展思想与理论的先河。

一、国外的相关研究

（一）关于粮食生产规模经营的理论研究

国外早期关于粮食生产经营规模的研究始于土地规模经济的范畴，土地规模经济研究的是以规模土地为载体的经济活动中各种要素最优组合获得的产出或效益。土地规模经济理论的起源可追溯到古典经济学家对土地报酬递减的研究。威廉·配第（1672）提出关于“报酬递减”的粗略模型，亚当·斯密（1776）提出农业生产中的报酬递减现象，并认为通过规模收益和分工，可以有效提高劳动生产率。法国经济学家杜阁（1766）考察了土地规模经营问题，从投资和劳动等要素的增减变化分析了土地规模报酬变化的规律，讨论了要素最佳投入量的选择问题。英国经济学家阿瑟·杨（1770）系统分析了农业生产要素的配合比例和生产费用以及与经营收益等的关系，认为大农业具有更大的经济优势，主张按资本追求利润的原则，建立以雇用农业工人为主的大型农场。之后，弗朗斯瓦·魁奈以法国为例，进一步强调资源配置效率中大农业优于小农业的特性。18世纪后半期，德国学者戈特洛布·冯·尤斯蒂提出了包括合并分散耕地地块的农业改革方案。自20世纪以来，随着规模农业技术与装备的进步，土地规模经营得以进一步发展。Kislev 和 Peterson 以家庭农场为研究对象，利用相对价格与要素的比例关系，诠释了美国农场持续规模化的现象。“二战”后，土地规模经济思想进入深化阶段，海迪（E. O. Heady）和詹森（H. R. Jensen）等提出了农业经营普遍适用报酬递减规律、代替原理、费用原则、部门结合原理等。普列布（H. Priebe）从社会学角度考察劳动力素质对经营规模的影响。约翰·希克斯（1962）认为，机械化技术进步与生化技术进步都具有促进土地规模经济的效应。NorthD. C（1994）、Sehuhz T. W.（1968）、Hayamiy 和 Ruttan V. W.（1985）等从诱致性技术与制度变迁视度考察了土地规模经济现象。近期，Daniel A. Sumner（2014）、Lucas（1978）、Jovanovic（1982）等美国学者认为，决定农场规模的因素更多来自管理能力，也有学者 Mosheim 和 Lovell（2009）、Melhim、Macdonald 等（2013）从农场平均成本的视角研究了种植业农场实现规模经济的一般特征与规律。

（二）关于粮食生产规模经营的实证研究

国外文献对于不同规模下粮食种植是否有效的评价标准经历了成本利润法、土地生产率、劳动生产率及全要素生产率的测算演变过程。古典经济学在评价农场经营规模时大都采用了以劳动、畜牧与土地等作为投入成本，以粮食产出作为收益来衡量农地规模的效益。近代农业经济学开始使用生产函数等实证分析方法测算不同规模区间下粮食种植的土地生产率、劳动生产率，以此分析不同规模区间粮食生产效率的异质性。阿马蒂亚·森（1962）在研究印度农业中观察到，随着农场规模的扩大，土地单位面积产出呈下降趋势，据此提出了著名的“IR假说”。之后Berry（1979）、卡特（1984）、科尼亚（1985）与赫尔特贝（1998）分别通过对发展中国家如印度、巴西、巴基斯坦等农场的调研分析中均验证了“IR假说”，即农地规模与土地产出率之间存在反向关系。然而对于“IR假说”的质疑并没有因为其在发展中国家得到验证而消失。随着工业化、城镇化的发展，农业生产不完全表现为劳动密集型，转而似乎更加依赖机械与生物化肥投入。因此，越来越多的学者实证表明，农业规模大小与土地生产率存在着正向关系或不完全反向关系。里尔登（1996）证明粮食种植的耕地经营规模与劳动生产率之间呈正向关系。巴雷特（2010）指出，随着耕地流转面积的扩大，每增加一单位的土地面积带来的劳动生产率的变化在减少。博挈奈尔（2013）认为，农地规模与劳动生产率之间的关系存在一个临界点，在到达临界点之前农地规模与劳动生产率呈正向关系，到达临界点之后呈负向关系。人们开始进一步研究，关注生产规模与全要素生产率的关系，并利用前沿函数进行测算，其中，应用最为广泛的为DEA数据包络分析法。不少国外学者应用DEA数据包络分析法对东南亚及中国水稻种植全要素生产率、技术效率及规模效率进行测算。

在对不同规模经营主体水稻种植效率影响因素分析中，国外学者也取得了丰富的研究成果。其中，卡尔文（2008）运用两阶段DEA研究了孟加拉国水稻种植的生产效率影响因素，结果表明，教育、水稻经营规模及贷款对水稻生产率各指标呈正向关系，而年龄呈负向关系。托尔加等（2009）利用二阶段DEA－Tobit模型计算了水稻全要素生产率各指标及其影响因素，结果表明，各指标受到农业规模、合作社成员、田地的数量、农民的年龄和非农收入的影响。Chang Hoon Lee等（2008）通过调研得出，在一定范围内、规模化经营下韩国水稻长期施用化肥对生产效率具有积极作用。威奈特（2003）通过对泰国水稻的实证分析，认为农场规模的大小和灌溉水平对水稻种植的规模效率没有明显的影响，而地区之间的不平衡是导致不同规模水稻生产效率低的主要因素。近年来，越来越多的研究显示“适度规模最有效率”的结论。例如，Hall和Leveen以美国加利福尼亚农场为研究对象，结果表明，中型规模的粮食生产具有节约成本的显著特征；同样，Hoque研究发现，孟加拉国的农场规模和生产效率之间具有一个动态变化关系的特征：其中，农场规模处于1～7英亩其“IR”呈正向相关关系，超过7英亩规模以上农场其“IR”呈负向相关关系，因此，孟加拉国的农场规模以7英亩为最佳。Barnum H. N. 和 Squire L.（1978）从印度农场的实地考察发现，农场规模在3.55公顷以下其产量为1.70吨/公顷，而农场规模在3.55公顷以上其产量为1.61吨/公顷。基于以上事实性结论，基思·格里芬（1992）从归纳分析视角对“IR”关系问题进行了系统性的梳理和总结，总体来说，农场适度规模范畴其劳动生产率、土地产出率和土地收益率等将随农场规模扩大而呈现增长态势。因而，Daniel A. Sumner（2014）认为，大型商业化农场将逐步兼并生产效率低下的小农场，大农场将会越来越大，小农场数量会越来越少，农业生产效率会越来越高。

二、国内的相关研究

（一）关于粮食生产规模与效率关系的实证研究

改革开放以来，我国学者围绕“IR”主题展开了富有争论的研究。万广华（1996）等从投入和产出视角进行实证分析，其结论倾向于“目前中国农业几乎不存在规模经济”的行为特征。钱贵霞（2004）等学者研究发现，粮食生产规模经营将会有助于粮食生产要素配置效率的改善，提高全要素生产率。随着研究技术的不断进步、数据采集范围的扩大及更新，以及农业政策的不断优化调整，越来越多的学者认为，虽然中国农业不能完全类同于美国规模农业，但在关于促进粮食规模扩大与生产效率同步提升的目标取向上并不存在差异和矛盾。姚监复（2000）等学者认为，中国农场处于规模不经济状态，农业生产规模经济基础脆弱，农场规模与效率呈反向关系，中国现阶段不适宜大力推进农业规模化。林善浪（2000）认为，小规模经营的耕地生产率比大规模经营的耕地生产率更高，尽管土地规模经营能够提高粮食商品率，但不能提高土地生产率。罗必良（2000）从决定组织效率的七个维度进行实证分析，结论表明，中国农业并不是一个存在显著规模经济性的产业。

自21世纪以来，随着农村市场经济体制改革的深入，国内对于农业适度规模经营内涵的理解进一步加深和丰富。王培先（2003）确定了农地规模适度规模经营的衡量指标，包括宏观和微观两层面八个指标，微观层面有土地产出率、土地收益率、劳动产出率、劳动纯收益、投入产出率和长期平均成本最小，宏观层面包括总产量和农业生产剩余率。同时，土地制度对农地规模经营的实现度和经营效率有较大影响。刘凤芹（2006）认为，粮食生产经营并没有确切的最优规模界限，只要农户选择最优的组织模式并考虑农户的可兼营性，小规模农户就同样可以达成规模经济期望效应。林勇刚（2010）实证分析规模效率与土地规模呈现为“U”型，要提高农地经营规模效率，需要增加生产要素的投入量。刘凤芹（2011）指出，土地细碎化和家庭农场规模过小限制了农业生产的规模化经营，难以获得规模效率。王国敏、唐虹（2014）以四川山地丘陵地区的实际调查数据为基础，运用DEA方法对四川不同耕地经营规模的农地、山地、丘陵区水稻种植规模效率进行测算，得出了相应结论：耕地的趋小规模经营正逐渐失去比较优势，适度规模经营相比之下更为有效。王建英（2015）通过控制农村要素市场不完善、土壤质量和土地测量误差对土地产出率与农户经营规模关系的干扰，对江西水稻种植地区进行实证分析认为，土地产出率与农户经营关系为正相关关系。罗浩轩（2016）认为，农业适度规模经营是在既有的要素禀赋结构下实现土地、劳动力和资本等要素的合理配置，并随着要素禀赋结构的升级而变迁。李卫（2017）通过对黄土高原地区小麦种植户的调研实证分析认为，耕地规模与土地产出率呈正向关系，家庭劳动力规模对亩均利润有促进作用。王亚辉（2017）利用2000～2013年中国大陆31个省份的面板数据对劳动生产率与农地经营规模的关系进行分析表明：劳动生产率与农地经营规模之间存在鲜明的“倒L型”关系，即初始阶段，扩大农地经营规模能显著提高劳动生产率，但区域间差异明显，后期劳动生产率会稳定在某一状态；当农地规模远小于人均农地的最优经营规模，此时农地规模与劳动生产率呈正向关系。

（二）关于粮食全要素生产效率及其影响的实证研究

关于粮食全要素生产效率的研究，主要利用DEA数据包络法与随机前沿分析法并进行相关分析。高晓辉、梅昀等（2010）运用DEA方法对我国粮食生产效率进行了研究，结果表明，中西部地区的粮食生产效率明显高于东部地区。陈训波、武康平（2011）和崔新蕾、钟海玥（2013）在测试粮食全要素生产率的基础上，分析了农地流转效率变化波动引致粮食经营规模的增减与经营主体粮食生产效率变化波动的一致性问题。宁爱凤（2013）认为，城市化水平是影响农业全要素生产率的重要因素，城市化水平与粮食生产效率呈正向关系。张建杰、张改清（2014）研究结果表明，不同规模农户在土地、资金与劳动力上的投入产出表现的差异性较大，其中原因并非不同类型农户之间纯技术效率差异，而是因为其规模效率损失的差异。胡雯（2016）通过对1999～2013年中国12个粳稻主产区的省际面板数据进行实证分析，认为粳稻生产效率受不同地区的要素禀赋相对稀缺程度及其供给弹性影响，诱导出不同地区特定的实现路径：东北粳稻主产区适合发展农业机械化的土地规模经营；而长江中下游粳稻产区应该加大资本投入，推动技术扩散，发展生产性服务的规模经营。贾琳（2017）基于玉米主产区微观调研数据，采用DEA方法对玉米规模种植效率进行测算。结果表明，总体上玉米规模种植效率较高且省际差异明显，同时玉米种植效率随着规模的增加呈现先上升后下降的态势。除此之外户主的教育程度越高、户主外出打工经历对玉米种植效率产生正向影响，家庭非农收入占纯收入的比重与规模效率显著呈负相关。田红宇、祝志勇（2018）认为，农村劳动力非农转移能够缓解粮食生产内卷化困境、提升粮食生产环境技术效率，其正向效应随着效率水平提升呈衰减趋势。最新的研究表明，粮食生产规模与效率的同步提升不仅是一个单纯的经济价值问题，而且是一个国家战略安全与行为问题。

三、国内外相关研究述评

关于粮食生产规模与效率的关系问题是我国学术界讨论的一个热点话题，具有两种截然不同的学术观点，问题的焦点集中于粮食生产规模经营是否存在规模经济效应？经济学理论中的规模经济效应行为是否适用于粮食生产？粮食生产中的集约化和规模化经营能否像工业生产一样具有规模经济效应？然而，发达国家，特别是美国、日本等国家，包括粮食产业在内的现代产业文明演化的成功经验值得我们进一步研究。实际上，粮食生产规模与效率的关系往往因国家经济制度、经济环境、经济阶段、经济政策等的不同而具有不同的特征表现。问题的关键在于：到底在什么样的经济表征下粮食规模经营能提高生产效率？而又在什么样的经济表征下因缺乏什么因素而导致粮食规模生产不能实现规模经济效应？基于此认识，本书将从我国粮食生产的内在经济与外在经济的特殊性和协同性视角构建一个规模与效率同步提升的理论分析框架与行动方案，以期为中国新时期“四化同步”背景下破解所谓的“IR 关系”难题、促进粮食主产区粮食规模生产效率的实现提供参考。

第三节　研究思路与方法

一、研究思路

本书以中国特色社会主义理论体系为指导，按照中共中央、国务院连续多年的一号文件精神和国家粮食安全的战略行动规划，力争全面准确把握主产区粮食生产规模效率演变的基本规律和现实基础，系统研究主产区粮食生产规模与效率如何同步提升的问题。首先，通过理论分析厘清粮食生产规模与效率的关系，从理论上认识粮食生产规模与效率同步提升的条件和机理是什么，以此构建本书的理论框架。其次，从实证视角认识我国主产区粮食生产规模效率演变的基本规律与现实特征，并以理论框架为基础分析主产区粮食生产规模与效率同步提升的现实基础和所面临的问题。再次，通过粮食生产规模与效率的“IR 关系”进一步研究，从要素禀赋和完全成本等视角探求实现粮食生产规模与效率同步提升的产业要素配置条件与要求。复次，从宏微观视角进行主产区粮食生产规模与效率同步提升的经验分析和影响因素分析，一方面佐证上述相关理论分析的基本结论，另一方面为我国主产区粮食生产规模与效率同步提升的机制分析奠定基础。最后，综合上述分析探讨我国主产区粮食生产规模与效率同步提升的机制及其实现途径与政策。

二、研究方法

（一）实地调研与统计分析相结合的方法

为全面把握我国粮食规模生产效率的实际情况，本书选择我国主产区生产规模经营主体进行随机实地问卷或访谈调查，并以问题为导向选取具有典型性的粮食生产大户或企业进行深度访谈，并以此进行相关统计特征分析，为本书的经验分析和时间序列的计量分析奠定数据库基础。

（二）定量分析与定性分析相结合的方法

主产区粮食规模生产效率实现的禀赋特征、主产区粮食生产规模效率的测度等以定量分析为基础，并进行定性分析。粮食规模生产效率实现的完全成本分析是在定性分析即粮食规模生产的多功能性特征基础上进行相关定量分析，以全面系统把握粮食规模生产效率实现的内在经济与外在经济条件。同时，通过定性分析确立微观利益主体——粮农增收、中观利益主体——主产区粮食产业发展、宏观利益主体——国家粮食安全保障的价值取向，提升本书的针对性和价值性。

（三）规范分析与实证分析相结合的方法

以调查问卷采集的现时数据和权威统计机构的相关数据为计量分析对象进行实证分析。包括使用 DEA 非参数模型、SFA 参数模型等测算粮食生产不同规模下的效率，运用 GMM - DIFF 模型、结构方程模型和 Tobit 模型对影响粮食生产规模效率实现的宏观因素与微观因素进行探析；采用扩展的 C - D 函数构建最优规模模型，从农户视角对主产区粮食生产适度规模区间及其表现特征进行探索性分析，从实证和规范相结合分析的视角厘清市场环境、技术行为、各要素投入行为对主产区粮食规模与效率同步演进的影响及其程度。

（四）演化分析与机制分析相结合的方法

运用演化经济学原理，以历史的不可逆视角观察粮食生产规模与效率同步演变的现象，分析主产区粮食生产系统规模与效率变化过程的同步性，甄别实现粮食生产规模与效率同步提升的依赖路径，特别是从内外在经济的制度设计及其演化对粮食生产规模与效率同步提升的现实基础进行经验分析，并从机理视角寻找中国粮食规模生产效率的实现机制和实现途径。

三、技术路线

本书技术路线如图 1 - 1 所示。

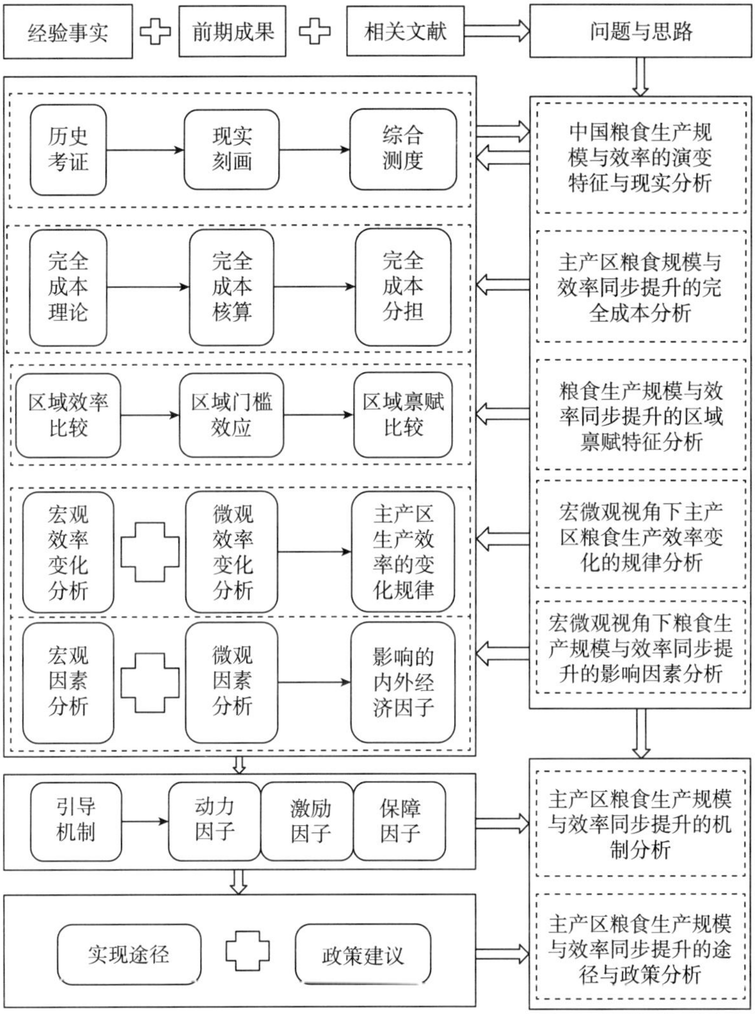

图 1-1 本书技术路线

第四节 研究对象与假设

一、研究对象

任何一项研究都有具体的研究对象，研究对象是指被研究的个人、群体、组织或特定的研究目标。本选题从研究目标区域来讲，以我国13个粮食主产省或自治区的粮食生产为研究对象；从研究目标行为来讲，以农户、种粮大户、新型粮农、粮食家庭农场、粮食生产企业或公司、粮食专业合作社等为研究对象；从研究目标内容来讲，以包括水稻、玉米、小麦等粮食生产的规模效率动态变化，特别是规模与效率同步演变规律为研究对象。

二、研究假设

研究假设是依据研究的经验事实和学理学说，对研究对象的行为或表征所作出的富有推测性的论断和假定性的解释。本书属于经济学的研究范畴，因此，经济学的研究假设包括经济人假设、稀缺性假设等均为本书的基本假设，除此以外，还基于以下假设：

（1）主产区粮食生产规模扩张的可行性。自改革开放开始，我国粮食生产经营实行的是家庭联产承包责任制，这是基于自下而上的倒逼机制改革背景推出的新型生产组织方式，基于当时的特定历史背景，的确大大解放了计划经济下束缚已久的农村生产力，赋予了农民相对独立自主的粮食生产经营决策权利，有效地推动了粮食增产和粮农增收。随着时间的演进，基于家庭承包责任制的高度分散组织和高度细碎化土地经营的小农生产模式，越来越难以适应新型农村生产力发展的新要求，家庭联产承包责任制改革引致的连续多年粮食产出爆发式增长趋势效应逐步加速衰减，主产区粮食生产“内卷化”困境渐露端倪，粮食产出呈现徘徊不前的态势。为此，新一轮以鼓励农村土地流转等粮食生产要素集约化发展和规模化经营的改革加速推进，特别是2013年中央一号文件以来，农村土地承包经营权有序流转加快，主产区粮食专业大户、家庭农场、农民合作社、粮食生产企业等粮食生产规模不断扩大，主产区粮食产业呈现规模化、专业化、市场化的发展态势。相关数据显示，截至2018年底，全国承包耕地流转面积达3000万公顷以上，约占家庭承包耕地面积的40%，经营面积在3.35公顷以上的规模经营农户超过400万户。但是，无论是与发达国家相比，还是与农业现代化目标相比，我国主产区粮食生产规模经营扩张的空间仍然很大，继续推进主产区以粮食生产要素规模化、粮食生产环节规模化、粮食生产社会化服务规模化和粮食产业融合规模化等多元化发展模式的粮食规模经营是当前和今后较长期的重要工作与任务。

（2）主产区粮食规模生产效率的可增性。粮食生产效率即粮食的全要素生产率，关于全要素生产率概念最早是由美国经济学家罗伯特·索洛提出来的，是衡量经济投入与经济产出的生产率指标，即总产出与总投入之比，这一指标，通常是一个国家或地区分析经济增长源泉的重要工具，是判断其经济发展所处阶段的重要依据。经济发展一般规律表明，当一个国家或地区经济处于起飞阶段之时，实现经济增长主要通过“有形要素”的驱动，全要素生产率对经济增长的贡献率相对较低。改革开放以来，我国粮食生产发展就是沿着这一基本路径加以推动。以劳动、资本、土地等“有形要素”驱动粮食产出增长，既有其内在规律的必然性，又有其粮食生产发展特定阶段的合理性。经济发展进程同时还表明，当一个国家或地区成功跨越经济起飞阶段、进入到新阶段时，有形要素投入的贡献逐步下降，全要素生产率对经济增长的贡献会逐步提高，此时经济增长将更多依靠“无形要素驱动”、全要素生产率的提升。当前，实现我国粮食生产规模扩张的主要障碍越来越在于粮食生产效率或生产方式，因而，提高粮食生产全要素生产率成为解决问题的关键。一般来说，粮食生产的全要素生产率由粮食生产资源配置效率和微观生产效率两部分构成，但从根本上来讲，关键在于提高粮食生产的劳动生产率，提高粮食生产的土地产出率，提高粮食生产的资本报酬率，提升粮食产业竞争力。我国粮食主产区禀赋着粮食生产的自然条件优势，完全具有粮食生产规模与效率同步提升的潜力和空间。

（3）主产区粮食生产规模效率改善的持续性。古典经济学认为，理性经济人自由追逐个人利益的最优行为，将会不断促进社会共同利益，即市场完全有效性的假设。但是，从粮食生产的自然特性和市场特性以及投资周期特性进行思考，投资者在投资行为可供多个选择的既定条件下不会选择粮食产业，甚至选择从粮食产业中途而退，因为粮食产业的比较利益和比较效用处于双低特性；相反，现代社会新兴产业的不断出现，满足了投资者追求“双高”特性产业的理性愿望。对于粮食生产来说，古典经济学关于理性经济人假设的理论，即个体利益的最优引致社会利益最优的原则，不仅不会促进国家粮食安全，相反还有可能会导致国家粮食危机。因此，促进主产区粮食生产规模与效率的同步提升战略，发挥中央政府的国家粮食安全主体作用和地方政府的国家粮食安全责任行为，共同协调粮食主产区和粮食主销区的利益冲突和矛盾是保障社会共同利益增进的社会整体思维的理性选择。主产区发挥粮食生产的禀赋优势，提高粮食产出、改善粮食产品质量，可以最大限度地促进国家粮食安全目标的实现。由于主产区粮食生产规模效率改善的内涵强调的是粮食安全的最大努力行为，因此，主产区粮食生产规模效率改善行为是一个动态的行为，是一个类似于“没有最好，只有更好”的行为，受粮食生产规模效率改善动态因素如人口的增长和自然环境的随机变化等影响，粮食主产区具有国家粮食生产规模效率改善担当的长期性和持续性。

（4）主产区粮食规模生产效应的多功能性。粮食生产是人类赖以生存最基本的行为活动，自古以来生生不息、代代相传。粮食生产承载着人类文明的行为生产，深深烙印着人类文明的轨迹。因此，粮食生产的功能随着人类社会文明的演进而演变，必然从远古单一的经济功能与时俱进为现代的多功能。粮食生产尤其是粮食规模生产的现代功能从经济功能拓展到现代社会人与自然相和谐的命运共同体层面，表现为包括经济功能、生态功能、休闲功能、传承文明等综合功能。因而，关于粮食生产规模与效率的关系并不是既有文献争论的经济关系，粮食生产的规模化经营也完全不同于工业生产的规模化经营。事实上，中国主产区粮食规模生产正处于功能转变的重要时期，粮食家庭农场、粮食休闲农庄、粮食合作社、粮食企业等新型经营主体瞄准粮食生产的现代功能实施多元发展战略，增进了粮食规模生产效应的新内涵和新外延，标志着我国粮食产业已经迈入现代化发展的新阶段新时代。

第二章　概念界定与研究的理论基础

第一节　研究的相关概念

一、规模农业

规模农业是指以家庭联产承包责任制为基础，由家庭个体农户、农业合作社、农业企业等单位组织，通过市场化运作方式，将农业生产所需的生产要素（如劳动力、资金、土地与技术等）投入到生产中，形成一定的组织与生产规模，期望达成高效率的农业生产经营模式。规模农业是农业生产向集约型、专业型方向发展的必然途径。规模农业必须以区域资源要素约束、劳动技术水平、土地流转等生产资源可自由流动与配置为前提。规模农业可以通过规模经济，降低生产成本，实现农户的经济目标。规模农业可以提高农业劳动生产率、土地产出率和农产品商品率，可以加快农业产业化、机械化、商品化等现代化进程，促进农业生产转型，农业结构升级，提高农业国际竞争力。

二、规模大户

规模大户是指以家庭联产承包责任制为基础，通过市场化运作方式，将农业生产所需的生产要素（如劳动力、资金、土地与技术等）投入到生产中，形成规模生产的农业经营实体组织或单元。本书所研究的对象为粮食规模种植大户，即现代粮食生产组织，包括种粮大户、粮食家庭农场、粮食专业合作社、粮食生产企业四种主要形式。种粮大户是指具备一定粮食种植技术，以租赁农用耕地形式获取土地经营权，形成较大规模的粮食生产行为的农户。粮食家庭农场是指一种新型的粮食生产经营主体，以家庭常住人口为主要劳动力，家庭主要收入来源为粮食生产，从事集约化、规模化、商业化粮食生产经营活动，是种粮大户生产组织模式的升级版。粮食专业合作社是指农户按照自愿参与、利益共享、地位公平等原则开展的农民协会、农户合作社等，具有生产资料组织化、生产过程标准化、生产技术共享化、生产装备现代化、生产管理社会化特征的新型集体经营模式组织。粮食生产企业以其专业化的分工与管理方式，租赁农户土地，雇用农民，实现粮食生产的规模化经营，达成企业与农户的双赢目标。

三、农户行为

农户行为是指在一定的经济制度和资源结构以及技术水平下，农户为达到一定的经营目标，在选择经营方向、经营规模和经营方式等方面所采取的一系列经济活动。农户的粮食规模经营行为是指在家庭联产承包责任制基础上，通过资源结构优化和现代技术装备等而实现粮食规模生产与经营的系列经济活动。舒尔茨认为，“理性小农”在生产经营中通过合理配置生产资源，科学安排农业生产活动，可以获取农业生产经营利润的最大化。农户经营行为具有自给自足与商业化的双重特征，即首先满足自身家庭的生活需要，然后再考虑农产品的商品化，以满足农户家庭支出的需要。

四、适度规模

适度规模是指在一定的环境和社会经济条件下，实现生产要素（土地、劳动力、资金、设备、经营管理、信息等）的最优组合和有效运行。在适度规模基础上的土地经营被称为土地适度规模经营。土地适度规模经营实现了生产要素统一配置、合理安排，充分发挥了生产要素的潜力，提高了土地效益。从理论上来说，土地适度规模经营有利于土地集中生产和机械化作业、降低土地生产成本、增加土地边际收益、实现土地规模效益。当然，并不是土地规模越大，土地效益就越大。事实上，土地经营存在着适度规模的问题。土地适度规模经营的大小，需要根据不同区域资源要素条件、生产技术水平、生产集约程度等合理确定，灵活调整。因此，在土地收益权不变的前提下，农民可以按照“依法、自愿、有偿、规范”的原则，转包、出租、互换、转让、股份合作等多种形式实现土地集中连片经营，通过土地规模的扩大，降低土地生产成本，形成规模经济，提高经济收益。

五、效率

《新帕尔格雷夫经济学大辞典》认为，效率最初源于物理学中对能量损耗、传输与获得程度。Robert A. Samuelson（1992）认为，效率是人们在经济活动中尽可能利用有限资源而减少无谓损耗的比例程度。Timothy J. Coelli（2008）认为，效率是在既定技术条件下，最大程度的利用给定资源而获得最高产出的比率。法雷尔（Michaell Farrell，1957）认为，生产单元的效率应该包括技术效率

(Technical Efficiency)和配置效率(Allocative Efficiency)两大部分，技术效率是指在投入要素既定情况下的最大产出比能力，而配置效率是生产单元在给定价格和生产技术条件下所能实现的最优产出比能力。进一步的研究表明，技术效率与一般生产率的差异体现在比较静态与动态两个视角以及技术改善效率前沿面基本前提之下。Farrell (1957) 最早提出并基于投入的视角论述了技术效率的概念，认为技术效率是在既定产出下，由于技术对要素的改进或节约效应所带来的最小可能性投入与实际投入的比值。Leibenstein (1966) 基于产出视角，认为技术效率是在既定投入下的实际产出与技术提升效率前沿面后得到的最大产出比率。本书认为，技术效率是指由于科技的进步对生产装备改进、先进技术研发与推广、先进管理方法等外部技术性能力引致生产效率前沿面的提升，从而使单位投入与原效率前沿面相比而产出提升或成本下降成为事实；换句话说，技术效率是从技术角度提升了生产单元的生产能力。

六、生产率

生产率是衡量宏微观主体生产水平与生产效益相关联的主要指标，即投入与产出的比率，包括单要素生产力和全要素生产率等。单要素生产率即劳动生产率、资本生产率、土地生产率等，生产力经济学称其为部分生产率或偏生产率(Partial Measures of Productivity)。全要素生产率是衡量单位总投入的、总产量的生产率指标，即总产量与全部要素投入量之比。全要素生产率的增长率常常被视为科技进步的指标，它的来源包括技术进步、组织创新、专业化和生产创新等。产出增长率超出要素投入增长率的部分为全要素生产率(Total Faetor Prooluetivity，TFP，也称总和要素生产率)增长率。本书所指的粮食生产效率包括粮食生产要素生产率和粮食综合生产效率或粮食全要素生产率。粮食生产单要素生产率主要是考虑生产效率分析计算中相关影响因素的投入效率。粮食生产全要素生产率是指粮食生产的综合效率，是粮食生产纯技术效率和粮食生产效率的综合体现。

第二节 研究的相关理论

一、农户行为理论

农户一般是以家庭为单位，由血缘关系紧密联系在一起的社会组织单位，农户行为即农户的投资、经营、生产、消费、决策等行为。农户作为粮食生产的微观主体，以粮食生产效益最大化为追求，生产投入最小化，必然十分注意合理分配与组合生产要素，以着力达成资源最有效配置目标。农户家庭经济条件、家庭结构、成员文化水平、生产安排等方面都会对农户行为产生影响。有关农户行为研究的理论主要包括三个方面：一是组织生产学派，以俄国经济学家恰亚诺夫为代表；二是理性小农学派，以美国西奥多·舒尔茨为代表；三是历史学派，以美国学者黄宗智为代表。恰亚诺夫于1924年对俄国小农户经济进行调查研究，提出"劳动消费均衡"理论，认为农户从事农业生产劳动的目的在于满足家庭需要，而不是追求利润最大化。因此，农户在进行生产经营安排时会不同于企业生产经营决策。农户的农业生产不存在雇工行为，农户是为了满足家庭的自给自足进行农业生产。农户的生产与消费是"有条件的均衡"，农户是对满足自身消费与劳动辛苦程度进行衡量来安排生产劳动的，但是企业生产是比较边际收益与工资支出成本来安排劳动力投入的，考虑的是利润最大化。舒尔茨通过实证研究认为，农户是"贫穷而有效率的"，农户在有限理性的基础上追求生产要素的合理分配，达成帕累托最优。黄宗智（1990）通过对中国长江三角洲地区的农户行为的观察与研究，提出"商品小农"的说法，将我国农村经济变迁分为"单纯的过密化""过度过密化"和"发展"三种。"过密化"的概念是以单位劳动日边际报酬递减为代价来换取单位面积劳动投入的增加。"单纯的过密化"是指产出与劳动力投入相同速度的扩展；"过度过密化"是指产出在单位工作日边际报酬递减的条件下扩展；"发展"是指产出的增长快于劳动力的投入，从而产生单位工作日边际报酬递增。这种由于人口快速增长而导致的产量增加，虽然人口数量增加导致了劳动生产率下降，但边际收益递减下的生产却增加了，因此，形成了所谓的"没有发展的增长"。在人口不断增长，耕地资源增加有限，剩余劳动力又不能转移从事非农业活动的情况下，农户依旧会在边际收益递减状态下投入劳动。我国当前正处于城乡二元结构转换的重要时期，其粮食生产农户行为也基本遵循农户行为理论研究的三大学派理论行为规律与特征。

二、规模经济理论

规模经济开始于微观经济理论，道格拉斯·格林沃尔德将规模经济称为"大批量生产的经济"，一般用来指生产部门在技术水平达到一定程度后，部门生产经营的规模与生产分配可能达到的最低生产成本之间的关系。通过生产规模的扩大，从而使平均成本下降，为生产增加更多的收益，形成低成本的生产最优规模。即在生产中，随着生产规模的扩大，尽管单位生产成本会下降，但收益会增加。《新帕尔格雷夫大辞典》中对于"规模经济"的界定是：在一定技术水平下，生产增加每一单位的产品其边际成本是递减的，那么就认为这样的生产存在规模经济。马克思在其《资本论》中提到，社会劳动力的生产必须以大规模的生产与协作为前提，大规模生产是提高劳动生产率的有效途径。事实上，由于生产规模的适度扩大，生产要素得到更合理的利用，引起平均成本的降低，进而获得更大的经济效益。规模经济的另一种解释称为规模报酬，表示在外在经济条件不变前提下生产者通过生产过程中投入同样比例的生产要素，对生产产量产生了不同影响的变化。具体表现为三种规律特征：规模报酬递增、规模报酬不变和规模报酬递减。因此，企业调整规模将引致生产产生规模经济或规模不经济的行为结果。由于现实生产过程与理想生产过程的差异，企业规模扩大不可能使所有的生产要素都可以按照一定的比例扩大投入，或因为扩大比例的生产要素并没有达成如期资源配置目标，因此而产生规模不经济的结果。但是，一般来说，产业规模成长过程必然引致下降趋势，产生规模经济区间。因此，主产区粮食生产企业规模扩大，可以通过要素配置的优化组合与调整，降低粮食生产单位成本，增加粮食规模生产收益。

三、专业分工理论

柏拉图认为，分工是源于人自身有限性与需求多样性之间的矛盾，即“每个人既非兼才又非多才，只能做一件事情；分工就是专业化，即一个人专门从事某一行业”。亚当·斯密认为，分工是提高劳动生产效率的有效途径，即“劳动生产力最大的改进，以及劳动在任何地方运作或应用中所体现的技能、熟练和判断的大部分，似乎都是劳动分工的结果”。劳动分工的原因来自于人类区别于动物所特有的交易倾向，交易倾向的存在，促使人类从事一项专门的工作，并且不断培养自己对这一工作的熟练程度。首先，通过劳动分工使工人面对的工作变得简单，提高了工人对于工作技巧的熟练程度；其次，也减少了工人花费在工种、工作内容转换之中的时间；再次，工人在专注于一项工作时会尽量地想办法使工作更加简化，促进了机器的发明与创造，机器的使用进一步简化了劳动，增加生产产量。分工既是人类“互通有无、物物交换、互相交易”这一交换倾向的产物，又是“个人精明的必然结果”，而分工的程度则“总要受到交换能力的限制，换言之，要受到市场广狭的限制”。

马克思的《资本论》将分工分成“工场手工业内部的分工”与“社会内部分工”。首先，“工场手工业内部的分工”是由于社会生产会有农业、工业之分，将在工场内部的分工称为工场手工业内部的分工；“社会内部分工”先是产生于部落群体中，不同的个体在各自的生活环境中，利用不同的生活资料生活，产生了最初的社会分工，包括自发的社会分工与自愿的社会分工。自发分工是在生产力发展到了工业时代，人们通过分工形成了生产力的进步并且产生了剩余价值，此时的分工多数是因为雇主分配劳动，工人为了获得报酬而进行的。自愿分工也就是自觉分工，将会存在于共产主义社会，人们自愿地进行分工，自愿决定自己从事的工作，这种形式的分工有利于生产力的快速发展，促进人的全面发展。分工之所以能够提高劳动生产力是因为分工组织间的协作力的影响。关于分工与交换的关系，马克思认为并不是交换引起分工，恰恰相反，而是分工引起交换。正是由于分工引致人们彼此生产不同的产品，才有了交换的必要性。因此，企业内部分工是社会分工到达一定程度的产物，当然，企业内部分工的不断深化又会进一步促进社会分工的发展。

随着粮食生产方式的演进，粮食生产过程被现代分工分割为若干不同的环节，市场微观主体根据禀赋特征，选择其中的环节，例如，粮食生产社会化服务等，进行现代化方式生产，达成预期效益目标，实现专业分工效率。粮食生产组织或粮食大户凭借专业生产技术和知识经验，成为生产全过程的交易中心载体，发挥着粮食生产专业分工的协调协作效应，实现粮食生产扩规模、降成本、促效益、增效率的总目标。

四、外部性经济理论

新古典增长理论认为，在其他约束条件不变情况下，经济增长或产出是土地、资本、劳动力三要素的函数，即 $Q=f(N、L、K)$，其中，Q 表示农业产出，变量 N、L、K 依次表示土地、劳动力和资本投入。从生产函数分析，各要素的最大投入及其组合即为产出的最优量。由于粮食生产要素受制于内外部约束条件，因而，生产组合要素边界点的集合即为粮食生产函数最优规模极限。新古典生产函数的前提条件暗含着外部成本为零的前提假设，即完全理性经济人的假设。然而，事实并非如此。福利经济学家庇古认为，“一方面，在很多时候，某个人（生产者或消费者）的一项经济活动会给社会上其他成员带来好处，但他自己却不能由此得到补偿。此时，这个人从其活动得到的利益就小于该活动带来的社会利益”，“另一方面，在很多时候，某个人（生产者或消费者）的一项经济活动会对社会上其他成员带来危害，但他并不为此支付足够补偿这种危害的成本”。前者就是正外部性，后者就是负外部性。外部性的存在，使市场机制无法实现资源配置的帕累托最优，是导致市场失灵的主要原因之一。庇古认为，当发生外部性时，“私人收益”与“社会收益”，或“私人成本”与“完全成本”背离，应当由政府出面通过补贴或征税的方式实现“外部性内部化”。庇古提出的直接干预方案虽然可以在一定时空解决或缓解外部性问题，但具有明显的局限性，新制度主义经济学家科斯因此而持否定态度。科斯认为，经济外部性的原因在于产权界定不清，引致资源配置失效。因而，必须明晰产权，回归市场主体，通过市场交易解决。布坎南、塔洛克和罗纳德·迈金等经济学家从公共选择理论视角对外部性问题的政府干预效应也提出质疑，认为政府同样作为具有利己动机的“经济人”，在制定公共政策、行使公共服务职能、弥补市场缺陷等过程中也会产生“副产品”，即政府行为的外部性问题。

粮食的属性非常特殊，作为民生品具有私人物品属性，作为国家安全保障商品具有非竞争性、非排他性的公共产品属性。至于哪种属性更为显著，取决于当期国家粮食生产能力以及国家粮食供求均衡状态。作为公共产品属性的粮食生产，公共财政具有补充粮食生产外部性成本，促进粮食规模生产效率实现的责任与效能。

五、诱致性变迁理论

诺斯与托马斯（1989）将西方经济增长的原因归结为人口的迅速增长对稀缺资源的需求变得日益强烈下，催生了与之相适应的支配产权的规则或制度发生变迁，而随着技术创新与生产率的进步则是对要素相对价格或比较优势的一种镜像表现；只有当经济组织对产权的调整能够适应时，即各部门与社会主体对报酬预期的动态均衡时，才能实现经济的有效增长。按照希克斯诱致性技术变迁理论可以对农业技术发展分为两大类：一类是“劳动节约型”的技术变革，代表性国家有美国和西欧地区，因为该类地区的劳动力人口稀少或价格昂贵，不得不转向利用其他投入要素来代替劳动力的投入；另一类是为“土地集约型”技术改进，是指由于土地的要素弹性低和硬约束严重，转而寻求其他投入品来对土地进行替代。

世界农业发展最为典型的是“机械技术”和“生化技术”的进步对农业经济增长的极大带动作用。一般来看，机械技术的进步被视为劳动节约型的发展变革，它使劳动力从繁重的农业生产中解放出来，而且劳均生产耕作能力和劳均产量得到历史性的迈进，甚至可以说“虽然农业机械化的进步在机械化发展史上属于一小步，但对农业经济发展甚至人类的进步属于一大步”。美国、英国与加拿大的农业发展属于典型的劳动力节约型道路，尤其是19世纪美国联合收割机的发展与技术革新使生产效率比镰刀收割效率翻番数倍，这恰恰是美国推进西部开发战略具有的诱致性变迁耦合关系。

生物与化学技术的进步属于土地集约型模式，它促使在耕地规模一定情况下农业亩均产出不断增加，尤其是化肥、农药、种子与基因工程、生产方式优化等革新对农业带来历史性发展。生物与化学技术的创新价值从美国、英国和日本等国家表现尤为凸显。美国在1900年之前的农业产量增长主要依靠扩大耕作面积来提升，但自“二战”以来，美国农业产量的增长主要依靠单位面积产量增加而实现。美国农业增长路径的转变与美国农业一系列制度创新不无关系，尤其是美国的农业技术研发与推广体系使公共部门与私人部门对农业新技术的掌握与合作研究变得更加稳定和有效，加之更富效率的劳动力市场、信用市场和商品市场的出现使美国农业在规模与效率方面在世界上一枝独秀。近年来，以美国为代表的农业基因工程对粮食作物的生产潜能又有了革命性改观。同样，中国杂交水稻技术的发明和推广对粮食增产和农民增收有着不可估量的历史意义，也是典型的技术主导型农业增长模式。

六、交易成本理论

众所周知，交易费用对分工演进和生产效率的改善起着重要作用。交易费用越低，表明分工的深度和市场的成熟度越高，越有利于生产要素的配置效率和生产效率的持续改进。关于交易费用的分类及其内涵，早期学者诺斯和托马斯（North and Thomas，1970）分为内生性交易费用与外生性交易费等，认为生产过程中的信息不对称、道德风险、逆向选择以及机会主义行为等影响将引致内生性和外生性交易成本的差异。广义的内生性交易费用是指个体自利决策之间交互作用发生的费用。多数研究学者认为，总交易费用由交易主体的单次交易费用与交易次数的乘积所决定，新兴古典经济学认为，交易次数在很大程度上属于内生性的，因此，广义内生性交易费用存在边界的模糊和界定重叠的问题，因此，需要引入相对狭义的内生性交易费用概念。内生性交易费用由特定的人类行为引起，可分为非对策自利行为、对策行为两种。所谓非对策自利行为是决策者对其他市场交易主体的反映不直接做出反应的行为，而只是对市场要素价格所产生反应的行为。所谓对策行为是指决策者对其他参与主体行为所做出的直接反应，即所谓交互作用行为决策。进一步分析，对策行为又可分为非机会主义对策行为和机会主义对策行为两大类。非机会主义对策行为是指不以侵害他人利益为代价，不产生内生性交易费用等，诸如市场交易中的双方在公平协商条件下所进行的讨价还价行为。机会主义行为是指参与者为了谋取自身利益最大化而采用欺瞒、钻营等损害其他参与者利益为代价所引致的内生交易费用。

由于内生性交易成本受市场参与主体的个体行为、决策以及所选择的合约、制度等影响，因而，内生性交易费用对生产分工的深度与广度、迂回程度等有着重要影响。因此，稻作农户生产效率的改善可以从粮食生产的内外生性交易成本视角进行考量。降低粮食生产的外生性交易成本主要通过新型城镇化与工业化发展吸纳农业劳动力转移，提高粮食生产劳动生产率，并同时发挥工业反哺农业的作用。降低粮食生产的内生性交易成本主要通过采纳新型粮食生产技术，创新粮食新型经营组织，推进适度规模经营，健全粮食生产社会化服务体系，激活粮食生产要素市场等。我国现阶段正处于粮食生产规模与效率同步提升的重要时期，主产区需要从粮食生产的内生性交易成本与外生性交易成本的两个途径加以不断改善，实现新时期主产区粮食产业现代化发展的目标。

七、完全成本理论

主产区粮食生产规模扩大，效率增进不仅是主产区粮食产业现代化、功能化、专业化、规模化、集约化、市场化发展的必然要求，同时也是提升国家粮食综合生产能力和市场竞争力，推进现代农业发展，促进粮食市场供求平衡，确保国家粮食安全的必然选择。因此，促进主产区粮食规模生产，既具社会功能属性，又具市场功能属性。主产区粮食规模生产的社会功能是指粮食生产规模扩大必然引致的水利改造、稻田改良、道路拓建、环境改善等综合反应所产生的生态功能，以粮食主题农庄、粮食休闲乐园、粮食家庭农场等现代农业形态所演化的美化环境和传承文化功能，特别是粮食生产规模扩大促进国家粮食安全的公共产品属性功能。主产区粮食规模生产的市场功能是指粮食生产规模扩大必然引致的降低粮食生产成本、提高粮食商品率以及粮食综合生产能力提升等有利于粮食经营主体直接或间接利益的功能。主产区粮食规模生产的社会功能属性必然引致经济系统正外部性反应，称为“外部经济”。市场经济条件下供求关系所决定的粮食价格只能反映规模生产主体粮食生产内部的成本或收益，不能反映粮食规模生产主体外部性功能所产生的社会收益，因而，粮食市场价格所传递的信息不能成为粮食生产主体决策参考的可靠信息。因此，粮食规模生产主体如果仅仅按照市场价格信息进行粮食规模生产的相机决策，粮食规模生产主体的市场竞争均衡因此将衰减粮食生产规模扩张的积极性，粮食价格信号引致粮食生产资源配置的功能就会失灵。粮食生产规模扩张中的社会属性如不能得到社会激励性的补偿，粮食市场的有限竞争将偏离经济学原理的帕累托效应。因此，为了实现主产区粮食经济生产的帕累托最优，促进主产区传统经营方式向现代经营方式的有效转变，激励粮食规模生产社会属性功能的持续发挥，必须考量粮食生产的社会功能成本，经济学原理称为“完全成本”，惠农政策称为“规模种植效率补贴”或“粮食大户补贴”。因此，粮食大户补贴应该是基于粮食生产规模扩张引致的外部性收益转化为内部性成本的分担和激励的标准补贴，包括诸如农田改良、水利改造、道路建设、环境净化等成本的补贴，本书称为“粮食生产规模扩张的多功能性补贴”，同时，将促进粮食规模生产主体商品粮增长的安全保障成本的补贴称为“粮食生产规模扩张的激励性补贴”。由此，我们可以以规模生产的完全成本概念分析粮食规模种植效率补贴的现实偏差与问题，以粮食生产规模扩张的完全成本概念厘清公共财政补贴与市场主体分担的责任边界，并具体界定粮食大户补贴的对象和补贴的标准。

第三节　粮食生产规模与效率同步提升的机理分析

一、粮食生产规模与效率的关系

粮食生产规模是指作为粮食生产单位所拥有的固定投入数量，它包括土地、劳动力、机械与设备的数量。粮食生产的固定投入数量越多，粮食生产规模就越大。粮食生产效率是指粮食生产以尽可能少的投入获得尽可能多的产出，粮食生产效率通常用劳动生产率和全要素生产率衡量。从理论上分析，一般生产的规模与效率关系是某经济运行系统一种协同复杂而呈现不确定性特征的关系，这种不确定性的关系取决于该经济系统内在经济与外在经济特征及其协同关系。因此，一般生产的规模与效率关系或表现为生产规模扩大，专业化程度与管理水平提高，生产效率改善，生产效益提升；或表现为生产规模扩大，专业化程度并未提升，生产效率不仅没有改善，反而出现下降的趋势，生产效益不仅没有提高，反而呈现下滑的特征；或表现为生产规模扩大，专业化程度提高，生产效率改善，但由于经营管理不善而引致生产效益不升反降的结局。当然，一般生产的规模与效率间的关系还可能有其他特征表现。事实上，正因为一般生产的规模与效率关系的复杂性和不确定性，因而，企业生产规模扩张是企业经营管理最具风险的决策，不过，尽管如此，现代企业总是通过风险中的规模扩张而实现的现代生产。

粮食生产不同于一般生产，具有典型的自然风险和市场风险特征以及投资周期长的性质，因而，粮食生产的规模与效率关系相比一般生产更具复杂性和不确定性。事实上，目前我国粮食生产新型主体培育工作之所以任重道远，其中最重要的原因就是因为粮食生产规模与粮食生产效率同步同向关系很难变为现实，特别是很难保持一种稳定持续的现实。从访谈调查分析来看，粮食生产的规模与效率关系往往表现为随着粮食生产规模扩大，粮食生产效率并没有得以明显改善，粮食生产效益也没有得以同步提升，甚至出现下降的态势。

二、粮食生产规模与效率同步提升的内涵

当粮食生产规模扩大时其效率提升的表现，称为“粮食生产规模与效率的同步提升”。虽然粮食生产规模与效率的同步提升是顾名思义的数量概念，但内涵丰富，意味着粮食生产综合能力得以改善，粮食生产力得以提高，粮食生产者收入得以保障。粮食生产综合能力是指在一定经济技术条件下，粮食生产要素投入

所形成的，可以稳定地达到一定产量的产出能力。粮食综合生产能力由投入和产出两个方面的因素构成，由耕地、资本、劳动、科学技术等要素的投入能力所决定，由年度的粮食总产量所表现。因此，粮食生产者在一定技术和资本的支撑下，通过土地有效流转来扩大粮食生产经营规模，意味着粮食生产者的生产从经济学的短期生产进入到长期生产的范畴，与短期生产相比，粮食生产的综合能力显著提高，粮食生产的年度产量显著增加。粮食生产力就是粮食生产者实际从事粮食生产活动的能力，粮食生产力是粮食生产系统的功能，是粮食生产力系统的粮食生产者、粮食生产装备、粮食生产技术、粮食生产制度体制环境等要素有机联动的综合效应。粮食生产者生产效率的改善意味着在更现代的装备和更先进的技术主导下粮食生产力的显著变化。生产经济效益的提高说明粮食生产者的收入增加，即农民增收。

就粮食生产者或粮食主产区来说，生产规模与效率的同步提升蕴涵着粮食生产从传统模式向现代模式的演化，意味着分散细碎的自给自足小户生产转向规模集约的商品粮专业生产，代表着国家粮食安全保障能力的不断提升和粮食安全保障长效机制的形成。因此，不断促进粮食生产规模与效率的同步提升既是破解粮食生产现实问题的需要，又是解决粮食生产战略问题的需要；既是实现粮食主产区禀赋经济发展的需要，又是提升粮食产业市场竞争力的需要；既是实现粮食大户最优目标的需要，又是促进社会整体利益增进的需要。

三、粮食生产规模与效率同步提升的机理

机理（Mechanism）是指在特定的系统结构内部为了实现某一特定功能，诸要素在一定的外部约束条件下而建构的促进要素间相互联系、相互作用的运行逻辑与机制。主产区粮食生产问题是全社会共同关注的现实问题和战略问题，就现实来说，我国主产区粮食生产面临着如何提高资源配置效率，降低生产成本，改善粮食供给侧结构，破除粮食生产受制价格“天花板”和成本“地板”双重挤压难题，从而进一步调动粮农生产积极性，即主产区粮食生产一定规模下效率与效益同步提升的问题；从战略上来看，我国主产区粮食生产面临着如何推进现代产业发展，提高粮食综合生产能力，提升粮食产品国际竞争力，确保国家粮食生产规模效率改善的问题，从理论上分析就是如何实现主产区粮食生产规模扩大、生产效率改善、生产效益提高等问题。回顾欧美粮食强国，粮食产业从弱到强，实现粮食产业现代化，无疑是在粮食生产的规模与效率等同步提升的目标导向下达成的。因此，新时期推进我国粮食生产大国迈向粮食产业强国，必然需要探寻粮食生产规模与效率同步提升的实现逻辑问题。

从一般生产的规模与效率的关系来看，尽管实现企业生产规模与效率同步提

升的目标的确是困难重重，但现代企业，特别是现代大企业事实上都是通过规模与效率同步提升的路径演化来达成的。对于现代生产来说，企业生产的规模与效率同步提升，实际上反映着企业竞争内部体系变革与外部环境优化，即经济学解释的企业外在经济特征下的内在经济表现。所谓企业的外在经济特征是指企业生产活动所依赖的外界环境得以改善的表现，所谓企业的内在经济特征是指企业生产规模扩大自身内部所引起的产量增加与效益提高的表现。因此，从市场微观主体分析，实现规模与效率同步提升的目标，既需要企业通过内部体系的重大变革，又需要企业通过外部环境的不断改善。与一般生产相比，粮食生产规模与效率同步提升的目标实现难度更大。从市场自由竞争视角分析，追逐利润最大化的资本市场惧怕的是没有利润或利润极其微小的行业，粮食生产市场是众所周知的高风险、低收益的市场，因而，粮食生产行业是整个市场资本最不愿意自由追逐，甚至可能被遗忘或逃避的市场。从这个意义上来说，粮食生产行业并不是自由竞争行业。粮食生产行业的市场特性决定着粮食生产规模与效率同步提升的内生动力不足，必需外生动力的强力拉动。发达国家工业反哺农业的政策夯实和补贴加重足以说明，全球粮食生产行业是一个典型的非自由竞争行业。基于此，实现粮食生产规模与效率的同步提升，一方面需要粮食生产组织作为市场主体自主决策的长期努力，另一方面需要主产区粮食支持体系的长期激励，更需要主产区粮食生产的内在经济与外在经济的协同演进。

因此，对于市场主体来说，实现粮食生产规模与效率的同步提升意味着生产组织及其体系的重大变革，粮食生产综合能力的重大改善；对于粮食产业来说，实现粮食生产规模与效率的同步提升意味着产业集中度提高，产业成本降低，竞争力提升；对于主产区来说，实现粮食生产规模与效率的同步提升意味着区域市场要素的集聚与市场体系的协同，区域产业的振兴与禀赋经济的兴旺；对于全社会来说，实现主产区粮食生产规模与效率的同步提升意味着国家粮食生产规模效率改善的保障和粮食安全长效机制的形成。

第三章　中国粮食生产规模与效率的演变特征与现实分析

本章基于经验主义和动态演化分析视角，解析中国市场经济条件下粮食生产成本、粮食规模农户、粮食生产效率等演变规律，以便从宏观视角认识中国粮食生产规模与效率演变的特征与趋势；并基于实地调查基础上分析主产区粮食生产规模与效率同步提升的现实基础及其问题。

第一节　中国粮食生产规模演变的特征分析

一、中国粮食生产规模演变的统计特征

根据粮食种植面积的时间序列变化，能够从宏观层面认识粮食生产规模演变特征，此外，三大主粮种植面积变化趋势及其比较可用于衡量一国粮食种植结构和粮食市场需求演变特征。图 3－1 表示 1978～2016 年中国水稻、小麦、玉米三大主粮作物种植面积变化趋势。

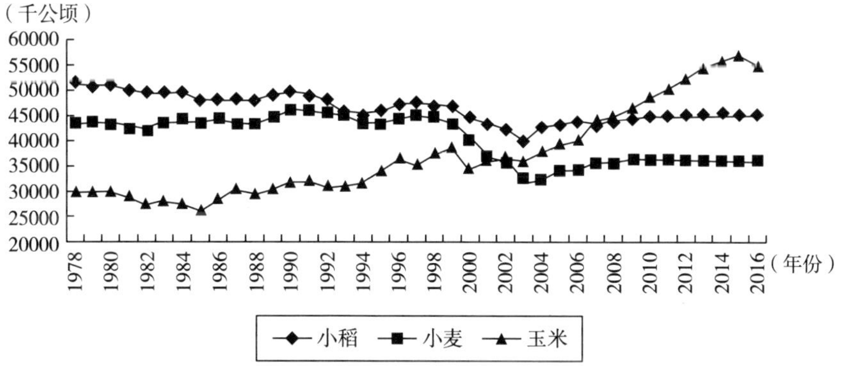

图 3－1　1978～2016 年中国水稻、小麦、玉米三大主粮作物种植面积变化情况

从图 3－1 可知，近 40 年来，中国水稻、小麦种植面积整体呈缓慢下降态势，尤其是 2000～2003 年小麦种植面积几乎呈断崖式下降，降幅近 24.4%；与此同时，水稻种植面积跌幅近 13.3%。而玉米种植面积相较于水稻与小麦而言，自 1978 年以来整体呈递增态势。玉米种植面积的不断增加，既是中国饲料用粮刚性需求增长的结果，又是玉米作为小麦和大米的完全替代品由于具有产出效益的比较优势所致。

粮食单产水平的高低是直观衡量粮食生产率的重要参数，单位面积粮食产量的变化反映在时间序列下粮食生产综合能力的提升，图 3－2 表示中国自 1997 年以来粮食单位面积产量变化。

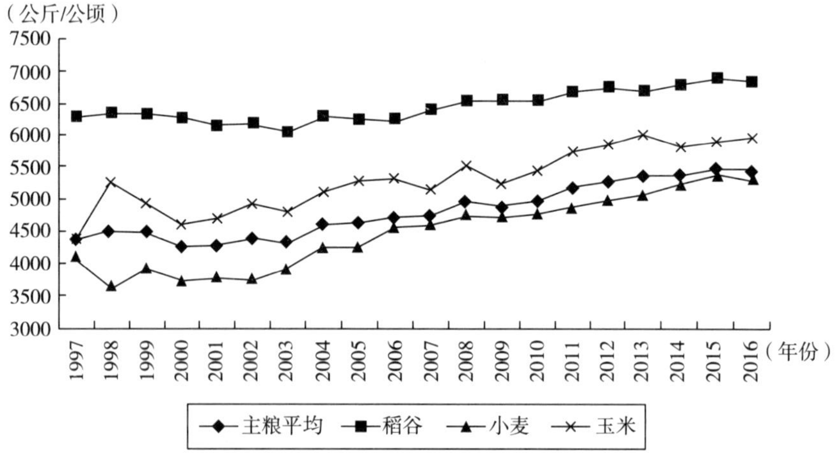

图 3－2　主粮单位面积产量变化

从图 3－2 分析，1977～2016 年中国稻谷、小麦、玉米三大主粮单产变化整体均呈持续上升态势。其中，玉米单产提升幅度约 1500 公斤/公顷，小麦单产提升幅度约 1300 公斤/公顷，水稻单产提升幅度约 600 公斤/公顷。20 年来三大主粮平均单产提升幅度约 1100 公斤/公顷。水稻单产提升幅度相较于小麦与玉米空间较小，这与中国杂交水稻技术发明背景相关。说明创新并推广优良品种是提高粮食生产效率最有效的途径。

二、中国粮食生产规模演变的农户特征

从比较静态视角选择不同时间节点进行统计分析，中国农户耕地经营规模变化的比较如表 3－1 所示。整体观察，中国农户近 20 年来其户均面积呈缩减态势，表明中国粮食生产规模演变的农户特征并不十分显著，说明中国粮食生产仍

然存在大量的中小型农户，规模化发展的农户占比不高。虽然2015年的相关数据较2011年有显著变化，但总体变化缓慢，说明单纯依靠粮食生产现行农户推进主产区粮食规模经营的能力极其有限，需要工商资本企业、粮食家庭农场或粮食专业合作社等新型的粮食生产组织的不断培育与发展，才能快速改善中国粮食生产规模演变的农户特征，加速主产区粮食生产规模化发展。

表3-1 代表性年限中国农户耕地规模及其占比统计

经营规模	1996年农户比重	2011年农户比重	2015年农户比重
10亩以下	76.00	86.00	85.74
10~30亩	20.20	10.70	10.32
30~50亩	2.30	2.30	2.60
50亩以上	1.50	1.00	1.33

注：1996年数据为全国农村固定观察点农户调查数据，2011年、2015年数据来源于农业部经管司《全国农村经营管理资料》（2011，2015）。

再从2009~2014年的时间序列分析中国不同规模农户变化趋势，如图3-3所示。从整体来看，10亩以下的小规模农户和200亩以上的规模农户数量变化不明显，但50~100亩、100~200亩区间的农户数量增长显著。表明中国粮食生产规模演变正处于中等规模区间，粮食生产大规模演变的内生动力不足，需要通过制度创新和外在经济条件的不断改善才能改变现行演变格局。

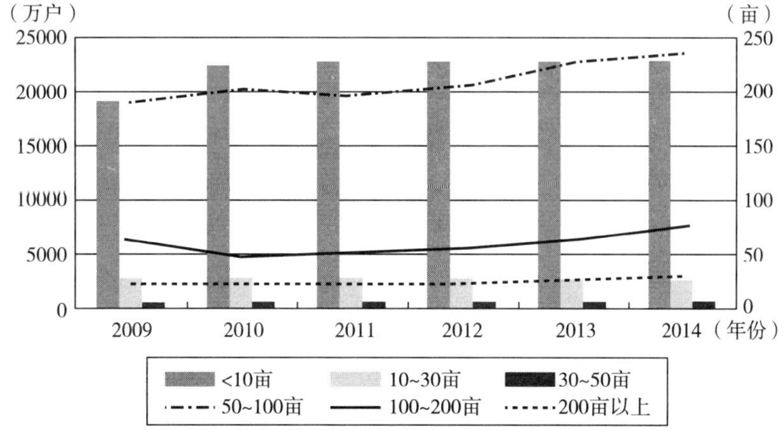

图3-3 2009~2014年中国农户耕地规模变化趋势

从静态分析，2015年中国耕地规模化（南方省份50亩以上、北方省份100亩以上）耕种面积占全部实际耕地耕种面积的比重为28.6%，如表3-2所示。

表 3－2　2015 年中国农户耕地规模及其占比统计

农户类型	数量（万户）	占比（%）
全国总农户	26744.3	100
未经营耕地的农户	1656.6	6.2
耕种规模小于 10 亩	21275.1	79.6
10～30 亩（含 10 亩）	2760.6	10.3
30～50 亩（含 30 亩）	695.4	2.6
50～100 亩（含 50 亩）	242.3	0.9
100～200 亩（含 100 亩）	79.8	0.3
200 亩以上农户（含 200 亩）	34.5	0.1

资料来源：农业部农村经济体制与经营管理司农业部农村合作经济经营管理总站．中国农村经营管理统计年报（2015 年）［M］．北京：中国农业出版社，2016.

进一步从不同规模农户数变化百分比堆砌面积图（见图 3－4）分析中国农户规模经营演变历史，同样说明中国规模农户演变的趋势特征，其中，10 亩以内、10～30 亩、30～50 亩等区间变化趋势并不明显，50～100 亩区间演变呈现明显的稳定增长态势，100～200 亩与 200 亩以上区间整体呈现微弱的增量趋势。

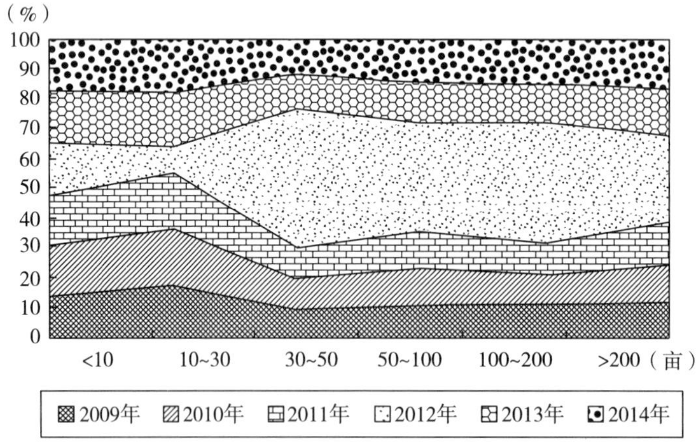

图 3－4　中国不同规模农户数变化的百分比堆砌面积

以全球为背景或参照系分析，比较全球不同规模农业经营组织占比、农业增加值占比、务农劳动力占比、肥料使用强度等指标，可以从产业比较视角评估我国粮食生产规模与效率演变的时代特征与水平，如表 3－3 所示。

表 3-3 2015 年世界代表性国家或地区农业（粮食）生产的相关指标统计

国家/地区	各类规模农业经营单位所占比例（%）				农业增加值占比（%）	农业劳动力占比（%）	肥料使用强度（公斤/公顷）
	<1 公顷	1~2 公顷	2~5 公顷	>5 公顷			
世界	72.0	12.4	9.6	6.1	3.6	38.3	124.0
中低收入国家	73.8	12.1	9.3	4.7	10.1	45.2	126.0
东亚和太平洋	87.0	7.4	4.4	1.3	10.8	54.4	321.5
中国大陆	93.0	4.9	1.7	0.4	10.1	58.7	520.9
印度尼西亚	70.8	16.8	11.0	1.4	14.5	38.7	99.6
菲律宾	40.1	28.0	23.5	8.4	11.8	31.4	66.6
越南	84.9	9.9	4.7	0.5	19.7	61.4	196.7
欧洲及中亚	44.3	17.0	22.6	16.1	6.6	12.9	39.8
拉美及加勒比	17.2	9.0	25.3	48.5	5.2	13.5	110.9
巴西	10.6	9.7	16.5	63.2	5.3	9.4	71.6
中非及北非	59.0	11.4	13.8	15.8	11.2	19.5	58.5
印度	62.9	18.9	13.9	4.3	17.5	52.5	161.3
撒哈拉以南非洲	61.8	21.5	12.7	4.1	15.7	56.5	14.9
埃塞俄比亚	62.9	24.3	11.9	1.0	48.0	75.1	20.6
高收入国家	32.6	17.5	16.0	33.9	1.4	2.7	117.6
加拿大	—	2.5	3.3	94.2	—	1.5	66.5
法国	—	16.8	12.3	70.9	1.9	1.7	133.7
德国	—	8.0	16.9	75.1	0.9	1.3	195.2
日本	68.5	20.0	9.1	2.4	1.2	1.7	244.8
韩国	68.8	5.3	6.0	19.9	2.5	4.0	337.7
英国	—	13.9	9.2	76.9	0.7	1.4	238.2
美国	—	—	10.7	89.3	1.3	1.4	125.4

资料来源：根据联合国粮食及农业组织（FAO）的 AGROSTAT 统计数据库及美国农业部、世界银行数据库整理所得。

从表 3-3 可以发现，我国在 1 公顷以下的各类规模农业经营单位占比高达 93%，远高于第二位越南 84.9% 近 8.1 个百分点，此指标更大大高于世界平均水平（72%）。数据显示，我国规模农业在 5 公顷以上区间主体占比仅为 0.4%，而法国、日本、美国、印度等国占比分别为 70.9%、2.4%、89.3%、4.3%。在农业劳动力占比方面，我国和撒哈拉以南非洲农业劳动力占比分别为 58.7% 和

56.5%，而美、法、德、日、英等发达国家农业劳动力占比仅为总人口比例的2.7%，世界平均水平为38.3%。表中数据表明，我国化肥使用强度过高，达每公顷520.9公斤，远远超出世界平均水平达4.2倍，这也是引致我国粮食生产成本偏高、农业面源污染防控难度大的重要原因。

从我国规模农业演变趋势考量，并参照世界农业发展相关指标比较，我国粮食生产规模扩大与效率提升的任务重、难度大。从数据的统计特征判断，我国粮食生产规模已从小规模开始向中规模演变，这种演变的动力主要源自农户内生因素，经济学理论称作内生动力。从传统小农户蜕变为现代农户需要包括传统农民改造、技术装备改造、经营理念改造、管理模式改造等系列变革与创新工程，需要小农户终身努力，甚至代际相传。因而，主产区粮食生产规模扩张需要充分发挥农户的内生作用，特别是需要不断改善区域粮食规模生产的外在经济条件。与此同时，主产区还必须大力发挥工商资本企业等新型粮食生产经营主体的引领作用，加速推进主产区粮食规模生产的进程。

第二节　中国粮食生产效率演变的特征分析

一、模型选择

本章利用 Malmquist 指数对我国粮食生产效率进行 DEA 数据包络技术分析与分解，以便在粮食全要素生产率指数分解的基础上进一步厘清粮食生产纯技术效率和规模效率指数，深刻揭示生产增长的源泉。其公式如下：

$$M_0(x_t,\ y_t,\ x_{t+1},\ y_t+1) = \frac{S_0^{t+1}(x_{t+1},\ y_t+1)^{(1)}}{S_0^t(x_t,\ y_t)} \times \frac{D_0^t\left(x_{t+1},\ \frac{y_{t+1}}{VRS}\right)^{(2)}}{D_0^t\left(x_t,\ \frac{y_t}{VRS}\right)} \times$$

$$\left[\frac{D_0^t(x_{t+1},\ y_{t+1})}{D_0^{t+1}(x_{t+1},\ y_{t+1})} \times \frac{D_0^t(x_t,\ y_t)}{D_0^{t+1}(x_t,\ y_t)}\right]^{\frac{1}{2}(3)} = Sech \times Pech \times Techch \qquad (3-1)$$

其中，$M_0(x_t,\ y_t,\ x_{t+1},\ y_{t+1})$ 为 t 到 $t+1$ 期全要素生产率（TFP）变化，由于 DEA - Malmquist 指数测算的是生产率的环比变化指数，各指标结果大于1表示效率进步。其中，式中的标注（1）表示规模效率指数（Sech）；标注（2）表示纯技术效率指数（Pech）；标注（1）与标注（2）间的乘积为技术效率变化指数（Effch）；标注（3）表示技术进步指数（Techch）。所谓技术效率变化指数（Effch）是指在给定投入情况下厂商所获取最大产出的能力，反映了粮食生产过程既有技术利用的有效程度，其数值以接近生产前沿面的程度来衡量；所谓纯技术效率（Pech）是指规模报酬可变（VRS）且在生产技术水平不变的假设下粮食生产所达到的技术效率水平。其中，粮食生产规模效率值越接近于1，说明粮食生产规模越接近最优；规模效率值偏低表明在既定技术水平下粮食生产要素投入没有达到最佳规模。粮食生产技术进步指数是指时间因素引入后的生产率变动。一般来说，生产技术的进步表现为生产前沿面的上升。

二、计量分析

以全国31个省份作为考察对象，所有样本考察时期为2000~2016年。模型选择一个产出指标和八个投入指标。产出指标为粮食总产量（万吨）；投入包括八个投入指标，分别为第一产业从业人员总数（万人）、粮食总播种面积（千公顷）、农村用电量（亿千瓦小时）、年末农业机械总动力（万千瓦）、农用柴油使用量（万吨）、农药使用量（吨）、农村塑料薄膜使用量（吨）、化肥使用量（万吨）。数据均来自历年《中国统计年鉴》《中国农村统计年鉴》以及各省份统计年鉴，由于2016年新疆与湖南统计年鉴没有更新，其关于第一产业从业人员的数据缺失，本书采用二次指数平滑法预测弥补。

采用DEAP2.1软件对2000~2016年我国31个省份粮食产出和投入数据进行测算，计算结果如表3-4所示。

表3-4　2000~2016年三大区域各省份粮食Malmquist生产率指数及其构成

	省份	技术效率变化指数	技术进步指数	纯技术效率变化指数	规模效率变化指数	Malmquist生产率指数
主产区	河北	0.997	1.023	0.995	1.002	1.020
	内蒙古	1.000	0.990	1.000	1.000	0.990
	辽宁	1.005	1.025	1.005	1.000	1.031
	吉林	1.000	1.009	1.000	1.000	1.009
	黑龙江	1.000	1.012	1.000	1.000	1.012
	江苏	0.991	1.013	0.991	1.000	1.004
	安徽	0.996	1.006	0.995	1.002	1.002
	江西	1.000	0.991	1.000	1.000	0.991
	山东	0.994	1.016	0.999	0.996	1.010
	河南	1.000	1.013	1.000	1.000	1.013
	湖北	0.984	1.017	0.984	1.000	1.001

续表

	省份	技术效率变化指数	技术进步指数	纯技术效率变化指数	规模效率变化指数	Malmquist 生产率指数
主产区	湖南	0.999	0.987	1.000	0.999	0.985
	四川	1.000	0.977	1.000	1.000	0.977
平均值		0.997	1.006	0.998	1.000	1.003
主销区	北京	0.996	1.011	1.000	0.996	1.007
	天津	1.009	1.021	1.001	1.008	1.030
	上海	0.997	1.003	1.000	0.997	1.000
	浙江	0.990	1.013	0.991	1.000	1.003
	福建	0.994	1.012	0.994	1.000	1.006
	广东	0.982	1.013	0.982	1.001	0.996
	海南	0.975	1.000	0.998	0.977	0.975
平均值		0.992	1.010	0.995	0.997	1.002
产销平衡区	山西	1.012	1.007	1.013	0.999	1.019
	广西	0.984	0.988	0.976	1.008	0.972
	重庆	0.996	0.977	1.000	0.997	0.973
	贵州	1.000	0.935	1.000	1.000	0.935
	云南	0.982	1.022	0.979	1.004	1.004
	西藏	1.000	0.929	1.000	1.000	0.929
	陕西	1.003	0.980	1.010	0.993	0.983
	甘肃	1.008	0.997	1.002	1.006	1.005
	青海	1.015	0.987	1.030	0.986	1.002
	宁夏	1.000	0.999	1.000	1.000	0.999
	新疆	0.990	1.016	0.991	1.000	1.006
平均值		0.999	0.985	1.000	0.999	0.984
全国平均值		0.997	1.000	0.998	0.999	0.996

三、特征分析

（一）全国粮食 Malmquist 生产率指数演变特征分析

由表 3-4 可知，2000~2016 年我国 Malmquist 生产率指数平均为 0.996，年

均下降0.4%，表明虽然我国粮食总量在增加，但粮食生产要素的利用效率在下降。从全国平均 Malmquist 生产率指数的构成来分析，2000～2016 年，纯技术效率变化指数与规模效率变化指数均为负增长，因此技术效率变化指数也呈负增长，平均增长率为 -0.3%；而技术进步指数保持不变水平。

（二）省际粮食 Malmquist 生产率指数演变特征分析

为了更好地了解 31 个省粮食生产效率变化的分布情况，以 1 为临界值对技术效率变化指数与技术进步指数进行划分，可将全国各省份按技术效率变化指数与技术进步指数的分布情况分为四种类型，得到空间折射图如图 3 -5 所示。

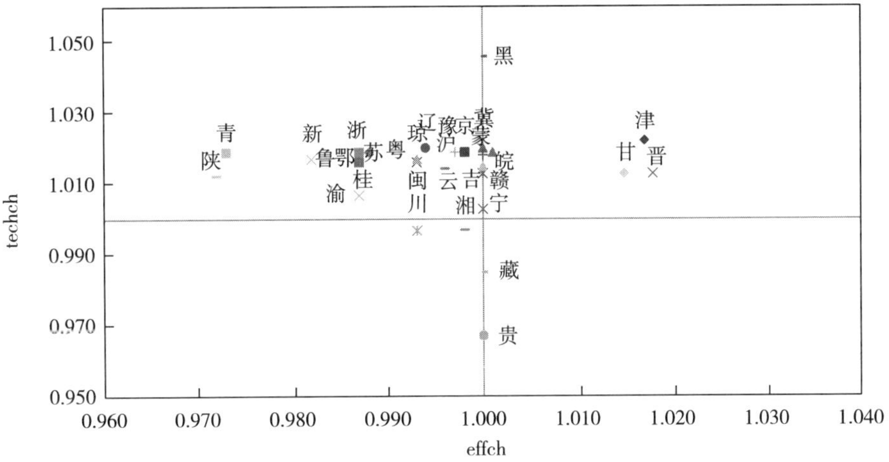

图 3 -5 全国 31 省份技术进步指数与技术效率变化指数分布

将图 3 -5 中右上方（effch≥1，techch≥1）即第Ⅰ象限为“双高型”地区，有六个，分别是位于粮食主产区的辽宁、吉林、黑龙江、河南与主销区的天津、产销平衡区的山西。这类地区主要位于粮食主产区内，粮食全要素生产效率较高，且该地区技术进步指数与技术效率变化指数均呈正增长。处于图 3 -5 左上方（effch <1，techch≥1）即第Ⅱ象限为“低高型”地区，大部分省份位于该区域，包括粮食主产区与主销区，这说明粮食生产技术进步提高了这些省份的粮食全要素生产率，而粮食生产新技术的推广与应用对全要素生产率的贡献为负。处于图 3 -5 左下方（effch <1，techch <1）即第Ⅲ象限为“双低型”地区，有主销区的湖南与产销平衡区的重庆和广西，这类地区技术进步与技术效率都在退步，粮食 tfp 指数低下，粮食生产效率的改善更为困难。位于图 3 -5 右下方（effch≥1，techch <1）即第Ⅳ象限为“高低型”地区，主要位于粮食产销平衡区，

这些省份技术推广应用率高而技术进步低，表明这些省份粮食生产科技投入较低，新技术研发成果少。

（三）中国粮食生产效率演变的区域特征比较

从表3-4中各区域指标可知，31个省份中有19个省份实现Malmquist生产率指数大于1，其中，有10个省份位于粮食主产区，5个省份位于主销区，其余4省份位于产销平衡区。其中，主产区内平均粮食生产效率为1.003，年均增长0.3%，增幅最大，且技术进步指数与技术效率大都呈“双高型”增长。但是，主产区内也存在粮食生产效率成负向增长的省份，如位于中部地区的内蒙古、江西、湖南三省和西部地区四川省，出现粮食生产效率退步的原因是其技术进步指数为负。产销平衡区主要位于中西部地区，粮食生产效率及各指标普遍较低，技术进步指数滞后严重，贵州省与西藏自治区技术进步指数仅为0.935与0.929，年均下降6.5%与7.1%，是全国粮食生产技术水平最为落后的两省。主销区内技术进步指数增长幅度处于全国领先水平，年均增长1%，这都归因于主销区处于经济发达地区，其科技水平高、研发能力强。而主销区内各省份除天津市外技术效率变化指数均处于递减状态，且纯技术效率变化指数、规模效率变化指数均较滞后，出现这种现象可能是由于粮食产业收益率偏低导致发达地区种粮积极性不高。

以上分析表明，粮食主产区的全要素生产率除内蒙古、江西、湖南和四川四省区以外，其他省份普遍高于全国平均水平，其中的四省区由于技术进步指数衰减而导致生产效率偏低；产销平衡区的全要素生产率除山西外普遍低于全国平均水平，山西省因为其技术效率变化指数与技术进步指数同步增进而引致生产效率改善；粮食主销区由于其技术进步率处于较高水平，因而其全要素生产率接近于全国平均水平。整体分析表明，中国粮食全要素生产率存在较大的区域与内部结构演变特征，进一步促进中国粮食全要素生产率的提升需要三个步骤：第一，实施粮食产区粮食生产效率改善的目标激励政策。改善中国粮食全要素生产率的空间不仅包括13个主产省区的产粮大县，同时也包括产销平衡区和主销区的产粮大县，统称为粮食产区，因而，粮食政策的优化调整，特别是粮食生产大户激励的相关政策应当覆盖全国所有粮食产区生产大户，并实施同一强度的国家层面政策，当然可以依据省情和县情设计具有区域差异的地方配套激励政策。第二，加快粮食生产三大生产结构科技创新共享平台建设。提高粮食生产科技水平，促进粮食全要素生产率不断改善。第三，推进适度规模经营提高粮食产区粮食生产综合能力。推进粮食产区生产进程，促进粮食产区生产规模与效率同步增进。

第三节　主产区粮食规模生产主体的调查分析

一、样本特征分析

本节所指的“粮食规模经营主体”是川、湘两地30亩及以上水稻规模生产主体，可以细分为生产大户、家庭农场、合作社和农业企业四类。

表3-5中样本的选定采用多阶段分层随机抽样法。首先，选择差异化资源禀赋的县市并兼顾平原、浅丘等地形单元，样本包括湖南省洞庭湖平原地区的岳阳市、湖南省湘中南丘陵区的长沙市、株洲市以及四川省的成都平原简阳、川南泸州、川北南充等浅丘区。具体抽样为每区县随机抽取1~2个镇，并从该乡镇农技站等归口管理部门电脑随机抽取15~20户不同规模大户进行入户访谈。问卷分布为湖南省150份、四川省120份，除去无效问卷以外，收回有效问卷246份，问卷的有效率为91%。样本结构及数据特征表示川、湘两省水稻规模生产主体的基本状态，如表3-6所示。

表3-5　调研样本分布情况

省份	市、县/区、镇	数量	比例（%）
湖南省	长沙市，宁乡县回龙铺镇、长沙县金井镇	37	15.0
	株洲市，攸县皇图岭镇、网岭镇，茶陵县严塘镇	39	15.6
	岳阳市，湘阴县鹤龙湖镇、东塘镇	28	11.4
	汨罗市，屈原区河市镇、君山区钱粮湖镇	26	10.6
四川省	南充市，嘉陵区一立镇、南部县定水镇、建兴镇	43	17.5
	泸州市，合江县白米镇、凤鸣镇，泸县兆雅镇	41	16.7
	成都市，简阳市，清风乡、三合镇	32	13.2
总计	17镇	246	100

资料来源：2016年12月至2017年9月本课题组在川、湘两省农村的微观调研。

表3-6　样本基本特征分析

项目	区间	数量	比例（%）	项目	区间	数量	比例（%）
年龄	35岁以内	15	6.1	经营面积	30~150亩	88	36.0
	36~45岁	48	19.5		151~300亩	80	32.5
	46~55岁	87	35.0		301~500亩	36	14.5

续表

项目	区间	数量	比例（%）	项目	区间	数量	比例（%）
年龄	56～65岁	87	35.0	经营面积	500～1000亩	30	12.0
	66岁以上	9	3.7		1000亩以上	12	5.0
主体类型	种粮大户	142	57.9	家庭劳动力	1～2人	158	64.6
	家庭农场	91	36.7		3～4人	70	28.0
	涉农涉企	13	5.4		≥5人	18	7.4
外出务工	0年	93	37.8	文化水平	文盲	18	7.5
	1～5年	33	13.4		小学	75	30.5
	6～10年	39	15.9		初中	117	47.5
	11～15年	51	20.7		高中/中专	27	10.9
	15年以上	30	12.2		大专及以上	9	3.6

注：关于经营主体类型，调研发现合作社并非是完全以家庭等实体为依托的生产主体，而是由家庭农场、生产大户和少部分农业企业等为了降低生产与交易成本进行产前、产中、产后合作的非独立嵌套体。

从年龄特征分析，样本粮食生产大户老龄化特征明显，户主年龄46岁以上大户占比高达73.7%，其中，50岁以上的生产大户占比为58.7%，样本中年龄最低为27岁，最高为70岁。因而，如何鼓励年轻劳动力从事粮食生产，解决种粮大户不断趋向老龄化的问题，促进主产区粮食规模生产的可持续代际传递，将是解决谁来种田、种好田的关键。从经营规模分析，样本户均经营面积为226亩，最大为4580亩，最小为35亩；其中占比农户64%的经营规模在150亩以上，一定程度上超过"当地户均承包土地面积10～15倍"的标准以上。表中数据显示，占比农户64.6%的家庭劳动力为1～2人，基本上是以夫妻2人传统耕作方式从事粮食生产。

粮食生产大户的务工经历及其教育水平也是窥视主产区粮食规模生产效率水平的一个重要指标。样本中37.8%的生产主体没有外出务工经历，他们基本上是处于家庭联产承包责任制开始通过逐步流转农地形成的现有规模经营模式。表中数据显示，在样本农户中有10年以上务工经历的占比高达32.9%，说明我国种粮大户的另一重要组成为经过较长时间外出务工的返乡农民工。从文化教育指标来看，小学及以下文化水平的粮食大户占比38%，高中以上文化水平的粮食大户占比14.5%，表明粮食生产规模主体的人力资本改造任务紧迫而繁重。调查发现，粮食规模生产大户发展加快时期是2014年，究其原因可能是2008年开始的金融危机，使我国外向型经济逐步转型，经济结构随之调整，外出务工农民陆续返乡创业。此外，调查发现，占比达48.7%的粮食生产大户具有多重身份，其中，兼职从事农资销售、农机维修、农技员、村干部等居多，说明粮食生产规模农户兼业化的取向显著。

二、主体困惑表征分析

（一）职业农民综合素质弱化的困惑

从经济学视角分析，粮食规模生产行为其实质即粮食生产现代要素有效配置的行为与方式，其关键是人的要素。因此，推进主产区粮食生产规模与效率的同步提升必须大力培育和建构高素质的职业农民队伍。然而从访谈调研来看，当前主产区职业农民整体文化水平偏低、现代生产技术落后、创新能力不足以及合作共享观念不强等问题突出。首先，从年龄结构和文化背景来看，老龄化与文化低度化明显，其中，45 岁以下青壮年仅为 36%，小学以下文化程度占比 38%。规模生产大户坦言的“功能性文盲”现象极为普遍，“有电脑不会用，有手机不能智能，有网络不能学技术、观市场”。其次，较高素质劳动力流失严重，“次等劳动力”务工现象突出。据不完全统计，占比 85% 的经营主体均存在不同程度的劳动力季节性、结构性短缺问题，尤其是偏大规模生产农户其现象表现更为突出。因而，“双抢”时节雇工超过 70% 为 55 岁以上妇女，体能弱、效率低，严重制约着粮食生产新技术的采纳与扩散。最后，继续教育或干中学的人力资本改造效能缺失。调研发现，占比 28.7% 的生产大户从来没有参加或代表参加专业技术与文化素质培训，近 70% 的生产大户和粮农对国家惠农政策知之甚少，对新技术培训和现代经营管理学习兴趣不高，如表 3－7 所示。

表 3－7 粮食规模生产相关培训与认知情况样本调查统计

培训频次比例（%）	未受过培训	1 次	2 次	3 次	4 次以上
	28.7	23.4	30.5	10.4	7.0
培训评价比例（%）	培训次数少	老师不专业	通知不到位	重理论轻实践	内容单一
	17.0	19.5	14.3	28.7	20.5
政策了解比例（%）	完全不知	知道一点	一般了解	比较熟悉	非常熟悉
	8.5	60.7	16.4	11.5	2.9

（二）农地规模流转合约不稳的困惑

经济学上的农地流转具有规模经济和边际产出拉平效应，能够提高资源配置效率。然而当前主产区农地流转并不尽如人意，农地流转率低、流转合约不稳定、“小农复制”等问题突出，制约着主产区粮食适度规模经营与效率的同步提升。流转发生率低、流转时限短、非正规合约、随意变更合约等问题严重影响着粮食大户规模扩张的积极性，调查数据表明，近1/3的生产大户每年以“口头轮约”的方式流转耕种，基本模式是“每年春节务工人员回家时最终告知是否续约”。鉴于承包关系不稳定，长期收益不可预期，粮食生产大户普遍缺乏粮食规模生产基础设施长期投资的主动性和积极性。此外，农地规模流转合约不稳也与主产区农地市场发育不全、流转机制不畅相关。表3－8表示主产区农地交易半径、流转中介、价格竞争与矛盾解决机制等指标数据。其中，样本地耕地流转高达近80%交易于本村范围，以本人或熟人联系的交易高达76.8%。这或许与我国农村“熟人社会”传统文化相关，但是，农地流转的市场化程度会囿于熟人社会而发展滞后。值得高兴的是，调查数据显示，农地流转具有逐步突破本村乃至本乡的期望趋势，出现以农村经纪人为代表的“信使”，这种现象无疑将对破除信息不对称等流转障碍产生积极作用。

表3－8　农地流转期限及来源统计调查

项目	区间	数量	比例（%）	项目	区间	数量	比例（%）
农地来源	本村内	192	78.2	流转中介	自己联系农户	114	46.3
	临近村	38	15.6		亲友邻居介绍	75	30.5
	外乡镇	12	4.5		农村经纪人	21	8.7
	外县	4	1.7		村委干部	36	14.5
流转年限	1年	83	33．9	流转纠纷	租期内涨价	99	40.4
	2～3年	78	31．8		改动原耕地边界	71	28.7
	4～5年	50	20．2		单方终止合约	48	19.6
	6年以上	35	14．1		掠夺式耕种	28	11.3

另外，土地流转中过于细碎化的区块分布也是影响土地流转不畅和合约不稳的客观因素。如图3－6表示样本大户耕田平均地块面积分布比例，其中，区间分布在11～20亩范围的地块居多，占比高达70%的相关指标分布于0～20亩区间。以形式上来看，虽然粮食生产大户实现了数量上的“规模经营”，但由于“插花田”现象的严重存在，农地流转依然存在明显的“规模但不集中”的问题。调研数据显示，主产区粮食生产样本户均地块数为13.7，每百亩农地细碎化程度约为9.6。农地细碎化程度过高使得粮食生产大户流进土地谈判成本高，流出土地农户互相攀比严重，流出农户一家变故引致数家骨牌效应，土地流转合约的法律性和有效性被折扣，给规模大户带来难以解决和防范的困惑。

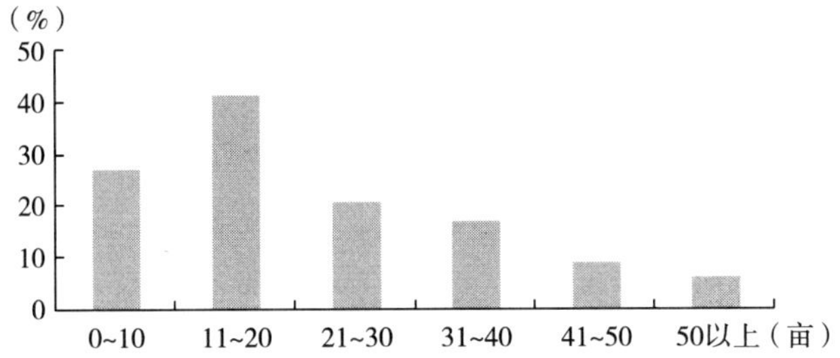

图3-6 样本生产大户土地细碎化程度

(三)农业基础设施增量难增的困惑

农业基础设施是主产区现代粮食产业发展的基础条件和重要生产要素。因而,粮食生产大户在扩大规模过程中对农业基础设施的需求比传统农户更加强烈,特别需要与规模扩张相适应的新型农业基础设施增量及其体系,以发挥农业基础设施增粮(增加粮食产出)保量(减灾防灾保产出)的功能作用。特别是自然灾害频发的国家,我国每年农业因灾损失数量惊人,完善的农业基础设施无疑是防灾减灾的重要保障。调查发现,川、湘两地受访大户近几年粮食生产受灾情况严重,如表3-9所示。

表3-9 2015~2017年粮食大户受灾情况分析

年份	受灾大户占比(%)	受灾面积占比(%)	亩减损斤数(斤)
2015	24	15	186
2016	39	18	220
2017	38	36	235

注:上述数据是经过计算得出的平均值,受灾类型包括水灾、旱灾和倒春寒等对水稻的影响。受灾大户占比=受灾大户数/总样本大户数,受灾面积占比=受灾面积/当年粮食生产面积,亩减产斤数=(受灾大户减产面积×亩均减产数)/受灾大户数。

从访谈调查与现实考察分析,当前主产区粮食生产基础设施普遍存在着存量严重不足、增量很难增加问题,样本农户反映尤为强烈的诸如水利设施的"断头渠"与"泥巴渠"等"最后一公里"问题、田间道路拓宽与生态保护的问题、水库池塘扩容固化与生态美化的问题、现代智能生产网络设施的问题等尤为突出,不仅恶化着粮食规模生产的外在经济环境,同时也制约着粮食规模生产内在经济条件的有效持续改善,样本调查表3-10表达了主产区粮食生产规模大户改善农业基础设施的强烈意愿倾向。

表 3－10　粮食大户对若干基础设施的评价状况

	特别差（%）	比较差（%）	一般（%）	比较好（%）	非常好（%）
水库（源）蓄水能力	14.3	19.7	25.4	30.5	10.1
河道灌渠通达情况	9.3	27.4	35.5	24.6	3.2
农田末端水渠通达情况	12.4	32.6	40.8	10.2	4.0
防洪与排涝能力	16.5	34.0	27.8	16.6	5.1
农田机耕道路情况	13.7	57.0	17.0	8.9	3.4
所耕种农田平整情况	19.8	37.4	19.6	13.7	9.5

（四）资金紧约束与成本攀升的困惑

从粮食产业规律分析，粮食生产活动是具有季节性和集合性的生产特征。因此，粮食生产是属于资本运作集合流通和汇聚的经济行为活动。调查发现粮食生产规模农户受制于资金刚性需求与金融抑制下的资本约束矛盾或困惑表现相当突出。表 3－11 显示，粮食生产大户平均负债率高达 64.6%，户均负债金额为 20.6 万元。由于农地产权的不完整性和农户资产抵押变现的低能性，商业性金融机构对粮食大户抵押贷款并无兴趣。占比超 50% 生产大户选择向“亲友”借贷，选择“信用社”借贷的占比仅为 31.6%。另外，粮食生产大户周期性负债普遍存在，占比 85% 以上的生产大户其当季生产要素如肥料等的采购使用的是赊购方式或阶段性赊购方式。

表 3－11　各类粮食经营主体借贷发生率和借贷来源

不同类型主体	种粮大户	家庭农场	合作社	农业企业
比例（%）	48.7	79.4	68.3	83.3
借贷来源	亲友	信用社	亲友和信用社	民间高利贷
比例（%）	51	31.6	15.3	2.1

此外，在资金紧约束下粮食生产大户高筹资交易成本必然引致粮食生产总成本攀升，挤压粮食利润空间。与此同时，主产区粮食生产其他成本也在处于持续的动态攀升之中，一是农地租赁成本虚高，样本农户亩均租金 500 元左右，而连片耕地租金多在 600 元以上。二是农业劳动力成本不断攀高，当前川湘地区的农业工人日工资普遍在 150～200 元，双抢时节除伙食开支外还需 200 元/天；样本大户年均雇工成本支出为 71726 元，其中位数与众数均为 30000 元，如表 3－12 所示。

表 3－12 受访水稻规模经营主体 2016 年全年生产成本构成情况

项目	平均成本（元）	说 明
地租	400～600 元/亩/年	低洼田、连片田有所差别，均价 500 元左右
雇工	120～200 元/天/人	均价为 150 元/天，插秧 180 元，打农药 200 元
肥料	160～200 元/亩/季	每季从插秧到收割，平均施肥 3～4 次
农药	120～150 元/亩/季	40 元/次，早稻 2～3 次，晚稻 3～4 次
种苗费	80 元/亩	种子、秧盘等
机插秧	80～90 元/亩	各地补贴 30～60 元/亩
机收	100～120 元/亩	部分地区早晚稻机收费较小差异
机翻地	80～100 元/亩	每年晚稻收割完，一次机翻地
烘干费	60 元/亩（折合）	一般是 120 元/吨
其他费	60～80 元/亩	运输费、水电费、土地平整等
合计	1260～1680 元/亩	水稻单产约 900～1200 斤，按照市场最低收购价计算毛收益为 1170～1560 元

（五）区域性社会化服务不力的困惑

主产区粮食规模生产的社会化服务及其体系是主产区粮食经济的现代符号和标识，甚至可以说主产区粮食生产社会化服务水平决定着粮食规模生产的现代化水平和规模生产效率水平。因此，主产区构建并不断完善区域性特征的社会化服务体系是推进主产区粮食生产规模与效率同步提升的最重要、最关键的工作或任务。但是，当前主产区粮食规模生产社会化服务并没有达到预期所望，于户所愿，因而，在规模扩张过程中产生很多难以解决的问题。例如，如果没有土地流转的社会化服务公共平台，规模大户土地流转的交易成本居高不下，表 3－13 显示，由于缺少促进农地有效流转的交易平台以及解决农地流转纠纷机制的措施，样本区农地流转的交易时间平均长达 23 天。

表 3－13 川湘二省粮食生产规模主体流转农地交易规模及耗时情况

交易规模（亩）	时间成本（天）	谈判对象	交涉人数（次）	频率	比例（%）
0～15	9	农户	6	37	28
15～30	12	农户	10	24	18
30～50	15	农户	17	19	14
50～80	27	农户	25	15	11
80～120	29	熟人、农户	27	13	10

续表

交易规模（亩）	时间成本（天）	谈判对象	交涉人数（次）	频率	比例（%）
120～200	32	熟人、农户	39	11	8.0
200～300	30	村委、经纪人	15	9	7.0
300 以上	31	村委、经纪人	17	6	4.0

注："0～15 亩"是［0，15）为左闭右开，下述亦同；交易规模为单次与农户达成的流转规模，并非生产大户全部经营规模；谈判对象是生产大户与之直接接触的对象；原则是直接接触并达成口头与书面协议，不包括间接交易主体。

即使主产区具有传统的"七站八所"的所谓公益性社会化服务体系，但由于缺乏有效的激励机制，其社会化服务供给效率偏低，不能有效满足规模生产大户新型粮食生产方式的需求。虽然有些区域初具市场性粮食生产社会化服务功能设备和设施，但由于企业行为的"重收益轻服务"的市场缺陷，粮食生产样本大户普遍表达对公益性社会化服务不满意和市场性社会化服务不信任的困惑。因而，主产区粮食规模生产农户自我构建与担当社会化服务工作占比很高，如表 3－14 所示。

表 3－14　样本农户粮食生产社会化服务方式占比统计

项目	区间	数量	比例（%）	项目	区间	数量	比例（%）
干燥方式	自然晾晒	116	47.3	农资采购途径	自己单独采购	188	76.5
	机械烘干	96	39.2		与其他农户合伙	27	11.0
	售卖湿谷	34	13.5		合作社统购	22	8.9
					协议企业统购	9	3.6
技术来源	自己琢磨	96	38.9	户均播种方式选择	机插秧	84	34
	问街坊邻居	16	6.4		人工插秧	25	10
	农资门市	55	22.3		直播	64	26
	农技站	70	28.6		抛秧	73	30
	农业企业	9	3.8				

由于主产区粮食生产社会化服务缺失或供给不足，必然引致粮食生产规模扩张困难，衰减粮食规模生产效率。因此，新时期构建具有区域性特征的，与粮食规模生产相适应的公益性和市场性社会化服务体系是促进主产区粮食特色经济现代发展的重要途径。

第四节　粮食生产规模与效率同步提升的现实基础

从调查访谈来看，粮食规模经营大户的确面临着规模生产效率难以实现的种种困难或困惑，但总体来看，我国粮食生产在短短几十年内实现了从粮食短缺到供给充裕的跨越，在保障粮食安全方面取得了举世瞩目的成就，说明我国粮食生产综合能力得以显著提升，粮食生产力得以大力改善，粮食生产者收益得以不断提高；也说明我国主产区粮食生产规模与效率同步提升具有一定的现实基础与条件。

一、粮食生产规模与效率同步提升的内在经济条件分析

（一）主产区粮食规模生产组织具有从短期生产到长期生产的积极意愿

与水稻生产大户、小麦生产大户、玉米生产大户等访谈中发现，扩大生产的强烈意愿主要来自于以下三个因素：一是忠诚的职业导向。他们认为粮食生产是一个社会不可或缺的社会分工，中国是人口大国，是粮食消费大国，需要一大批职业性质的粮食生产者。二是坚定的产业自信。他们认为从传统生产到现代生产是我国粮食产业发展的必然趋势，做大做强粮食产业不仅是国家战略安全的需要，也是民生品有效保障的需要。三是深刻的反哺体验。随着我国经济的不断增长和公共财政支持的不断加大，工业反哺农业的能力与日俱增，粮食生产规模扩大、效率提升与收益增加是中国粮食生产的未来特征和目标。

（二）主产区粮食规模生产组织具有从短期生产到长期生产的实战经验

粮食生产是一种特殊的生产，除了一般生产所需的人、财、物等生产要素之外，还需要与之相匹配的自然环境。粮食大户或粮食家庭农场除了知晓一般产品的生产要素组织管理之外，还要知晓如何利用自然气候和防范自然风险等技术。因为粮食生产的特殊性，所以要求粮食生产组织者具有生产周期全过程自然环境匹配的工作经验和技术。从实地访谈对象的粮食大户特征来看，他们均具有新型粮农的特点：[①] 懂生产、观市场、会经营等。他们能利用市场配置资源的功能扩大生产，面向市场追求生产最优化，掌握自然规律、生产规律和市场规律管控生产，应用机械与智能技术改造生产。从调查分析来看，这种新型粮农的成长并不是短期培训或历练的结果，而是长期的“干中学”历练结果。因此，粮食大户或粮食家庭农场主等新型主体可以说就是现代粮食生产的企业家，按照美国著名

① Hall B F, E P LeVeen. Farm Size and Economic Efficiency: The Case of California [J]. American Journal of Agricultural Economics, 1978, 60 (11): 589 -600.

的经济学家富兰克·H. 奈特的观点，① 新型粮食生产主体具有承载社会风险的偏好与责任担当。

（三）主产区粮食规模生产组织具有从短期生产到长期生产的综合能力

调查发现，不论何种形式的粮食生产新型主体，都具有独立的粮食生产专业综合能力特征：流转了土地、雇请了人员、购置了农机、平整了田地、修建了水利等，可以说形成了从育种、机耕、机种、机灌、机喷、机收、机烘等全产业链作业的生产业态，具有了粮食生产迂回生产的现代作业能力。② 说明主产区粮食生产新型主体具有组织生产明确的分工与协作能力，现代粮食生产工具的装备与使用能力，区域规模生产现场的协同作业能力等。虽然目前主产区粮食生产的分工还不具有明确的边界概念，还存在诸如机械装备使用效率低和现代协同管理能力缺失等问题；但相信只要主产区粮食生产者间建立合作关系，区域构建生产性公共服务体系，引进智能化网络管理技术等，主产区粮食生产新型主体的长期生产能力将会大大提升，粮食生产效率将会大大改善。

（四）主产区粮食规模生产组织具有从短期生产到长期生产的代际传递

从访谈中得知，多数粮食生产大户在不断打造粮食生产专业团队的同时，也在积极培养企业接班人。他们从中国粮食生产的长期趋势和粮食安全保障的重要性视角，思考中国粮食生产代际传递的必要性和可行性。他们把扩大粮食生产规模，增加粮食生产投资，改善粮食生产效率看作是造福下一代的责任和目标。他们认为要培养自己的接班人首先应该将自己的企业做大做强，这样，一方面可以提升下一代的职业兴趣，另一方面也可以提升下一代“干中学”的职业水平。基于此，进一步改善主产区粮食生产规模经营的外在经济条件，营造新生代新农人的成长环境，通过代际传递与“干中学”相结合的培养模式，有利于中国粮食安全保障和粮食产业可持续发展。可见，提升主产区粮食生产大户的专业生产与经营管理水平是全社会值得关注的最具价值的工作。

二、粮食生产规模与效率同步提升的外在经济条件分析

（一）主产区粮食生产规模与效率同步提升的社会共识基本达成

社会共识即社会合意，是社会行动共通与协调的基础。主产区粮食生产规模与效率同步提升的社会共识是中国人民从站起来到富起来，再走向强起来的历史

① Schmitt Gunther. Farms, Farm Households and Productivity of Resource Use in Agriculture [J]. European Review of Agricultural Economics, 1989, 16 (2): 257-284.

② North D C. Nstitutions and Produetivity in History [J]. Economic History, 1994, 11 (3): 1-13.

过程中形成的，① 是新时代中国农业从大国转变为强国所赋予的历史使命和奋斗目标的共同价值取向。主产区粮食生产规模与效率同步提升的社会共识至少包含两层含义，其一，主产区新型粮食生产主体是全社会最具风险的承担者；其二，粮食主产区是国家粮食安全最重要的责任者。因此，诸如建立粮食主产区和主销区间利益协调机制，构建粮食生产大户支持政策体系等已成为全社会的共同意愿与行为。事实上，我国公共政策体系中的主产区粮食生产基础设施投资与补贴的相关政策，粮食主产区财政转移支付政策、粮食大户绩效奖励政策、粮食大户补贴政策等均基于粮食生产规模与效率同步提升的社会共识，发挥了非常重要的激励导向作用。新时代新时期如果将这些政策整合为粮食生产规模与效率同步提升的目标指向政策，粮食生产大户规模与效率同步提升的外在经济条件将更为优化有效。

（二）主产区粮食生产规模与效率同步提升的市场体系基本建立

从现代经济学视角分析，粮食生产规模与效率同步提升，首先是一个市场行为问题。因此，粮食生产规模与效率同步提升的市场体系同样是在社会化大生产充分发展的基础上形成的，由粮食生产的公共品与市场品构件所组成，包括资本市场、生产资料市场、劳动力市场、技术市场、信息市场、产权市场、土地市场、公共服务市场等相互联系、相互制约、相互作用的有机整体。培育和发展统一、开放、竞争、有序的粮食生产市场体系，是主产区粮食生产规模与效率同步提升的必要条件。改革开放 40 年来，我国市场经济取得了举世瞩目的进步，市场配置资源的决定性功能越来越凸显，现代市场体系越来越趋于完善，区域禀赋经济越来越趋向差异个性，区域经济分工与合作越来越紧密。粮食主产区作为我国重要的商品粮产区，凸显禀赋优势，分工参与国家市场经济的角色越来越明确，粮食产业的市场体系也因此越来越成熟，粮食生产规模与效率同步提升的公共生产体系与市场生产体系正在同步推进。

（三）主产区粮食生产规模与效率同步提升的要素需求基本保障

粮食生产规模与效率同步提升的要素需求是实现粮食生产规模与效率同步提升的各种社会资源，包括劳动力、土地、资本、设备、设施、技术、信息、公共政策、企业家才能等。从粮食规模生产的多功能性分析，粮食生产规模与效率同步提升的要素有些属于市场性物品，如劳动力等；有些属于准公共品性质，如水利交通等；也有个别的属于公共品性质，如技术推广等。随着主产区粮食产业发展的市场体系建立，主产区粮食生产规模与效率同步提升的市场性生产要素基本可以通过供求关系实现。粮食生产规模与效率同步提升的准公共品性和公共品性

① Sehuhz T W. Institution and the Rising Economic valuc of Man [J]. American Journal of Agricultural of Economics, 1968, 50 (5): 1113 - 1122.

生产要素基本可以通过公私合营或公共财政予以保障。访谈与调查表明，近年来新农人培训工程、新技术培训工程、新品种推广工程、永久基本农田建设工程、土地流转新政策、水利工程补贴政策、新农机购置补贴政策、粮食作物保险工程等，在满足粮食生产规模与效率同步提升的要素需求方面发挥了重要作用。

第五节　粮食生产规模与效率同步提升的问题分析

总体来看，我国主产区粮食生产规模与效率同步提升的社会共识基本达成、市场体系基本建立、要素需求基本保障、新型主体初具规模，为新时期加快推进主产区现代粮食产业发展奠定了良好基础。但由于我国粮食生产市场化改革时间的短期性，主产区人地矛盾的制约性、传统生产行为的惯性等影响，不容置疑，主产区粮食生产规模与效率同步提升面临着不可回避的问题。

一、粮食生产规模与效率同步提升的内在经济的稳定性问题

内在经济的稳定与否，不仅影响着当期粮食生产规模与效率同步提升的现实目标，更影响着未来粮食生产规模与效率同步提升的长期目标。内在经济的稳定性是指企业生产规模扩大内部因素所引致的产量稳定增加、效率稳定改善、效益稳定提高的现象。内在经济的稳定性来自于企业规模扩大需求要素匹配的有效性与稳定性，组织系统的包容性与开放性等。与一般生产相比，影响粮食生产内在经济的稳定性除劳动力、资本、技术、土地等要素之外，还包括气候等特殊因素。调查与访谈发现，主产区粮食生产普遍存在着粮食生产队伍结构老化、人员流动性过大、土地谈判成本偏高、流转合约不稳定、现代装备利用率偏低、沉淀资本过多、技术人员招聘难、新技术采纳难、基础设施存量老化与增量不足、气候环境多变与应对成本偏高等诸多不稳定因素的影响。尽管主产区粮食大户等新型主体的组织系统具有开放的意愿和包容的态度，但受不稳定因素的制约与影响，粮食生产规模扩大的内在经济行为表现不佳，绩效不稳定，有时甚至带来长期生产的困惑。因此，当前提高主产区粮食生产内在经济的稳定性，是实现粮食生产规模与效率同步提升的紧要任务。

二、粮食生产规模与效率同步提升的外在经济的长效性问题

外在经济的长效性是指企业生产活动所依赖的外界环境得以不断持续改善的现象。外在经济的长效性有利于企业内在经济的积极性和有效性。主产区粮食产业规模化运作，粮食生产市场主体可以从中获得诸如低价优质的良种、吸纳更多

职业农民、有效便捷的交通设施和高效低价的生产性服务等便利，从而增加粮食生产企业产出，降低单位成本。这种现象表明，主产区粮食生产的外在经济不仅存在，而且十分典型。由于我国主产区粮食生产规模与效率同步提升是一个相当长期的动态变革过程，因而，其规模与效率同步提升的外在经济要求更高，不仅要求有效存在，更要求长效持续。然而，由于主产区对粮食生产规模与效率同步提升的外在经济功能认识不足，外在经济功能体系建设不力，例如，粮食政策的反反复复、公益性服务体系的缺失等，粮食生产规模与效率同步提升的外在经济并没有得以长效保障，制约着粮食生产大户规模扩张的成本控制和粮食生产效率的持续增进，甚至影响着粮食生产大户规模扩张的积极性和主动性。因此，从粮食生产规模与效率同步提升的逻辑分析，主产区具有建立并不断完善粮食生产规模与效率同步提升外在经济体系的长期任务与责任。

三、粮食生产规模与效率同步提升的内外在经济的协同性问题

内外在经济的协同性亦即企业内在经济与外在经济的协同性，表现为企业生产内在经济体系与外在经济体系的自组织耦合与联动运行方式。主产区粮食生产规模与效率同步提升的内外在经济协同，产生拉动效应，促进粮食规模生产整体获益，效率增进。在调查访谈中发现，我国主产区粮食生产存在着内在经济体系与外在经济体系责任不清、边界不明、建设不力、耦合不当、联动不强等突出问题，甚至一些粮食生产主体事实上承载着两个体系建设的艰巨任务，无疑影响和制约着主产区粮食生产规模与效率同步提升的行为效应。粮食生产规模与效率同步提升的内外在经济协同性问题主要源于主产区政府作用的缺失或缺位以及政府作为粮食生产规模效率改善者的战略定力不足等。众所周知，粮食生产具有准公共物品的特性，实现主产区粮食生产规模与效率同步提升不仅是粮食生产主体自主决策的市场行为，同时也是主产区政府与社会粮食安全的责任行为，因而，实现粮食生产的规模与效率同步提升既要充分发挥粮食生产主体内在经济的内生作用，又要同时努力发挥主产区政府与社会外在经济的拉动作用，在粮食规模生产与规模扩张过程中主动，甚至超前配置粮食生产市场主体内在经济要求下的外在经济功能设施，不断完善粮食生产安全的市场与政府互动机制，并发挥粮食生产规模效率改善目标下的协同效应。

第四章　粮食生产规模与效率同步提升的完全成本分析

粮食生产规模主体作为主产区现代农业发展的核心从业者和关键动力源，微观主体的外在经济条件直接影响主产区粮食产业现代化进程和国家粮食安全责任担当。然而，尽管国家从战略层面不断给予政策支持，但主产区新型粮食生产主体规模扩张的积极性并不高，粮食生产效率改善的指标并不理想。究其原因主要源于主产区粮食规模生产的多功能性所引致的外部性经济行为的影响考量不够，基于此，本章立足于“完全成本”概念展开相关研究，力图厘清粮食规模经营主体完全成本的内涵与外延，明晰完全成本与直接成本差异，分析粮食规模生产专项补贴的逻辑，为公共财政支粮政策调整与优化提供参考。

第一节　粮食生产规模与效率同步提升的完全成本缘由

关于完全成本的相关研究，既有文献主要基于煤炭、石化等资源型企业的成本分析。高殿军、朱朦等认为，煤炭完全成本主要包括开发成本、资源成本、安全成本、环境治理与产业接续成本以及价格调节成本等。湛毅青认为，高校科研项目的完全成本由科研人工在内的直接成本、管理成本以及科研设备在内的间接成本构成。倪建伟将新生代农民工城市住房完全成本界定为，从搜寻住房开始到搬迁入住乃至住房退出的全过程成本之和，包括获得成本、搬迁成本、居住成本、风险成本等。国外关于完全成本较有代表性观点，诸如 W. A. 佩顿从资产损益、成本归属和流转理论出发，认为完全成本是取得资产所需要花费的代价以及非计量已耗用资产的成本。E. G. Satolo 提出了包括社会、生态和经济的“三角底线”分析范式，将经济发展、社会进步与环境改善相关联，将组织成本、交易成本、环境改善投资纳入到完全成本框架中。Brandy M. Krapf 基于美国伊利诺伊州北部、中部和南部等不同地形区农场生产的玉米、大豆的研究与计算，认为每英亩玉米与大豆的完全成本均大大高于其会计成本。Michael R. 分析了美国堪萨斯州饲料用粮的完全成本，Muhammad Adil 对南亚地区小麦的完全成本进行了相关研究，并提出政府补贴应基于完全成本而非会计成本考量的新思想。此外，有学者从产品的生命周期视角研究完全成本问题，认为生命周期成本即完全成本的概念。所谓生命周期成本是指产品（服务或作业）在整个生命周期内所有耗费的资产损益进行核定与计算的支出。生命周期理论认为，组织的发展遵循诞生、成长、成熟、衰退直至消亡的过程，每个阶段所面对的主导因素有所差异，而企业生命周期理论建立在组织的系统理论和群体生态理论基础之上，组织的发展就是矛盾变化又动态平衡演进的过程，故而在其发展过程中必须循着环境的变化而有序变革。基于以上研究思路与思想启示，考量粮食主产区粮食规模生产功能的多效性和粮食规模生产主体成长的生命周期性，参照“三角底线”原则和生命周期理论，引进粮食规模生产的完全成本概念，以便创新性地探寻粮食生产规模与效率同步提升的政府责任及其边界等问题。

第二节　粮食生产规模与效率同步提升的完全成本概念

从主产区粮食规模生产的多功能性分析，实现粮食生产规模与效率的同步提升既具有社会功能属性，又具有市场功能属性。粮食规模生产的社会功能是指主产区粮食生产主体规模扩大，必然需要并引致耕地改良、水利水电设施改造、田间道路扩建、区域环境整治等综合生态功能和诸如粮食主题农庄、粮食休闲乐园、粮食家庭农场等新型业态美化环境及其传承文化等功能以及国家粮食安全增进的公共品属性功能。粮食规模生产的市场功能是指主产区粮食生产主体规模扩大，必然促进粮食产出增加、粮食生产成本降低、粮食综合生产能力提升等事关粮食经营主体利益的功能。主产区粮食规模生产的社会功能属性即经济学理论所界定的正外部性或称为“外部经济”。在粮食规模生产的外部经济存在前提下，粮食市场信息只能反应粮食规模生产的内部成本，并不能反应粮食规模生产的外部经济收益，因此，粮食市场所传递的价格信息就是不真实的成本信息。因而，如果仅仅按照粮食市场信息进行粮食规模生产主体的相机决策，主产区粮食产业的市场竞争均衡将引致粮食生产规模扩张的能力衰减，这就是经济学范畴的市场失灵。因此，主产区粮食生产规模扩张社会属性相关联的外部经济必须得以社会激励性补偿，以保证主产区粮食产业市场竞争的帕累托最优。

为了实现主产区粮食产业市场竞争的帕累托最优，促进主产区粮食生产规模扩大与效率同步增进，全社会必须形成共识并协同行为，保证粮食规模生产社会属性功能下的外部经济得以不断激励，因此，将包括外部经济补偿的粮食规模生产成本称为“完全成本”。由此，利用粮食规模生产的完全成本概念厘清公共财政补贴与微观市场主体责任的边界，界定主产区粮食规模生产农户专项补贴的内容和标准，并分析当前主产区粮食规模生产补贴的现实偏差及其问题。所谓粮食生产规模与效率同步提升的完全成本是指粮食经营主体扩大粮食生产规模，改善粮食全要素生产率、改良区域生态系统以及提升区域经济质量等多功能行为所付出的总成本。完全成本核算法能够体现成本构成及从中长期视角对生产主体的成长环境与经营决策的动态演化进行分析，促进经营主体降低单位产品的生产成本而提质增效，最终达到规模与效率同步提升的预期目标。立足于完全成本理论并从纵向、动态、系统的角度考量，能够真实反映我国粮食的市场竞争力并有助于明晰供给侧结构性改革“降成本”的着力点，提高粮食规模生产支持政策的可及性。

基于完全成本概念的内涵，可以将粮食生产规模与效率同步提升的完全成本核算定义为规模扩张的风险成本、规模生产的附加成本和生态文化效应的生成成本。最终核算转化为获得性成本（The Cost of Obtain，OC）、附加性成本（The Cost of Additional，AC）和生产性成本（The Cost of Production，PC）三大类，如图 4 -1 所示。

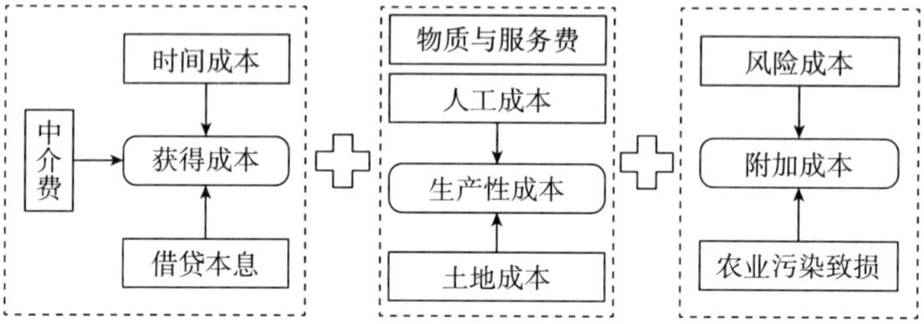

图 4 -1　粮食生产规模与效率同步提升的完全成本构成模型

第三节　粮食生产规模与效率同步提升的完全成本核算

一、数据来源与样本特征

由表 4 -1 可知，样本选择采用多阶段分层随机抽样法，首先从省级层面选择差异化资源禀赋县市，兼顾平原、浅丘等地形单元，最终选定湘中南丘陵区长沙、株洲、洞庭湖平原区岳阳市以及成都平原简阳、川北南充、川南泸州等地区。抽样标准为粮食主产县随机抽取 1 ~ 2 个镇，再从样本乡镇农技站等业务部门，通过电脑随机抽样 15 ~ 20 个不同生产规模粮食大户进行访谈。问卷分布为四川省 120 份、湖南省 150 份，其中有效问卷 246 份，有效问卷占比 91%。样本结构及其数据特征代表着川湘两省水稻规模生产微观主体基本表征。如表 4 - 2 所示。

表 4 - 1　调研样本分布情况

省份	市、县/区、镇	数量	比例（%）
湖南省	长沙市、宁乡县回龙铺镇、长沙县金井镇	37	15.0
	株洲市、攸县皇图岭镇、网岭镇、茶陵县严塘镇	39	15.6
	岳阳市、湘阴县鹤龙湖镇、东塘镇	28	11.4
	汨罗市、屈原区河市镇、君山区、钱粮湖镇	26	10.6
四川省	南充市、嘉陵区一立镇、南部县定水镇、建兴镇	43	17.5
	泸州市、合江县白米镇、凤鸣镇、泸县兆雅镇	41	16.7
	成都市、简阳市、清风乡、三合镇	32	13.2
总计	6 市 12 县 17 镇	246	100

资料来源：课题组 2016 年 12 月至 2017 年 9 月在川、湘两省农村的调研，文中所指的“粮食生产大户”是指生产主体 30 亩及以上规模农户，可以细分为生产大户、家庭农场、合作社和农业企业四类。

表 4 - 2　样本基本特征分析

项目	区间	数量	比例（%）	项目	区间	数量	比例（%）
年龄	35 岁以内	15	6.1	经营面积	30 ~ 150 亩	88	36.0
	36 ~ 45 岁	48	19.5		151 ~ 300 亩	80	32.5
	46 ~ 55 岁	87	35.0		301 ~ 500 亩	36	14.5
	56 ~ 65 岁	87	35.0		500 ~ 1000 亩	30	12.0
	66 岁以上	9	3.7		1000 亩以上	12	5.0
主体类型	种粮大户	142	57.9	家庭劳动力	1 ~ 2 人	158	64.6
	家庭农场	91	36.7		3 ~ 4 人	70	28.0
	涉农涉企	13	5.4		≥5 人	18	7.4
务工情况	0 年	93	37.8	文化水平	文盲	18	7.5
	1 ~ 5 年	33	13.4		小学	75	30.5
	6 ~ 10 年	39	15.9		初中	117	47.5

续表

项目	区间	数量	比例（%）	项目	区间	数量	比例（%）
务工情况	11~15 年	51	20.7	文化水平	高中/中专	27	10.9
	15 年以上	30	12.2		大专及以上	9	3.6

注：关于经营主体类型，调研发现合作社并非完全以家庭等实体为依托的生产主体，而是由家庭农场、生产大户和少部分农业企业等为了降低生产与交易成本进行产前、产中、产后合作的非独立嵌套体。

就经营规模来讲，样本户均经营面积为 226 亩，最大为 4580 亩，最小为 35 亩，有 64% 的经营规模在 150 亩以上，一定程度上超过当地户均承包土地面积 10~15 倍的适度规模标准。

二、生产性成本（Prduetion Cost，PC）

借鉴《全国农产品成本收益年度资料汇编》对生产性成本定义，细分为物质与服务费用（The Cost of Material and Service，MSC）、人工成本（The Cost of Labor，LC）、土地成本（The Cost of Land，LDC）包括流转地租金与自营地折租等。即粮食规模生产性成本为：

$$PC = MSC + LC + LDC \qquad (4-1)$$

由表 4-3、图 4-2 可知，近十年来主产区粮食生产性成本呈不断上升态势，从 2006~2015 年竟增长了约 2.3 倍，尤其是从 2011 年“总生产成本”竟然上升幅度高达 18%，其中“物质与服务费”上涨 1.9 倍，“人工费”上涨 2.9 倍，“土地费”上涨 2.8 倍。综上所述，按照宏观年鉴数据则小麦、玉米、水稻的亩均直接生产成本分别为 984 元、1084 元、1202 元，平均成本为 1090 元。

表 4-3　主产区粮食生产性成本构成及其时间序列变化　单位：元/亩

类别＼年份	2006	2007	2009	2010	2011	2012	2013	2014	2015
物质与服务费	255	276	334	359	409	454	469	470	479
人工费	186	194	227	267	328	427	489	501	509
土地费	77	85	123	141	160	175	193	206	215
总成本	518	555	683	767	897	1055	1151	1177	1202

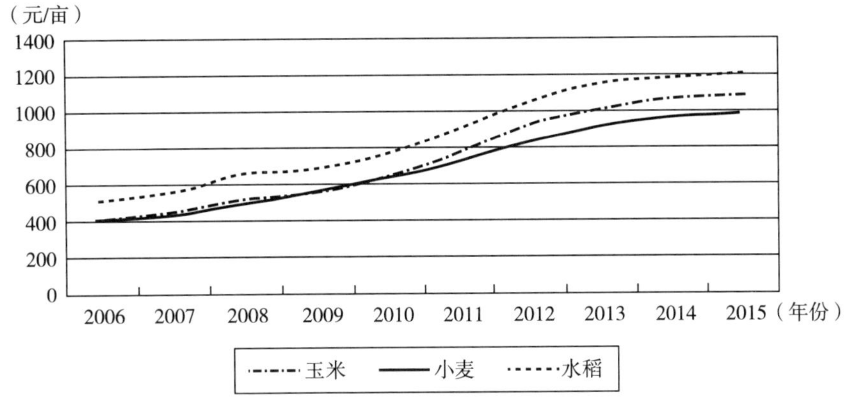

图 4－2　2006～2015 年粮食生产性成本变化趋势

如表 4－4 可知，不计土地租金的水稻规模大户年（两季）生产性成本为 1451 元，加上土地租金合计为 1852 元，按照统计年鉴口径，样本区水稻单季直接生产性成本为 928 元。

表 4－4　样本区域双季稻年规模生产性成本统计分析

变量	变量解释	平均值	标准差	最小值	最大值
稻种费用	年用种投入（自留、购买）（元/亩）	112.5	45.5	46	231
肥料费用	年用化肥投入（元/亩）	412.9	89.9	261	701
农药费用	年用农药（杀虫、除草）（元/亩）	310	89.8	121	501
机械费用	自有和雇佣机械投入（机种机收、打地、运输、烘干等）（元/亩）	392.5	150.6	161	908
土地租金	年租金（元/亩）	399.8	97.0	201	601
劳动力成本	年劳动力成本投入（元/亩）	225.0	140.8	24	668

三、获得性成本（Opportunity Cost，OC）

粮食规模生产的获得性成本是指规模生产大户为农业生产而进行的合同缔结、信息搜索、交易谈判等时间耗费形成的成本，包括为了获得粮食生产各类要素和服务而产生的搜索、调试、中介服务成本。

获得性成本表现为粮食规模生产的信息筛选、交易谈判等时间成本和费用支出成本等。相关数据统计按照粮食规模生产主体从土地流转的信息搜索直至谈判成功的时间标准进行计算，如表 4－5 所示。由表可知，土地流转规模在 50 亩以内耗费的获得性成本相对偏少；50 亩以上区间的获得性成本陡然增进；80 亩以上规模的获得性高达一个月。从谈判对象与交易频次分析，粮食生产处于80～200亩区间规模的土地流转等，普遍选择由亲友或街坊熟人牵线、自由谈判完成交易；生产土地规模达200亩以上的土地流转，主要以委托土地合作社或经纪人完成谈判交易，其委托谈判中介费20～50元/亩，此外生产大户往往雇用专业技术人员进行监工、管理等工作，每天支付100～150元酬劳费。

表4-5　样本区域粮食规模生产主体农地流转交易时间

流转规模（亩）	交易时间（天）	谈判对象	交涉人数（次）	频率	比例（%）
0～15	9	生产大户	6	37	28
15～30	12	生产大户	10	24	18
30～50	15	生产大户	17	19	14
50～80	27	生产大户	25	15	11
80～120	29	熟人、农户	27	13	10
120～200	32	熟人、农户	39	11	8
200～300	30	村委、经纪人	15	9	7
300以上	31	村委、经纪人	17	6	4

注："0～15亩"是［0，15）为左闭右开；谈判对象是生产大户与之直接接触的对象；原则是直接接触并达成口头或书面协议；交易规模为单次与农户达成的流转规模，并非生产大户全部经营规模。

因此，获得性成本的统计计算可以表述为：时间成本＋借贷本息＋中介费，即：

$$OC = D_1 \times W + I + K \tag{4-2}$$

其中，W表示本地最低日工资，D表示工作日数，I表示借贷本息，K表示中介费。

粮食规模生产的时间成本计量可用"区域日平均最低工资"与"耗费日数"的乘积进行计算。因此，样本调查区域土地流转交易的亩均时间成本按照每天最低酬劳100元、谈判时间最低9天计算，流转规模80亩，则其亩均时间成本约为11元。由于川湘两地粮食规模生产农户的粮食生产资金借贷平均负债率为64.6%，当期生产户均负债金额达20.6万，因而计算其粮食规模农户亩均借贷金额约为474元。获得性成本中的中介费用按照每亩最低20元计算，其粮食规模生产农户亩均获得性总成本依照式（4-2）计算为505元。

四、附加性成本（Additional Cost，AC）

粮食规模生产的附加性成本指的是风险成本（The Cost of Risk，RC）和生态成本即控制农业面源污染致损的成本（The Cost Control of Agricultural Non - point Source pollution，NPC）。

风险成本主要包括自然灾害风险成本和合约风险成本。农业自然灾害引致的风险损失（Risk Loss Caused by Agricultural Natural Disasters，RCI）可以由以下变量及其数量关系决定，农业自然灾害成本 = 自然灾害引起粮食减产量 × 当年粮食市场价格，即：

$$RC_1 = Q \times P \quad (4-3)$$

其中，Q 表示因自然灾害引致的粮食减产量，P 表示当年粮食市场平均价格。

表 4-6 表示川湘两地近三年来种粮大户因灾受损情况，按照式（4-3）计算，样本区域平均每亩的自然灾害风险成本为 283 元。

表 4-6 2015~2017 年种粮大户受灾情况分析

年份	受灾大户占比（%）	受灾面积占比（%）	亩减损斤数 Q（斤）	RCI 亩均利润损失（元）
2017	38	36	235	313
2016	39	18	220	293
2015	24	15	186	247
平均	34	23	214	283

注：上述数据是经过计算得出的平均值，受灾类型包括水灾、旱灾和倒春寒等。

合约风险成本表现为农户随意提高租金的“坐地起价”行为风险成本和土地退出的风险成本。调研发现，合约风险发生必然影响经营主体粮食生产活动，需要粮食生产大户自行协商或通过与村委会或乡镇司法机构协商，甚至法院工作程序进行处理或解决，合约风险成本与合约纠纷的“烈度”或合约双方利益冲突程度直接相关。从样本区调查的案例统计分析，合约风险时间成本区间为 5~35 天，矛盾纠纷时间的众数为 7 天。根据 2006~2015 年《中国农村统计年鉴》相关数据统计，期间全国受理土地流转纠纷总量变化特征，如图 4-3 所示。

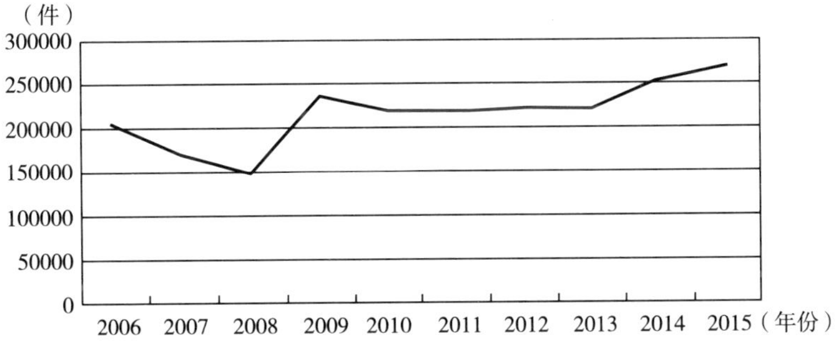

图 4-3 2006~2015 年全国受理土地流转纠纷总量统计

合约风险成本 =（合约纠纷率 × 耕地流转总数）/流转户数 × 务工天数 × 样本区日平均最低工资，即：

$$RC_2 = D \times W \sum_{1}^{i} \rho \times q \tag{4-4}$$

其中，D 表示因合约风险而耗费的时间天数，W 表示样本区日均最低工资，ρ 表示样本区合约风险纠纷事件发生的概率，q 表示样本区耕地流转发生数量。

按照式（4－4）获取样本区相关数据，其中，样本区日均工资以 100 元计价，合约风险时间成本按照众数 7 天计算，合约风险矛盾谈判成本以调研样本 246 户中纠纷发生案件 33 件计算，其合约风险纠纷事件发生概率为 13.4%，合约风险纠纷成本 RC_2 为 $100 \times 7 \times 13.4\% = 94$ 元。因此，亩均合约风险成本即 $RC_1 + RC_2 = 377$ 元。

粮食规模生产的社会功能必然需要一定的经济成本作支撑，虽然对粮食生产者来说可能不能直接产生经济收益，但对整个社会来说无疑是具有价值的生态消费功效，应当计入文明社会可持续发展的总成本之中。至于其成本如何核算是一个值得探讨的问题，可能在不同的经济发展水平和社会文明进化阶段有不同的标准。本书认为，至少可以从农业面源污染损失成本的转换进行计量，不仅包括由于化肥农药不当使用以及规模扩张可能引致的肥力损失和有机质流失，也包括区域土壤被重金属污染导致的粮食产品市场价格损失等。从全社会生态系统改善视角考量，控制和规避农业面源污染，属于非市场行为问题，需要社会补偿才能予以解决。一般来说，粮食经营主体粮食生产规模越大，其损失成本也越大，控制与规避成本也就越大。因此，粮食规模生产的生态成本核算可以表述为以下两大类目计量。

其一，粮食产量减产损失。水土流失必然导致土壤肥力下降，从而导致粮食作物减产。根据国内外相关文献的研究，水土流失引致粮食作物减产损失可以通过以下公式计算。

$$EP = \sum \alpha + X_h \times BP_i \times SJ_i \times PJ_i \tag{4-5}$$

其中，X_h 表示土壤侵蚀厚度（mm/a），α 表示耕地复种指数（%），SJ_i 表示粮食作物 i 的水土流失面积（hm^2），PJ_i 为粮食作物 i 的价格（元/kg），参数 BP_i 表示粮食耕地的土壤肥力，$BP_i = Y_i/H$，其中，H 是土层厚度（mm/a），Y_i 是作物 i 的标准产量（kg/hm^2）。

其二，农业面源污染损失。粮食生产化肥、农药施用过多或不当，必然引致粮田污染、粮食品质下降，生产者福利因此而受到伤害。依据相关研究文献，以下采用市场价值法进行相关损失的核算，其核算公式如下：

$$LI = \sum SI_i \times TI_i \times PI_i \times RI_i \tag{4-6}$$

其中，RI_i 表示作物 i 的价格损失率，PI_i 表示作物 i 的市场价格，TI_i 表示作物 i 的单位面积产量，SI_i 表示作物 i 受污染的面积。

因此，粮食规模生产的附加性成本 = 风险成本 + 生态成本，即：

$$AC = RC + NPC = RC + EP + LI \quad (4-7)$$

五、完全成本核算

根据以上分析，主产区粮食生产规模与效率同步提升的完全成本核算模型可以表达为：

粮食生产规模与效率同步提升的完全成本 = 生产性成本 + 获得性成本 + 附加性成本，即：

$$FC = PC + OC + AC \quad (4-8)$$

根据具体项目的分解，式（4-8）可表示为：

$$FC = MSC + LC + LDC + D_1 \times W + K + I + RC + EP + LI \quad (4-9)$$

因此，调研样本区粮食生产规模与效率同步提升的完全成本包括生产性成本926元，获得性成本505元，附加性成本377元，合计为完全成本为1808元/亩。

第四节 粮食生产规模与效率同步提升的完全成本分担机制分析

由于粮食生产规模与效率的同步提升具有产出的多功能性，因此，粮食规模生产收益可以分为“私人收益”和“社会收益”。私人收益即表现为农户的产粮收入、种粮补贴等；粮食规模生产的社会收益主要表现为粮食安全保障收益、社会文化收益和生态收益等。实现主产区粮食生产规模与效率的同步提升有利于我国粮食数量与质量安全、粮食综合生产能力提升、粮食生产成本降低、区域生态环境改善。虽然粮食规模生产的社会属性具有巨大的外部性贡献，然而主产区粮食规模生产大户长期承担着包括外部性经济的完全成本并没有得以相应的补偿，即使以粮食生产规模大户专项补贴考量了适度补偿的问题，但由于粮食规模生产生命周期的长期性、产业的弱质性和市场的风险性，专项补贴支付远远低于规模生产经营的“私人成本”，如图4-4所示。假设粮食规模生产的边际私人收益为MPR，边际社会收益为MSR，粮食规模生产的边际成本为MC。由于粮食规模生产多功能引致的正外部性，因此，粮食规模生产的边际社会收益大于边际私人收益，即：MSR > MPR。根据市场价格信号，农户意愿供给的粮食量为Q_1，其私人收益为P_1与Q_1的乘积，虽然此时粮食规模生产的私人收益达到最大化，但其社会福利水平大大受损。如果要求社会福利达到最优状态，因而其粮食生产的数量必须达到 Q_2 水平，这时，粮食规模生产的社会收益为 P_2 与 Q_2 的乘积。

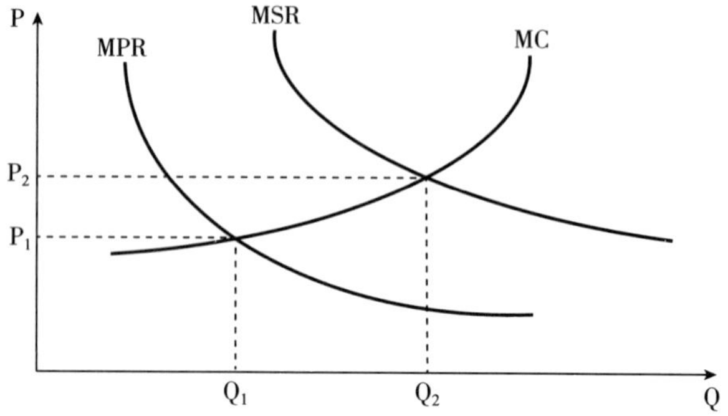

图 4-4　粮食规模生产的外部性指向

由于主产区粮食生产客观存在着政府与农户不同步的目标取向问题，农地非农化、非粮化现象凸显。因此，即使在农业供给侧结构性改革背景下，非市场行为也不能以计划经济的形式将农户进行粮食规模生产决策数量确定为 Q_2，而应该根据 P_2Q_2 与 P_1Q_1 间差异进行财政补偿，否则，主产区粮食规模生产大户可能寻求非粮生产方式获取市场更大收益回报。基于此考量，主产区构建粮食规模生产的完全成本分担机制成为必要而紧迫的工作，如图 4-5 所示。基于粮食规模生产完全成本的“私人成本”和“社会成本”视角，按照粮食规模生产的完全成本概念内涵以及主体与客体的责任利益对等原则，分析主产区粮食生产规模与效率同步提升的完全成本分担机制。首先，粮食规模生产的获得性成本应该基于区域性社会化服务体系之上的生产要素自由流动市场价格，以防止和规避粮食生产主体高昂的时间成本和价格扭曲成本。为此，主产区需要从政策供给、市场激活等方面鼓励区域性社会化服务多元化发展，促进主产区粮食产业市场分工的不断深化与广化，保障主产区粮食规模生产获得性成本的最小化。其次，生产性成本的控制取决于主产区土地资源、人力资源、物质与机械装备的有效配置以及粮食生产科技进步与人力资本改造的效应行为，促进主产区粮食规模生产的高质量产出，从而通过消费者税收分担和政府专项补贴来达成粮食规模经营主体生产性成本的合理化分担目标。最后，附加性成本由于粮食生产自然灾害、面源污染与人为纠纷等现象与行为引致，因此，通过区域公益性社会化服务来构建减灾防灾体系与生态激励功能体系是十分必要和可行的选择。基于以上分析，协同政府、社会化服务组织、消费者和种粮大户等社会不同角色，共同参与、分担主产区粮食规模生产的完全成本，是有效促进主产区粮食生产规模与效率同步提升多功能目标的战略选择。

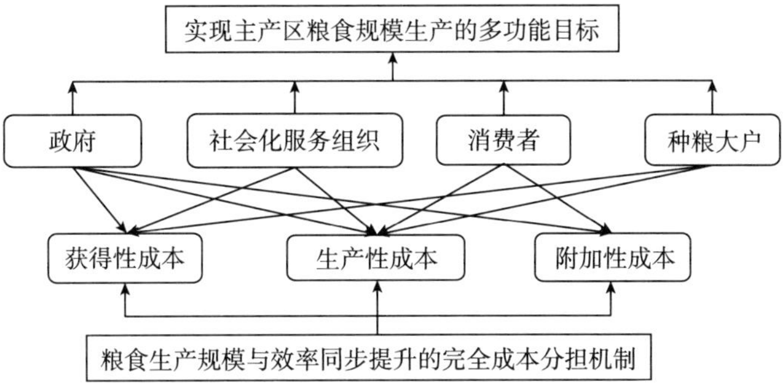

图 4－5　实现粮食生产规模与效率同步提升的完全成本分担机制

第五节　完全成本指向下粮食规模生产补贴政策的现实偏差

我国当前粮食大户补贴政策即支持粮食规模生产的专项政策，其政策设计的初衷冀望不断促进粮食规模经营，降低粮食生产成本，提高粮食产出数量、提升粮食生产效率。然而，由于政策的设计没有考虑粮食规模生产的“完全成本”概念，没有考量粮食规模生产的多功能性效应。因而，粮食大户补贴政策效能不能如其所望达成政策设计的预期目标。现实调查表明，我国主产区实施的粮食规模生产补贴政策存在以下现实偏差或问题。

一、粮食生产规模补贴政策行为指向不明

由于粮食生产规模补贴政策重点关注的是粮食生产规模扩张的粮食产出增长效应，因而，其政策行为指向仅仅简化为粮食专业大户规模扩张的面积大小，没有考虑粮食生产主体规模扩张引致的水利改造、农田改良、道路拓展、地力保护、环境净化等多功能。因而，实际政策行为演变为简单的“扩地”导向行为，甚至产生极端的不良行为——不惜以高价格流转土地，抬高粮食生产耕地规模流转的均衡市场价格，政策设计降低粮食规模生产成本的初始目标不仅不能实现，相反，引致政策预期的负向行为效应和粮食生产规模扩张的投机行为，甚至出现以“休耕”为借口套取国家专项补贴后的变相撂荒抛荒行为。再加上政策操作中存在专项补贴对象身份化的“歧视”问题，很容易引致专项补贴资源错位，例如，粮食规模生产

补贴政策关于耕地地力保护的对象定义为“拥有农地承包权”的农户主体，因而由此产生政策设计上的资源错配之嫌。鉴于我国耕地市场并非独立的要素市场实际，农户拥有耕地天然的身份垄断，即使其承包地已经转变成流转地或代耕地，政策规定的地力补贴仍然属于“身份农民”，而没有实现“谁种地谁得补贴”的政策设计行为指向目标。因此，包括地力补贴等粮食规模生产专项补贴政策并不能起到激励相容的政策行为指向初衷，相反，甚至诱发主产区粮食生产规模农户与小农户间的矛盾或冲突，产生专项补贴政策激励扭曲的尴尬局面。

二、粮食生产规模主体培育成本责任不清

粮食生产规模与效率的同步提升意味着粮食产业越来越走向现代发展之道，但从经济规律和中国农业发展的国情分析，实现主产区粮食产业现代化必然需要一个长期演化的周期。当前，主产区粮食生产规模经营正处于全面推进的重要发展阶段，从理论上来分析，粮食生产规模扩张的多功能效应在演化周期不同的阶段具有不同的表征。毋庸置疑，粮食规模经营演化周期的培育阶段更具粮食生产规模扩张的功能性效能，更需要从完全成本视角给予激励和扶持。因此，粮食主产区需要按照粮食规模生产扩张的多功能分担机制，包括对粮食规模扩张的农田水利设施、交通道路建设与维护、节水节能、永久良田建设等基础设施，以及粮食生产新技术采纳与推广、绿色防控等社会化服务进行具有功能性效应的公共财政专项补贴，以促进主产区粮食生产规模扩张的可持续发展。从课题组基于河南、江西、湖南、四川等主产区的调研发现，当前维持粮食常规生产方式的既有存量基础设施与社会化服务供给不足、功能严重退化，保障粮食生产规模扩张的基础设施与社会化服务等现代设施增量难增、扩张功力衰减。调查显示，主产区粮食大户扩张规模引致的多功能基础设施与社会化服务设施等基本上由经营主体承担，不仅影响规模经营主体的利润空间，同时也因为自给自足的分散行为而引致区域性粮食生产要素资源配置低效甚至失效的结果。从生产成本分析，诸如研发、育种、技术推广、节水灌溉、绿色防控等虽然具有众所周知的产权交易主体和“投资—收益”主体，但鉴于区域性粮食生产社会化服务具有显著的准公共产品属性和功能的外溢性，如果以各自为单位分散配置，特别是由普通小农户承担配置责任，从配置的机会成本分析的确是极不经济的决策行为。因此，发挥公共财政职能，按照完全成本分担机制和功能效应标准予以补贴，不仅可以促进主产区粮食经济特色资源有效配置，而且还能充分发挥混合经济的共同作用促进全社会福利的帕累托改善。

三、粮食生产规模补贴政策标准线性单一

当前，由于主产区粮食生产规模扩张的大户补贴缺乏粮食规模生产的完全成

本分担机制导向，因而，面临着补贴目标不明和补贴行为责任不清以及补贴政策操作过于简单等实际问题，不利于粮食规模生产多功能补贴政策激励效应的有效发挥。调查显示，主产区粮食规模生产即粮食大户专项补贴不仅种类少而且标准单一，难以成为经营主体粮食规模生产扩张的功能激励性补偿和完全成本概念下的责任担当。调研数据显示，粮食大户“三合一”专项补贴分成不同的区间，实施区间差别补贴标准，其中，粮食耕作面积为30～200亩为一区间，每亩补贴60～100元，粮食耕作面积超过200亩以上为二区间，每亩补贴200～500元。这种补贴方式除补贴标准过于简单外还存在着补贴过程的静态性问题，实际上，粮食生产规模扩张绝不是一蹴而就的静态工作，而是一个复杂系统的动态过程工作，需要一个成长周期才能实现规模与效率的同步提升，才能达成粮食规模生产主体的预期目标和规模扩张动机行为目标。此外，补贴执行如不考虑熟制类型、地理地貌、种植结构等粮食生产规模扩张特征，仅仅单一考量经营规模，难以避免引致持续的“亩数之争”的现象和行为，极大地影响着区域禀赋差异农户规模扩张决策行为的积极性和持续性。总之，当前我国粮食生产规模补贴标准的线性单一，不利于主产区粮食规模扩张从培育到成长成熟的激励目标实现。

四、粮食生产规模补贴效果评估指向模糊

由于主产区粮食生产专项补贴没有从当前线性静态单一的政策设计转向复杂动态的系统政策考量，因此，引致公共财政专项补贴政策绩效评估指向模糊，专项补贴政策实际绩效有违设计初衷。从主产区实际调查发现，当前粮食生产规模经营的专项补贴工作事中事后很难进行有效监督。按照规模经营的耕地流转面积并以现金打卡方式发放补贴，似乎简便易行且公平公正，但实际存在着补贴资金监管目标与补贴政策效能目标难以做到“步调一致”的问题，存在着补贴对象并没有按照规模扩张的完全成本补贴概念有效开展基础设施建设、永久农田建设、生态系统保护、智能化工程等，而是简单作为粮食生产直接成本补贴收益，使本应该用于扩大粮食再生产的专项资金变成了农户简单的生产利润，也导致专项补贴资金监管难和纠偏难的问题。此外，由于粮食规模生产专项补贴标准过于单一，缺乏合理有效对接补贴资金预期功能目标的具体评估内容和促进粮食生产规模扩张补贴的具体指向指标及其体系，因而，粮食生产专项补贴实施容易产生不完全竞争与不完全市场化背景下的寻租和合谋行为，或“合谋榨取”的潜在行为，或“利润共享”的平均主义行为，或“补贴利润分红”的机会主义行为，严重扭曲着公共财政补贴绩效的政策性作用。

第五章　粮食生产规模与效率同步提升的区域禀赋特征分析

粮食生产规模与效率的关系问题一直是学界所讨论的经久弥新话题之一，也是各国粮食产业发展中不可回避的现实问题。围绕这个问题，自 20 世纪 90 年代以来我国学术界展开了上述激烈的争论并形成两种截然不同的观点。基于此，本章试图从区域土地规模生产效率比较的宏观视角，采用门槛模型，分析区域粮食生产规模与效率演变的非线性特征，厘清不同禀赋区域粮食规模生产效率的差异，分析实现我国粮食生产规模与效率同步提升的禀赋条件，为新时期我国粮食生产规模与效率同步提升的机理分析与政策设计提供参考。

第一节　研究方法及数据说明

一、研究方法

首先，利用目前在实证研究中广泛使用的 DEA - Malmquist 方法测算粮食生产效率，其中，设置粮食总产量为产出变量，构建四种生产要素为投入变量，构制粮食生产效率的测算指标体系，如表 5 - 1 所示。

表 5 - 1　粮食生产效率的测算指标体系

指标	变量	变量说明
投入	土地投入	粮食播种面积（千公顷）
	劳动投入	从事粮食生产人员数量（万人）
	资本投入	机械总动力（万千瓦）
		化肥施用量（折纯量万吨）
产出	粮食总产量	粮食总产量（万吨）

其次，在以上分析的基础上对粮食生产规模与效率之间可能存在的非线性关

系进行分析。目前，对变量非线性关系的研究方法主要有三种：一是采用交叉项模型（Kinoshita，2001）来构建含有需要研究变量交叉项的线性模型；二是进行先验的分组检验（Girma et al.，2001）；三是基于门槛回归模型（Hansen，1999）研究变量之间的非线性关系，此法相对于前两种方法优点更为突出，基于此，本书采用 Hansen 提出的门槛模型，具体设置如下：

$$\ln TFP_{it} = C + \beta_1 \ln grainscale_{it} I(q_{it} \leqslant \gamma) + \beta_2 \ln grainscale_{t} I(q_{it} > \gamma) + \theta X_{it} + e_{it} \tag{5-1}$$

上面的模型只是假设存在 1 个门槛，如果出现 2 个门槛，可以在单一门槛模型基础上稍微拓展如下：

$$\ln TFP_{it} = C + \beta_1 \ln grainscale_{it} I(q_{it} \leqslant \gamma_1) + \beta_2 \ln grainscale_{it} I(\gamma_1 < q_{it} \leqslant \gamma_2) + \beta_3 \ln grainscale_{it} I(q_{it} > \gamma_2) + \theta X_{it} + e_{it} \tag{5-2}$$

其中，*TFP* 表示全要素生产率，*grainscale* 表示粮食生产规模，X_{it} 表示除所有的控制变量（即不包括核心解释变量粮食生产规模），包括农村人力资本、人均 GDP、受灾率，θ 是各控制变量的系数。如果出现门槛为 3 个以上的情况依照上式类推拓展。

二、数据来源及变量选取

（一）数据来源

本书选取的所有数据为 1997～2016 年全国 31 个省所组成的面板数据，所有数据均来自 1998～2017 年的《中国统计年鉴》《新中国六十年统计资料汇编》、1998～2017 年的《中国农村统计年鉴》及国家统计局网站，部分缺失数据则基于年鉴数据计算而得。

（二）变量选取

被解释变量为粮食生产效率，具体是基于 DEA－Malmquist 指数方法测度各省的全要素生产率水平作为指标（简记为 TFP）。如表 5－1 所示，以粮食播种面积、从事粮食生产人员数量、机械总动力、化肥施用量为具体投入变量，以粮食总产量为具体产出变量，求出各省的 TFP 指数表征粮食生产效率。由于统计年鉴没有从事粮食生产人员数量的统计数据，因此，借鉴杨义武等（2017）、王跃梅等（2013）的相关研究，采用权重系数法从广义的农业投入中将粮食生产的要素投入分离出来，具体方法是：从事粮食生产人员数量＝第一产业从业人员×（农业总产值/农林牧渔业总产值）×（粮食播种面积/农作物播种面积）。

核心解释变量为劳均粮食生产规模（Grainscale）。劳均粮食生产规模的具体计算方法是借鉴朱满德等（2015）的研究，采用各省粮食播种面积与各省从事粮食生产人员数量之比表征。同时为了分析粮食生产规模对生产效率的非线性影响，也采用劳均粮食生产规模作为门槛变量。为了精确地分析粮食生产规模对生产效率的影响，本书加入了一些必要的控制变量。包括农村人力资本（Nmedu）、经济发展水平（Pergdp）及自然灾害（Disaster）。其中自然灾害指标采用各省粮食受灾面积（千公顷）来表示，经济发展水平采用人均 GDP 指标，具体是以 1978 年为基期的各省实际 GDP 与各省年末常住人口之比来表示。农村人力资本指标采用各省农村劳动力人均受教育年限来表示，具体计算方法是借鉴陆铭、陈钊（2004）的加权求和方法，把文盲半文盲、小学、初中、高中、大专及以上的教育年限分别设定为 1 年、6 年、9 年、12 年、16 年，将各阶段受教育年限视为不同受教育阶段的权重，具体采用下面公式表示：某省农村劳动力当年人均受教育年限 =（当年文盲半文盲总人数 ×1 + 当年小学总人数 ×6 + 当年初中总人数 ×9 + 当年高中总人数 ×12 + 当年大专及以上总人数 ×16）/农村劳动力总人口数。由于《中国农村统计年鉴》中缺失了 2013 年之后的农村劳动力关于文盲、小学、初中、高中、大专及以上总人数的统计数据，因此，本书利用 2010 ~ 2012 年的农村人力资本年均增长率与 2012 年数据相乘计算出 2013 年农村人力资本。本书对除全要素生产率之外的所有变量均取自然对数，这种处理对原变量之间的关系没有任何影响，但是能够使其趋势线性化，消除可能存在的异方差，使回归模型能够得到更稳定的结果。

第二节　区域粮食全要素生产率变化的比较

基于 DEAP2. 1 软件测算 1997 ~ 2016 年粮食主产区、粮食产销平衡区、粮食主销区的粮食生产全要素生产率指数（TFP），在此基础上，采用 Malmquist 指数分解法，进一步分析全要素生产率的动态变化，将其分解为技术进步指数（TECHCH）及技术效率指数（EFFCH），从而更加深入地探析粮食生产的效率变化趋势及规律。

首先，分别计算 1998 ~ 2016 年粮食主产区粮食生产 TFP 指数、TECHCH 指数及 EFFCH 指数的平均值，如表 5 - 2 所示。

表 5 - 2　1998 ~ 2016 年各省份粮食全要素生产率及其成分平均值

粮食主产区				粮食产销平衡区				粮食主销区			
省份	EFFCH	TECHCH	TFP	省份	EFFCH	TECHCH	TFP	省份	EFFCH	TECHCH	TFP
河北	1.003	1.015	1.018	山西	1.015	1.001	1.016	北京	1.005	0.987	0.992
内蒙古	1.004	1.049	1.054	广西	0.971	0.981	0.953	天津	1.012	0.984	0.995

续表

粮食主产区				粮食产销平衡区				粮食主销区			
辽宁	1.007	1.036	1.044	重庆	1	0.989	0.989	上海	1	0.994	0.994
吉林	1.005	1.025	1.030	贵州	0.998	0.974	0.973	浙江	1	0.980	0.980
黑龙江	1	0.998	0.998	云南	0.981	1.000	0.981	福建	1.006	0.985	0.991
江苏	1.001	1.030	1.031	西藏	1	0.985	0.985	广东	0.980	0.955	0.936
安徽	0.985	1.017	1.002	陕西	1.031	0.987	1.017	海南	1.031	0.960	0.989
江西	0.991	1.022	1.013	甘肃	1.009	0.969	0.972				
山东	1.003	1.016	1.020	青海	1.005	1.009	1.014				
河南	1.008	1.011	1.019	宁夏	1.004	1.011	1.015				
湖北	0.986	1.024	1.010	新疆	1	1.014	1.014				
湖南	0.989	0.998	0.987								
四川	0.991	0.987	0.978								
总体平均	0.998	1.019	1.016		1.001	0.993	0.994		1.005	0.977	0.982

由表5－2可见，在13个粮食主产区省份中，除了黑龙江、湖南、四川三个省份之外，其他10个省份的TFP指数均值都大于1，占粮食主产区总量的76.92%，也就意味着绝大多数的省份在此段时间其粮食生产效率是不断提高的，其中，内蒙古是粮食生产效率提高趋势最为突出的地区，其全要素生产率年均增长率高达5.4%，然后是辽宁省的全要素生产率年均增长率为4.4%，江苏排在第三位，全要素生产率年均增长率为3.1%。而黑龙江、湖南、四川三个省份的TFP指数都小于1，即粮食生产效率为负增长。

其次，分析粮食全要素生产率的具体贡献因素，共有河北、内蒙古、辽宁、江苏、吉林、山东及河南七个省份的粮食生产效率的改善来自于技术进步与技术效率的同步提升，由表5－2可见，其TECHCH指数及EFFCH指数都大于1，因此，它们是粮食主产区乃至全国粮食生产最优前沿面的引领者；剩下的3个粮食生产全要素生产率大于1的省份中，其生产效率提升都源于技术进步的贡献，EFFCH指数均小于1，即技术效率拖累了生产效率的提升。在三个粮食生产效率负增长的省份中，其原因也不尽相同，黑龙江的TECHCH指数等于1，因此，其生产效率恶化的原因是由于技术进步的障碍；湖南、四川的粮食生产效率负增长则是由于其TECHCH指数及EFFCH指数都小于1，受到技术进步及技术效率的双重约束而导致粮食生产效率的恶化。

最后，进行不同产区粮食全要素生产率比较。如表5－2所示，1998～2016

年，粮食主产区的 TFP 指数平均值为 1.016，TECHCH 指数平均值为 1.019，EFFCH 指数平均值为 0.998，这说明粮食主产区全要素生产率年均增长 1.6%，且这种增长的源泉单纯来自于技术进步，其技术效率在整个时间段反而有所下降；与此相反的是，粮食产销平衡区与粮食主销区的粮食生产效率呈现恶化的态势，其 TFP 指数平均值分别为 0.994、0.982，主要原因是粮食产销平衡区与粮食主销区的粮食生产受禀赋条件影响，规模化经营和专业化经营技术推广困难等制约了粮食生产效率的提升。

为了更加全面地分析粮食主产区的粮食生产效率，以下从时间序列角度对全要素生产率及其成分进行动态分析，其相关数据如表 5 - 3 所示。

表 5 - 3　1998 ~ 2016 全要素生产率及其成分年度均值变动

年份	粮食主产区			粮食产销平衡区			粮食主销区		
	EFFCH	TECHCH	TFP	EFFCH	TECHCH	TFP	EFFCH	TECHCH	TFP
1998	0.879	1.17	1.029	1.038	1.008	1.046	1.045	0.946	0.989
1999	1.033	0.954	0.986	0.934	0.999	0.933	0.984	0.949	0.934
2000	1.11	0.832	0.923	0.96	1.01	0.969	0.981	0.95	0.933
2001	0.962	1.064	1.023	1.026	0.966	0.991	1.062	0.906	0.963
2002	1.011	1.021	1.032	1.002	1.02	1.022	0.98	0.955	0.937
2003	0.96	1.047	1.005	0.999	1.018	1.018	1.017	0.911	0.926
2004	1.012	1.07	1.083	0.99	0.98	0.97	0.943	1.054	0.994
2005	0.985	1.031	1.015	0.982	1.005	0.987	1.039	0.973	1.011
2006	0.969	0.944	0.915	1.05	0.914	0.96	0.975	0.929	0.906
2007	1.081	1.038	1.122	0.969	1.024	0.992	1.045	1.074	1.122
2008	0.96	1.118	1.073	1.005	1.005	1.01	0.997	1.05	1.047
2009	1.157	0.75	0.868	1.067	0.996	1.063	0.985	0.883	0.869
2010	0.949	1.07	1.015	0.991	0.985	0.977	0.942	1.057	0.996
2011	0.955	1.096	1.046	1.002	0.976	0.978	1.037	0.994	1.032
2012	0.982	1.03	1.012	1.025	0.998	1.023	1.006	0.985	0.991
2013	0.998	1.026	1.025	0.993	0.998	0.991	0.966	1.031	0.995
2014	0.975	1.066	1.039	0.968	0.987	0.955	1.050	0.999	1.049
2015	0.986	1.079	1.063	1.017	0.985	1.002	1.036	0.958	0.993
2016	0.989	1.020	1.008	1.003	0.990	0.993	1.014	0.967	0.981
总体平均	0.997	1.019	1.016	1.001	0.993	0.994	1.005	0.977	0.982

从表5-3可知，粮食主产区的TFP指数除了1999年、2000年、2006年及2009年之外，其他的年份都是大于1，而且2010年之后其TFP指数一直大于1，表现比较平稳，这说明粮食主产区的粮食生产效率处于持续改善状态，摆脱了过去生产效率波动性大的弊端，越来越稳定。而且粮食主产区全要素生产率的持续改善主要是因为期间的技术进步在不断提升，除了1999年、2000年、2006年及2009年之外，在其他年份的TECHCH指数也都是大于1，与TFP指数的变化趋势基本同步；但是粮食主产区的EFFCH指数在大部分年份都是小于1，即技术效率恶化，这阻碍了粮食生产效率的提高。与粮食主产区相比，粮食产销平衡区与粮食主销区的生产效率在整个时间段的波动幅度相对更大，效率极不稳定，反映两个粮食非主产区的生产受到更多因素的干扰，诸如规模经营的禀赋条件与工业经济发展等约束，从而使其粮食生产不同于粮食主产区，得到更多、更稳定的持续保护与支持。因此，无论是粮食生产效率的稳定性，还是生产效率水平的高低，都表现得更逊色一点。

第三节 区域粮食规模生产效率的门槛效应

一、粮食生产规模门槛效应检验及门槛值估计

根据门槛模型建构理论，基于研究目标指向粮食生产规模对粮食生产效率的非线性影响的考量，因此，首先，基于粮食生产规模的门槛效应检验；其次，确认门槛效应的门槛值个数及其大小。因此，在估算门槛面板模型的所有参数之前，需要依次进行两项检验：第一项是门槛个数的检验；第二项是检验其门槛值的真实性。一是进行模型门槛值的个数搜索确定，二是按照无门槛、单一门槛、2个门槛及3个门槛的顺序假设进行门槛模型估算，估算结果显示我国粮食生产三大功能区域规模生产的门槛效应，如表5-4所示。

表5-4 粮食主产区粮食生产规模的门槛效应检验

	门槛类型	F值	P值	BS次数	临界值			门槛值	95%置信区间
					1%	5%	10%		
粮食主产区	单一门槛	42.146***	0.000	500	36.856	21.212	13.135	0.937	(0.856，1.056)
	双重门槛	9.462**	0.040	500	12.872	8.978	4.667	1.106 0.938	(1.090，1.646) (0.922，0.943)
	三重门槛	0.471	0.680	500	9.036	6.527	5.079	1.651	(1.502，1.651)

续表

	门槛类型	F值	P值	BS次数	临界值			门槛值	95%置信区间
					1%	5%	10%		
粮食产销平衡区	单一门槛	28.018**	0.020	500	28.968	25.443	22.006	0.890	(0.714，1.161)
	双重门槛	2.641	0.256	500	11.782	4.923	3.613	0.657 0.883	(0.626，1.167) (0.713，1.098)
粮食主销区	单一门槛	13.014***	0.000	500	8.546	7.619	5.457	1.250	(1.050，1.361)
	双重门槛	6.329	0.200	500	3.962	3.326	3.113	0.722 1.250	(0.722，1.004) (0.904，1.277)

由表5-4可知，根据其F值显著性及P值的大小可以判断粮食主产区粮食生产规模对生产效率的影响有2个门槛值（分别为0.938、1.106），存在双门槛效应；而粮食产销平衡区、粮食主销区生产规模对粮食生产效率的影响均只有1个门槛值（分别为0.890、1.250），即为单门槛效应。

二、粮食规模生产门槛值的真实值检验

检验估算的门槛值是否为真实值，可以通过构造门槛值的置信区间进行。根据图5-1至图5-4显示的似然比函数图，可以更直观地分析粮食规模生产门槛值的估计和置信区间的构造及其过程。由此可知，其所估算获得的门槛值都处在其对应的95%置信区间，因此，佐证了粮食生产规模门槛值的真实性。

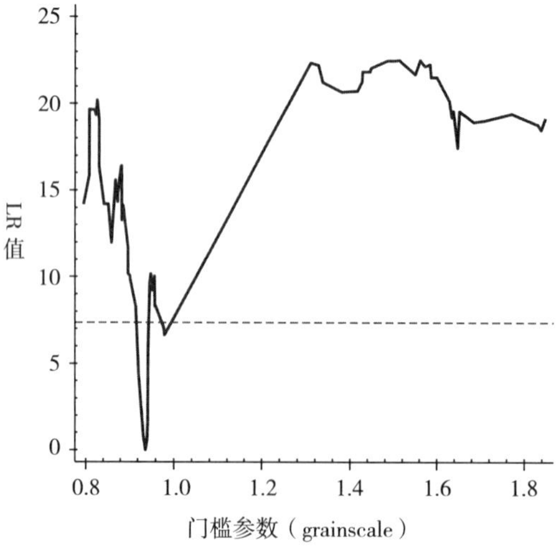

图5-1　粮食主产区第一个门槛值的估计及似然比函数图

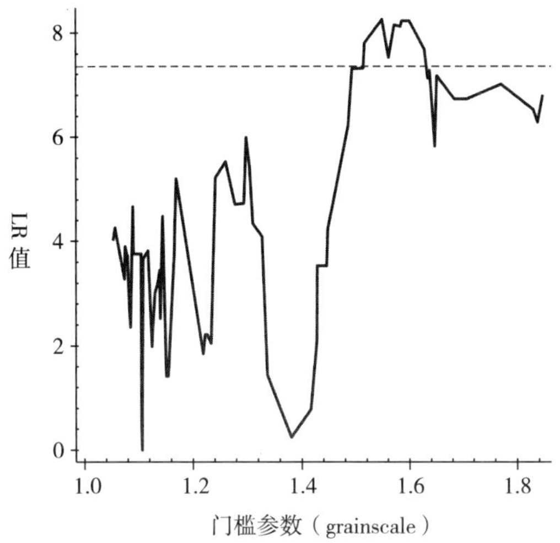

图 5－2 粮食主产区第二个门槛值的估计及似然比函数图

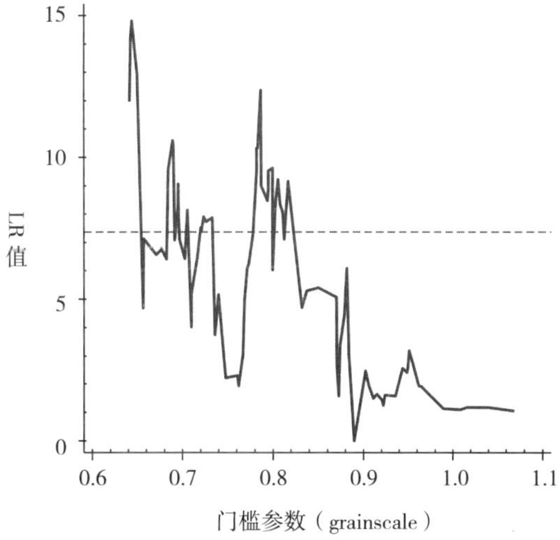

图 5－3 粮食产销平衡区门槛值的估计及似然比函数图

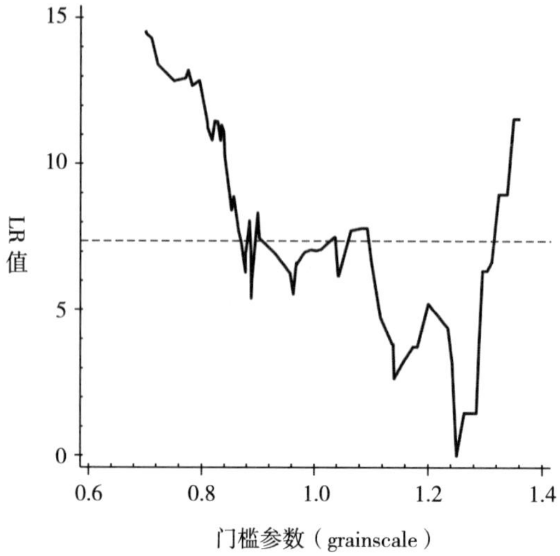

图5－4　粮食主销区门槛值的估计及似然比函数图

三、门槛面板模型的估计结果及比较分析

以下分析不同区域粮食生产规模对生产效率的门槛效应，其相关门槛面板模型的估计结果如表5－5所示。

表5－5　三个区域的门槛效应回归结果比较

变量	粮食主产区	粮食产销平衡区	粮食主销区
lnnmedu	0.147 ** （3.72）	0.107 ** （2.42）	－0.467 ** （－2.12）
lnpergdp	0.120 ** （2.21）	0.131 * （2.01）	－0.241 *** （－5.75）
lndisaster	－0.034 *** （－2.98）	－0.047 * （－1.99）	－0.068 ** （－2.29）
Lngrainscale1	－0.147 ** （－2.54）	－0.436 *** （－3.94）	－0.109 *** （4.10）
lngrainscale2	0.881 *** （3.95）	0.429 *** （2.72）	0.436 *** （8.85）
lngrainscale3	0.278 *** （5.22）		
样本量	234	198	126
R^2	0.839	0.891	0.804

注：括号里面的数字表示相应的t值，***、**、*分别表示在1%、5%、10%的显著性水平。

首先分析粮食主产区粮食生产规模对生产效率的门槛效应。由表5－5可见，当劳均粮食生产规模小于0.938公顷时，其对粮食生产效率的影响系数为

-0.147，且在5%水平上显著，由此可见，当粮食生产规模过小时，会显著阻碍粮食生产效率的提高；但是一旦劳均粮食生产规模跨过了0.938公顷的门槛值，其对粮食生产效率的影响系数陡然变为0.881，且在1%水平上通过了显著性检验，影响作用方向也从负效应变为正效应，即随着粮食生产规模的扩大，两者的关系呈明显的“U”型曲线关系；当劳均粮食生产规模继续提高以至于超过了1.106公顷的第二个门槛值时，粮食生产规模对生产效率的影响效应依然为正，但由于边际效用递减的作用，其影响系数已经下降到0.278，但依然在1%的置信水平上显著。说明粮食主产区粮食生产规模对生产效率的影响存在门槛效应，其效应呈现从“负效应—正效应”的变化趋势，但是并非经营规模越大越好，从而验证了粮食主产区粮食生产适度规模经营的现实可行性，即通过土地流转等方式把分散、碎片化的土地流转到粮食经营大户、家庭农场、专业合作社等现代农业经营主体实现适度集中经营，能够产生规模效应，从而提高粮食生产效率。

而粮食产销平衡区及粮食主销区的生产规模对生产效率的影响与主产区相比较，其相同点有二：一是这种影响也表现为非线性，存在显著的门槛效应；二是这种门槛效应也呈现从“负效应—正效应”的变化趋势，即最初阻碍粮食生产效率的提高，但一旦粮食生产规模越过门槛值就马上能够显著提高生产效率。与粮食主产区相比，其生产规模对生产效率的影响也体现出两大差异：一是这种门槛效应只有单一门槛值，而在粮食主产区存在双门槛效应；二是在跨过门槛值后，粮食产销平衡区及粮食主销区生产规模对生产效率的促进作用比在粮食主产区小得多，其影响系数分别为0.429、0.436，即这种促进作用在粮食主产区表现最突出，其影响系数达到0.881。

以下再就控制变量对粮食生产效率的影响进行对比分析：首先，从农村人力资本对粮食生产效率的影响来看，依据表5-5，其在主产区、产销平衡区及主销区的影响系数分别为0.147、0.107、-0.467，且都表现显著，可见农村人力资本对粮食生产效率的影响方向及程度存在较大的区域差异，在粮食主产区与粮食产销平衡区表现为显著的正效应，但在粮食主销区却抑制了生产效率的提高，可能原因是除海南省之外，北京、天津、上海、浙江、福建、广东6个粮食主销区均为经济发达地区，高素质农村人力资本在更高比较利益的诱惑下，更愿意到平均收入及回报高得多的非农产业领域就业，因此，其影响效应体现为负。

其次，代表当地经济发展水平的人均GDP对粮食生产效率的影响效应与农村人力资本比较类似，在粮食主产区、粮食产销平衡区人均GDP都能够显著促进生产效率的提高，而在粮食主销区其与生产效率呈负向关系，主要原因可能也是由于粮食产业为比较收益差的弱质产业，而在经济发达地区粮食产业与第二、第三产业的比较收益差距更加悬殊，因此，越是经济发达的地区，其对粮食生产就越不重视，各方面对粮食产业的投入也非常有限，所以此指标对粮食生产效率的影响为负。只有代表自然环境的受灾率指标对粮食生产效率的影响在三大区域都比较一致，均为负效应，只是影响程度的大小有所区别。

第四节 区域粮食生产规模与效率同步提升的禀赋特征

本章根据可获性省级面板数据，运用 DEA 非参数法测度了粮食主产区生产效率及其变化，在此基础上，采用门槛模型分析了区域粮食生产规模与效率演变的非线性特征，并进行粮食生产不同功能区域规模生产效率的门槛效应比较。研究结果表明：三大区域均存在粮食规模生产效率的门槛效应，呈现为“负效应—正效应”的“U”型特征，说明我国粮食生产适度规模经营的可能性空间是存在的。进一步比较分析表明，尽管粮食主产区生产规模扩张大大改善了生产效率，但粮食产销平衡区与粮食主销区的生产效率总体呈现衰减态势，这主要源于土地规模禀赋与技术进步相匹配程度的影响。

因此，新时期进一步推进粮食生产规模与效率的同步提升，首先，必须强化粮食主产区（县）的土地规模扩张与技术进步的匹配行为。由粮食生产全要素生产率测度可知，粮食主产区生产效率在观察期处于正增长态势，粮食产销平衡区及粮食主销区生产效率增长率处于负增长态势，说明粮食规模生产效率的实现是有条件的。我国粮食主产区和非主产区的粮食大县具有规模生产的土地资源禀赋优势，只要不断创新土地流转制度和生产组织制度，不断改善粮食生产新技术和新装备，粮食大县的规模生产效率就能得以实现。其次，必须强化粮食大户生产补贴政策的功能行为效用。当前，我国粮食规模种植效率补贴政策正处于调整和优化时期，提高粮食大户生产补贴政策的有效性需要实现转变政策目标的导向性，即应由激励性补贴向功能性补贴转变、由覆盖性补贴向环节性补贴转变，提高补贴政策的指向性、精准性和实效性，改变由单一的粮食生产面积数量补贴向推进粮食适度规模经营的功能、过程和绩效等多维方向的综合补贴，改善粮食规模种植效率补贴的政策效用，并以此为基础不断提高粮食大户生产支持政策的力度。

第六章　宏观视角下主产区粮食生产效率变化的规律分析

为了全面认识我国主产区粮食生产的综合效率、技术效率、规模效率等指标的时序演变、空间演变与规模报酬阶段演变特征，本章拟从宏观视角进行关于主产区粮食生产效率的系统测算与分析，以便从总体考察和把握我国主产区粮食规模生产效率演变的规律与现实特征，为探讨主产区粮食生产规模与效率同步提升的机理和路径提供参考。

第一节　基于截面数据的粮食生产效率的实证分析

截面数据的粮食生产效率分析即基于比较静态视角下的投入与产出效率分析，其目的是为了厘清主产区生产能力、投入要素的冗余或径向关系，分析主产区粮食生产规模效率、纯技术效率、全要素生产率等演变的现实状态，了解和把握主产区粮食规模生产效率的趋势特征。

一、模型构建与数据来源

以下选择 DEA 模型进行相关计量分析。该模型构建基于最优生产前沿思想判断决策单元是否有效，模型分为规模报酬不变的 CCR 模型和规模报酬可变的 BCC 模型。BBC 模型将 CCR 模型规模报酬固定假设改为规模报酬可变（Variable Return to Scale，VRS），将技术效率分解为纯技术效率（Pure Technical Efficiency）与规模效率（Scale Efficiency）的乘积，用其来衡量决策单元的技术效率和规模效率，其建构模型如式（6－1）所示。

$$\text{Max } h_{j0} = \frac{\sum_{r=1}^{s} U_r Y_{rj0}}{\sum_{i=1}^{m} V_i X_{ij} + V_{j0}} \tag{6-1}$$

$$\text{s. t. } \frac{\sum_{r=1}^{s} U_r Y_{rj0}}{\sum_{i=1}^{m} V_i X_{ij} + V_{j0}} \leqslant 1$$

$U_r \geqslant \varepsilon > 0$，$V_i \geqslant \varepsilon > 0$　$r = 1, 2\cdots, s$；$i = 1, 2, \cdots, m$；$j = 1, 2, \cdots, n$

$$\text{Max } h_{j0} = \sum_{r=1}^{s} U_r Y_{rj0} - V_{j0} \tag{6-2}$$

$$\text{s.t.} \sum_{i=1}^{m} V_i X_{ij0} = 1$$

$$\sum_{r=1}^{s} U_r Y_{rj} - \sum_{i=1}^{m} V_i X_{ij} - V_{j0} \leqslant 0$$

$V_i \geqslant 0$，$U_r \geqslant 0$　$r = 1, 2, \cdots s$；$i = 1, 2, \cdots m$；$j = 1, 2, \cdots n$

其中，V_{j0}表示规模报酬指标，也就是说可以通过V_{j0}判断DMU的规模报酬属于哪个阶段，由此可以分为三种不同的规模报酬类型：

$V_{j0} \leqslant 0$时，则决策单元（粮食大户）处于规模报酬递增区间；

$V_{j0} = 0$时，则决策单元（粮食大户）处于规模报酬不变区间；

$V_{j0} > 0$时，则决策单元（粮食大户）处于规模报酬递减区间。

上式的对偶形式如下：

$$\text{Min} h_{j0} = \theta_0 \tag{6-3}$$

$$\text{s.t.} \sum_{j=1}^{n} \lambda_i X_{ij} \leqslant \theta_0 X_{ij0}$$

$$\sum_{j=1}^{n} \lambda_i X_{rj} \geqslant Y_{rj0}$$

$$\sum_{j=1}^{n} \lambda_i = 1 \quad \lambda_i \geqslant 0, r = 1, 2\cdots s; i = 1, 2\cdots m; j = 1, 2\cdots n$$

基于DEA投入产出模型对粮食生产效率进行测度，变量指标的选择充分考虑各省份农业生产实际和数据的可得性，并参考既有研究对农业效率测度指标，最终选择农业总产值（万亿元）、粮食产量（万吨）作为产出变量，选择化肥折纯使用量（万吨）、有效灌溉面积（千公顷）、农业机械总动力（万千瓦）、农作物播种面积（千公顷）、农业从业人数（万人）、农用柴油使用量（万吨）等为投入变量。虽然13个粮食主产区在资源禀赋、粮食熟制等指标差异客观存在，然而，由于这些指标产生的影响已表征在主产区粮食投入与产出量比中，即差异指标具有内在正向一致性特质。因此，以上指标的选择符合数据包络分析方法测算基于前沿面相对效率的原理要求。

从表6-1可知，黑龙江、河南、山东分别位于我国粮食产量、有效灌溉面积及播种面积前三位，三省粮食生产产量总和占比全国约为27%。从农业总产值指标排序分析，全国前三名分别为河北、山东、河南，这可能与粮食种植结构及小麦、玉米深加工附加值延伸相关。关于“农业从业人数”这一指标，由于近年来国家统计年鉴中没有更新补充数据，本书用2015年各省统计年鉴公布数据替代使用。计量分析选择“粮食产量、有效灌溉面积及农作物播种面积”等指标，主要基于粮食生产多功能性特征与粮食准公共物品的现实考量；选择“农机总动力、化肥用量、农用柴油量”则是因为农业机械化及生化肥料对粮食规模生产具有至关重要的作用。

表6－1　2016年主产区粮食生产投入与产出数量

省份	粮食产量（万吨）	农业总产值（万亿元）	有效灌溉面积（千公顷）	农机械总动力（万千瓦）	农作物播种面积（千公顷）	农业从业人数（万人）	营粮成本（万亿元）	化肥用量（万吨）	农用柴油（万吨）
湖南	2953.20	3255.11	3132.37	4187.75	8793.28	1618.7	316.92	246.44	43.60
湖北	2554.12	2921.27	2905.57	3867.49	7843.51	1404.0	264.88	327.96	65.60
江西	2138.11	1446.89	2036.83	2201.62	5560.67	786.0	242.47	141.97	28.80
四川	3483.50	3710.97	2813.55	4267.33	9728.61	1870.9	292.60	248.98	46.90
安徽	3417.40	2234.14	4437.46	6867.49	8893.61	1396.2	365.10	327.01	75.70
江苏	3466.01	3714.64	4054.07	4906.55	7676.92	875.56	327.38	312.52	108.60
山东	4700.71	4641.35	5161.16	9797.61	10973.18	1963.2	426.98	456.46	165.80
河南	5946.60	4577.16	5242.92	9854.95	14472.32	2587.0	577.81	715.00	114.70
河北	3460.24	6083.86	4457.64	7401.97	8716.64	1316.0	335.56	331.79	293.20
吉林	3717.21	1231.98	1832.17	3105.26	5676.32	525.20	269.15	233.61	66.70
辽宁	2100.63	1859.55	1572.99	2168.45	4064.10	689.40	175.86	148.06	72.50
黑龙江	6058.50	2873.86	5932.74	5634.27	12426.54	617.00	559.01	252.75	145.00
内蒙古	2780.25	1415.07	3131.53	3331.10	7921.90	582.00	233.50	234.64	80.40
全国	61625.1	59287.8	67140.62	97245.57	166649.55	61625.05	501.23	5984.1	2197.7

资料来源：《中国统计年鉴》（2017）、《2017全国农产品成本收益资料汇编》及13个粮食主产大省统计年鉴等，研究对象的决策单元DMU对应13个粮食主产区。相关数据均来源于《中国统计年鉴》（2016）、《2016全国农产品成本收益资料汇编》、《中国农村经营管理统计年报》（2015～2016）以及13个粮食主产大省统计年鉴等数据。

二、主产区粮食生产效率核算的计量分析

（一）各主产区粮食生产效率分析

运用Deap 2.1软件计算2016年13个粮食主产区生产效率，如表6－2所示，13个粮食主产区粮食生产综合效率均值为0.876，整体属于正在向高水平方向发展。

表 6-2 主产区粮食生产效率系数

地区	综合效率（Comprehensive efficiency）	纯技术效率（Pure technical efficiency）	规模效率（Scale efficiency）	规模报酬（Returns to Scale）
湖南	0.852	0.886	0.962	递增
湖北	0.891	0.908	0.981	递增
江西	1.000	1.000	1.000	——
四川	0.800	0.824	0.971	递增
安徽	0.783	0.816	0.959	下降
江苏	0.914	0.919	0.995	递增
山东	0.921	0.987	0.933	下降
河南	0.908	1.000	0.908	下降
河北	0.733	0.746	0.982	递增
吉林	1.000	1.000	1.000	——
辽宁	1.000	1.000	1.000	——
黑龙江	1.000	1.000	1.000	——
内蒙古	0.873	1.000	0.873	递增
平均	0.876	0.920	0.954	递增

从表 6-2 分析，黑龙江、吉林、辽宁、江西四省粮食生产综合效率、纯技术效率和规模效率处于较高水平，达到了现有技术水平下的效率均衡，说明这 4 个省相对于其他主产区其粮食生产投入取得了最佳的产出效益。河北、四川、安徽三省的纯技术效率表现不佳，与全国水平相比存在显著差距，需要加强粮食技术的推广与应用。主产区规模效率指标差距并不明显，甚至规模效率的改善效应也并不明显，说明主产区粮食生产规模效率处于同一水平，需要同时发力，加快现代生产规模扩张的进程。安徽、河北、四川、内蒙古四省区其综合效率处于较低水平，大大低于全国平均水平。究其原因可能是四省区粮食规模生产的纯技术效率抑制了综合效率的改进。因此，我国粮食主产区仅仅从简单低水平的粮食生产规模扩张是难以实现粮食生产规模与效率的同步提升，甚至可能引致粮食生产规模不经济或规模报酬递减的问题，必须大力加强新技术在规模扩张中的采纳与推广。

表 6-2 表明，河南与山东两省纯技术效率处于较高水平，其中，河南省纯技术效率值为 1，达到了 DEA 的完全效率，但囿于粮食生产规模与其他要素协同程度不高引致配置效率偏低。因而，两省粮食生产规模报酬呈递减趋势，其可能原因是河南、山东两省位于黄河中下游平原地区，均为小麦、玉米的主产省区和

人口大省，人均耕地面积小、规模扩张土地不足、土地流转市场效率不高等约束，使粮食生产规模主体单纯通过扩大规模而改善粮食生产效率的效果作用不大，需要发挥主产区粮食规模生产公共体系建设和生产要素提质改造等现代农业发展模式才能达成进一步提高规模生产效率的预期目标。粮食生产规模与效率实现均衡协同的省区包括黑龙江、吉林、辽宁、内蒙古等，表明上述四省区粮食规模种植资源禀赋优势显著，人地矛盾引致的规模扩张成本不高，并且由于国家粮食生产技术普惠推广的扩散效应与涟漪效应使东北与内蒙古相邻区域间可以实现技术的共享互补互通，例如，同质的种植结构有利于实现大型农机跨区作业和联防联治，促进规模与效率的动态平衡。即使实现了规模与效率的静态均衡最佳匹配，然而，当外部约束条件及影响因素发生变化后，两区域间通过共享互补互通又会达成新的效率前沿面和均衡点。因此，我国粮食主产区粮食规模种植效率总体可以继续通过扩大耕地面积、进一步增进区域内外粮食生产协同、增加高新生产要素投入，促进规模报酬递增，从而提高主产区粮食生产现代化水平和产业国际竞争力。

（二）投入冗余量及产出改进分析

表6－3为我国13个粮食主产区达成静态最佳效率目标值下各投入要素需要调整优化的数量与比例分析，称为投入冗余调整数量及量比改进对照表。

表6－3　投入冗余调整数量及量比改进对照

地区	粮食产量 Y1	农业总产值 Y2	有效灌溉面积 X1	农机械总动力 X2	农作物播种面积 X3	农业从业人数 X4	营粮成本 X5	化肥用量 X6	农用柴油 X7
湖南	0.00	682.48	0.00	0.00	1073.26	－655.71	－201.79	－18.18	0.00
湖北	272.97	324.30	256.67	385.58	997.47	－507.99	－97.97	－117.41	0.00
江西	0.00	0.00	0.00	0.00	0.00	0.00	0.00	0.00	0.00
四川	0.00	882.85	0.00	0.00	10.22	－844.54	－128.59	0.00	0.00
安徽	0.00	1388.36	1458.4	1044.25	1517.58	0.00	－29.084	－27.27	0.00
江苏	0.00	608.67	0.00	0.00	1855.52	－270.87	－129.66	－66.95	0.00
山东	0.00	603.61	0.00	2882.84	1582.13	－496.27	－68.255	－36.683	0.00
河南	0.00	0.00	0.00	0.00	0.00	－924.78	－125.89	0.00	0.00
河北	0.00	1858.81	0.00	0.00	1575.67	－428.77	－192.84	－32.80	0.00
吉林	0.00	0.00	0.00	0.00	0.00	0.00	0.00	0.00	0.00
辽宁	0.00	0.00	0.00	0.00	0.00	0.00	0.00	0.00	0.00
黑龙江	0.00	0.00	0.00	0.00	0.00	0.00	0.00	0.00	0.00
内蒙古	0.00	1582.20	－662.88	0.00	1187.39	0.00	519.50	0.00	0.00

由表6－3可知，既有技术与产量下粮食生产化肥施用与劳动力投入比例过高，出现了严重的“内卷化”问题。从化肥投入冗余比照，湖北最高，从最优目标值考量需要提高化肥的科学使用度，减少单位面积的施用量；从劳动力冗余比照，以河南、四川、湖南等比例过高，从最优目标值考量进一步提高改善粮食生产者素质，转移剩余劳动力。从有效灌溉面积指标比照，湖南、安徽、河北、内蒙等主产区进一步改善的空间较大。从农业机械总动力指标比照，山东、安徽、湖北三省的机械总动力缺口大，需要通过增量增加、存量共享等方式加以改善。进一步分析表6－3比照数据发现，湖南、河北、四川、江苏等主产区粮食生产降成本压力任重道远，亩均冗余成本过高，需要通过粮食生产规模与效率协同改善、持续推进达成供给侧结构性改革降成本提品质的预期目标。

第二节　基于序列数据的粮食生产效率的实证分析

序列数据的粮食生产效率分析即基于动态视角下的投入与产出效率分析，其目的是为了获得不同时期不同要素投入引致的产出变化特征，分析主产区粮食生产规模生产效率演变的基本规律，系统认知主产区粮食规模生产效率的变化趋势。

一、研究方案设计

基于动态演化视角，考察粮食生产规模经营变量主产区土地流转规模、粮食生产流转承包地规模、粮食生产适度规模经营规模（实行适度规模经营的耕地面积/千公顷）、耕地经营规模在30亩及以上农户数量（万户）、政策因素（粮食补贴）等，利用2005～2015年粮食主产区规模生产效率的Malmquist－DEA指数进行相关分析（如表6－4所示）。

表6－4　2005～2015年粮食主产区规模生产效率投入产出变量指标

项目	变量名	指标解析
产出指标	粮食产量	目标省份年粮食总产量（万公斤）
投入指标	“新农林牧渔从业人数”	剔除常年外出务工劳动力（万人）
	农业机械总动力	目标省份农机总动力（万千瓦）
	农用化肥折纯施用量	目标省份化肥折纯量（万吨）
	粮食播种面积	目标省份粮食作物总播种面积（千公顷）
	有效灌溉面积	目标省份已统计灌溉面积（千公顷）

续表

项目	变量名	指标解析
产出指标	粮食产量	目标省份年粮食总产量（万公斤）
投入指标	规模种植农户数	30 亩以上农户数（万户）
	规模种植补贴	农业财政补贴实发金额（万元）
	农业兼业户	农内与农外兼业户（万户）
	农地流转规模	用于粮食种植的农地流转规模（千公顷）
	适度规模经营面积	实行适度规模经营的耕地面积（千公顷）

二、研究方法与数据说明

以下利用 Malmquist 指数方法测算主产区粮食全要素生产率，Malmquist 指数是由瑞典经济学家和统计学家斯特恩·马姆奎斯特（Sten Malmquist）在 1953 年提出的，用来分析不同时期的消费变化。1994 年 Fare、Grosskopf、Norris 和 Zhang 提出测算全要素生产率增长的 Malmquist 生产力指数，并进一步应用 Shephard 距离函数将全要素生产率分解为技术变动、技术效率变动。根据 Fare 和 Grosskopf，Lindgern 以及 Roos（1989）定义 Malmquist 生产力指数，有：

$$
\begin{aligned}
&M_O(x^{t+1}, y^{t+1}; x^t, y^t)\\
&=\left(\frac{D_o^t(x^{t+1}, y^{t+1} \mid C, S)}{D_o^t(x^t, y^t \mid C, S)} \times \frac{D_o^{t+1}(x^{t+1}, y^{t+1} \mid C, S)}{D_o^{t+1}(x^t, y^t \mid C, S)}\right)^{1/2}\\
&=\frac{D_o^{t+1}(x^{t+1}, y^{t+1} \mid C, S)}{D_o^t(x^t, y^t \mid C, S)} \times\\
&\left(\frac{D_o^t(x^{t+1}, y^{t+1} \mid C, S)}{D_o^{t+1}(x^{t+1}, y^{t+1} \mid C, S)} \times \frac{D_o^t(x^t, y^t \mid C, S)}{D_o^{t+1}(x^t, y^t \mid C, S)}\right)^{1/2}\\
&=TEC(x^{t+1}, y^{t+1}; x^t, y^t) \times TP(x^{t+1}, y^{t+1}; x^t, y^t)
\end{aligned}
\tag{6-4}
$$

其中，M 表示 Malmquist 生产率指数，D 表示方向性距离函数；x^t、y^t 分别表示 t 时的投入和产出向量，C 表示不变规模报酬，S 表示要素投入强可处置性，TEC 代表技术效率变化，TP 代表技术进步。

$$
TFP\_ch = \left[\frac{d^t(x_{t+1}, y_{t+1})}{d^t(x_t, y_t)} \times \frac{d^{t+1}(x_{t+1}, y_{t+1})}{d^{t+1}(x_t, y_t)}\right]^{\frac{1}{2}} \tag{6-5}
$$

其中，$d^t(x_{t+1}, y_{t+1})$、$d^t(x_t, y_t)$分别表示以第 t 期的技术表示（即以第 t 期的数据为参考集）的 $t+1$ 期及当期的技术效率水平；$d^{t+1}(x_{t+1}, y_{t+1})$、$d^{t+1}(x_t, y_t)$

分别表示以 $t+1$ 的技术效率水平。当 $TFP\_ch>1$ 时，表示全要素生产率呈增长趋势；反之则为下降趋势。

全要素生产率变动（TFP_ch）又可以分解为技术变动（$TECH\_ch$）与技术效率变动（TE_ch）的乘积，其定义如下：

$$TFP\_ch = TECH\_ch \times TE\_ch \tag{6-6}$$

$$TECH\_ch = \left[\frac{d^t(x_{t+1},\ y_{t+1})}{d^{t+1}(x_{t+1},\ y_{t+1})} \times \frac{d^t(x_t,\ y_t)}{d^{t+1}(x_t,\ y_t)}\right] \tag{6-7}$$

$$TE\_ch = \frac{d^{t+1}(x_{t+1},\ y_{t+1})}{d^t(x_t,\ y_t)} \tag{6-8}$$

当 $TE\_ch>1$ 时，表示技术进步，即生产边界提升，反之则为技术衰退；当 $TE\_ch>1$ 时，表示技术效率上升，反之则为技术效率衰退。首先，需要计算四个距离函数 D_0^{t-1}（X_t，$Y_t \mid C$）、D_0^{t+1}（X_t，$Y_t \mid V$）、D_0^{t+1}（X_t，$Y_t \mid C$）、D_0^t（X_t，$Y_t \mid V$）；其次，再计算 *Malmquist* 生产率指数。分别在不变规模报酬（C）和可变规模报酬（V）假定条件下采用产出导向型线性规划求解四个距离函数，需要解决以下四个线性规划问题：

$$\left.\begin{aligned}&[D_0^{t-1}(X_t,Y_t \mid C)]^{-1} = \max\alpha_c\\&\text{s. t.} \sum_{j=1}^{n}\lambda_j X_{j,t-1} \leqslant X_t\\&\sum_{j=1}^{n}\lambda_j Y_{j,t-1} \geqslant \alpha_c Y_t\\&\lambda_j \geqslant 0, j = 1, \cdots, n\end{aligned}\right\} \tag{6-9}$$

$$\left.\begin{aligned}&[D_0^{t}(X_t,Y_t \mid C)]^{-1} = \max\alpha_c\\&\text{s. t.} \sum_{j=1}^{n}\lambda_j X_{j,t} \leqslant X_t\\&\sum_{j=1}^{n}\lambda_j Y_{jt} \geqslant \alpha_c Y_t\\&\lambda_j \geqslant 0, j = 1, \cdots, n\end{aligned}\right\} \tag{6-10}$$

$$\left.\begin{aligned}&D_0^{t+1}(X_t,Y_t \mid C^{-1}) = \max\alpha_c\\&\text{s. t.} \sum_{j=1}^{n}\lambda_j X_{j,t+1} \leqslant X_t\\&\sum_{j=1}^{n}\lambda_j Y_{j,t+1} \geqslant \alpha_c Y_t\\&\lambda_j \geqslant 0, j = 1, \cdots, n\end{aligned}\right\} \tag{6-11}$$

$$
\left.\begin{aligned}
&D_0^{t-1}(X_t, Y_t \mid V)^{-1} = \max\alpha_v \\
&\text{s.t. } \sum_{j=1}^{n} \lambda_j X_{jt} \leqslant X_t \\
&\sum_{j=1}^{n} \lambda_j Y_{jt} \geqslant \alpha_v Y_t \\
&\sum_{j=1}^{n} \lambda_j = 1, \lambda_j \geqslant 0, j = 1, \cdots, n
\end{aligned}\right\} \qquad (6-12)
$$

以下将中国13个粮食主产区单位看作一个决策单元，运用由法尔等（Fare et al.，1994）改造的基于DEA的Malmquist指数分析法，将每个主产区粮食生产最优前沿面进行比较与效率变化和技术进步的测试。

DEA Malmquist指数分析的13个粮食主产区相关数据源于《改革开放三十年农村资料汇编》《中国统计年鉴》（2002~2017）、《中国农村经营管理统计年报（历年）》和《中国农村统计年鉴》（2002~2017）以及地方政府年鉴等数据计算获得。核算粮食全要素生产率的数据定义如下：投入变量包括劳动、土地、农业机械、化肥、灌溉几个方面。其中，劳动投入采用农林牧渔业从业人员数，但是鉴于我国由于农业户籍制度因素及农民工外出务工的现实，其中，粮食生产从业人数是剔除了“常年外出务工劳动力”后的劳动力数，单位为万人；土地投入用粮食播种面积、有效灌溉面积表示，单位为千公顷；农业机械动力投入以农业机械总动力计算，单位为万千瓦；化肥投入以本年度实际用于农业生产的化肥施用量（折纯量）计算，单位为万吨；灌溉投入以每年实际的有效灌溉面积计算，单位为千公顷。影响粮食生产的因素从性质上可以划归为：劳动力、资本、技术、土地、制度等方面，制度的因子可以用粮食补贴（万元）、农业流转规模（万亩）、家庭承包地流转用于生产粮食的农地流转总面积（万亩）、耕地经营规模在30亩及以上的农户数（万户）表示。鉴于统计口径和数据可获性，上述数据仅包括2005~2015年共计11个年份的投入与产出相关数据。

三、粮食主产区粮食全要素生产率的时序演变特征

为了分析主产区粮食全要素生产率指数变动及其结构演变特征，首先以中国粮食TFP利用年度Malmquist生产率指数的平均值测试总体波动特征，如图6-1所示。自2003~2015年中国粮食生产实现了“十二连增”的巨大成功，从全要素生产率的年度及区间结构分解图6-1可以发现，全要素生产率整体呈现波动中上升态势，其中2008~2009年与2012~2013年成为两个TFP波动较大的拐点年份，2003~2009年粮食产量虽然取得了连年增的预期，但是TFP水平却呈现较为明显的连年降态势，进一步分析可以判断，技术效率和技术进步促进全要素

生产率的增长明显不足，说明2010年以前粮食生产处于粗放模式，主要依靠大量的农药、化肥、劳动力等要素投入，粮食增产效应难以持续为继，甚至可能出现负效应现象。2010年以后，农业开始转型升级，主产区粮食生产效率呈显著性的态势，粮食全要素生产率企稳回升，其中，多项效率的改善于2012年或2013年达到峰值目标，其后保持粮食生产技术效率与要素配置效率协同的路径状态。非常显著性的指标是，期间的11年主产区粮食生产全要素生产率中的规模效率一直保持较为稳定增长的态势，表明促进土地流转、培育新型主体等推进粮食适度规模经营的政策产生了积极效应。

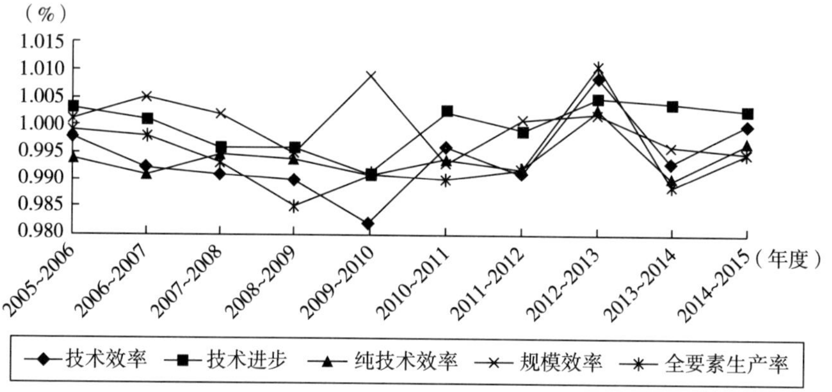

图6-1　2005~2015年主产区粮食全要素生产率时序区间演变图

从TFP的构成要素分析，如图6-1所示，2005~2010年技术进步为负增长，平均增长率为-0.4%，由此可以判定，我国粮食主产区全要素生产率下降主要是由技术衰退引致，而纯技术效率、规模效率对粮食生产效率改进作用明显。从主产区粮食生产实际调研分析，虽然主产区粮食的耕种与收割机械化水平普遍提升，但提升的程度和力度有限。截至2016年数据统计显示，我国小麦机耕、机播、机收比率分别达到94.5%、82%、92.2%；[①] 小麦、水稻、玉米三大粮食作物耕种收综合机械化率分别达到94.2%、79.2%、83.1%，[②] 而玉米的机收率达69%，水稻的机插（播）率仅为46.5%。除此之外，我国粮食生产在整

① 人民网—人民日报海外版．中国农业机械化率提高［EB/OL］．http：//3g.163.com/news/article_cambrian/D5OH03IJ00018AOP.html#qd=cambrian.

② 全国农作物耕种收综合机械化率达65.2%三大主粮更高［EB/OL］．http：//www.yumi.com.cn/html/2017/10/20171012092737213558.html.

地、种植、植保、收获、烘干、秸秆处理六个主要环节机械化率依然严重不足,[①] 相关环节生产仍然以人力劳作为主。总体来看，我国粮食主产区全要素生产率解构中的技术进步效应比较明显，但诸如农田水利灌溉设施、农用电力输送设施、粮食的烘干及仓储设施、农业飞防及高效农业设施等仍然较为滞后，严重阻滞了粮食生产规模与效率的同步推进。

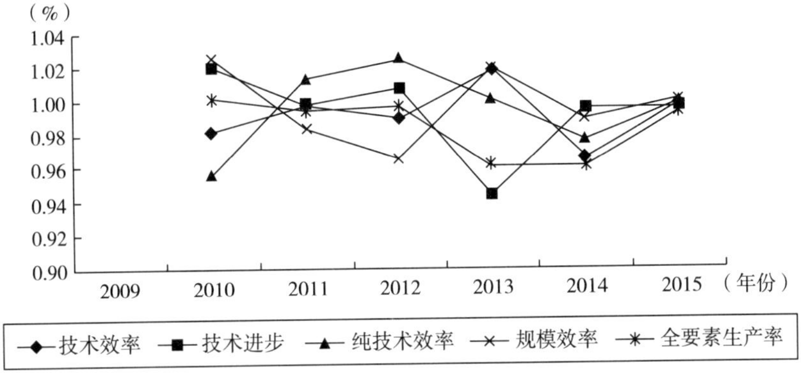

图 6-2 2009~2015 年主产区粮食全要素生产率与结构时序演变

从整体来看，2009~2015 年我国粮食主产区粮食生产效率呈现波动中螺旋上升趋势，2013 年为效率变化的拐点。从效率分解图 6-2 分析，由于同时期技术效率与规模效率呈现“双下降”态势，尽管 2012 年主产区的规模效率猛然攀升，但 2010~2013 年粮食主产区全要素生产率整体仍然呈逐年下降的趋势。由于 2009~2015 年统计口径的稍微改变，2009~2015 年全要素生产率和技术进步率波动频繁，其两者间波动幅度、波动方向及波动态势具有极高的同步性，表明粮食科技进步具有改善粮食主产区全要素生产率至关重要的作用。实证分析表明，我国主产区粮食生产效率改进的技术进步因子、规模效率因子等之间的协同性需要大大改善，主产区需要构建粮食生产规模与效率协同推进的机制和行为。

四、粮食主产区粮食全要素生产率的空间演变特征

为了进一步比较主产区各区域间粮食生产效率演变的特征，以下将从空间视角对 13 个主产区粮食生产的技术效率、规模效率、配置效率等进行相关分析，结果如表 6-5 所示。从表中可知，自 2005~2015 年，全国 13 个粮食主产区仅

① 人民网—财经频道—农业部．2017 全年主要粮食作物综合机械化率将突破 80%［EB/OL］．http：//finance. people. com. cn/n1/2017/1205/c1004－29687715. html.

有河北、江苏、安徽、山东、河南五省区的 Malmquist 生产率指数大于 1，实现了全要素生产率的正增长，其中，河南省的相关各项效率指数均为 1，表明河南省粮食生产的技术进步、技术效率与规模效率实现了全方位匹配，为继续扩大规模和提高效率奠定了良好基础。从粮食 TFP 全要素的构成来看，河北、内蒙古、吉林、黑龙江、江苏、安徽、山东七省区的平均技术进步指数为 1.011，平均技术效率指数为 0.990，技术进步指数大于技术效率指数，表明七省区的粮食生产技术进步明显，技术进步对粮食生产效率改善的作用凸显。内蒙古、辽宁、吉林、黑龙江、江西、湖北、湖南、四川八省区的 Malmquist 生产率指数小于 1，全要素生产率呈负增长。由此表明，我国粮食主产区粮食生产技术进步的潜力大、空间广，需要通过粮食生产主体与区域粮食产业共同体的协同行为。

表 6－5　2005～2015 年 13 个粮食主产区各省份全要素生产率变化及分解

地区	技术效率（effch）	技术进步（techch）	纯技术效率（pech）	规模效率（sech）	全要素生产率（tfpch）
河北	0.997	1.005	0.997	1.000	1.002
内蒙古	0.965	1.009	1.000	0.965	0.974
辽宁	0.997	0.991	1.000	0.997	0.988
吉林	0.979	1.013	1.000	0.979	0.992
黑龙江	0.976	1.011	0.983	0.992	0.986
江苏	1.015	1.024	1.024	0.991	1.039
安徽	0.998	1.006	0.998	1.000	1.004
江西	1.000	0.991	1.000	1.000	0.991
山东	0.999	1.006	0.998	1.000	1.004
河南	1.000	1.000	1.000	1.000	1.000
湖北	1.000	0.982	1.000	1.000	0.982
湖南	1.000	0.989	1.000	1.000	0.989
四川	1.000	0.974	1.000	1.000	0.974
均值	0.994	1.000	1.000	0.994	0.994

为了更好地比对 2005～2015 年我国 13 个主产区粮食全要素生产率差异特性与空间动态演化特性，首先利用统计分析方法，对 2015 年全国 13 个粮食主产区全要素生产率的五个指标进行截面数据比较，如图 6－3 所示。从图 6－3 所知，全国 13 个主产区粮食规模生产效率差异显著，其中表现为两大板块特征，我国偏北的河北、内蒙古、辽宁、吉林、黑龙江、江苏六省区五个比较指标差异更加

显著，我国偏南的安徽、江西、山东、河南、湖北、湖南、四川七省区五个比较指标差异相对偏小，表明分区域特征和现实基础推进粮食生产规模与效率同步提升是主产区必须思考的战略选择。

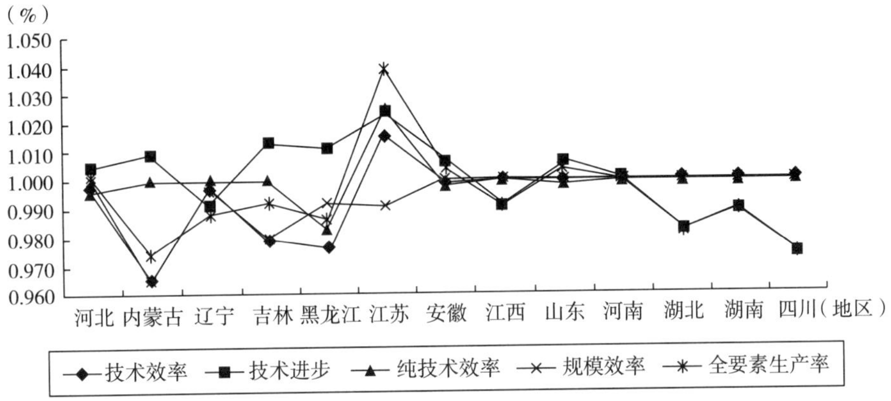

图 6-3 主产区 2005～2015 年粮食生产效率变化

以此为基础，利用 ArcGIS10.1 空间计量软件对 2006 年、2009 年、2012 年、2015 年四个年份的全国粮食生产效率进行空间经济和异质化特征进行比较静态分析，可以看出，主产区粮食全要素生产率整体演变的不同时间节点具有显著的差异，这表明进一步促进主产区粮食生产规模效率的改善，必须因时实策和因空实策的差异化发展战略。

第三节 基于 SFA 模型的粮食生产效率的实证分析

基于 DEA 分析方法对粮食主产区粮食生产效率进行的分析，虽然有其可信性和独特的优势，但也有其自身难以克服的缺点和不足，引致诸如“奇异值”可能造成的内生干扰等问题。基于此，以下利用既有测度的粮食全要素生产率相关数据，通过固定效应 SFA（Stochastic Frontier Analysis，SFA）模型的进一步检验，并通过分离 SFA 模型的个体效应与非效率项，进一步探寻主产区粮食生产的 TFP 动态变化规律和区域差异特征。

一、模型构建与数据说明

穆森和布勒克（Meeusen and Van Den Broeck）与艾格纳、洛夫尔和施密特

（Aigner，Lovell and Schmidt）于1977年提出如下随机前沿生产函数模型：

$$\ln q_i = x'_i\beta + v_i - u_i \tag{6-13}$$

其中，v_i 表示统计噪声的对称随机误差项，统计噪声源自于所忽略的与 x_i 相关的变量，或由于测量误差和函数形式选择所引致的近似误差。式（6－13）定义的模型之所以被称为随机前沿生产函数是由于产出值以随机变量 $\exp(x'_i\beta + v_i)$ 为上限，其中，随机误差 v_i 可正可负。因此，随机前沿产出围绕着模型所确定的 $\exp(x'_i\beta)$ 变动，以下利用一种投入 x_i 生产得到产出 q_i 的产量的简单生产模型进行解释。该投入产出的柯布—道格拉斯随机前沿模型可以表示为：

$$\ln q_i = \beta_0 + \beta_1 \ln x_i + v_i - u_i \tag{6-14}$$

或 $$q_i = \exp(\beta_0 + \beta_1 \ln x_i + v_i - u_i) \tag{6-15}$$

或者 $$q_i = \underbrace{\exp(\beta_0 + \beta_1 \ln x_i)}_{\text{确定部分}} \times \underbrace{\exp(v_i)}_{\text{噪声}} \times \underbrace{\exp(-u_i)}_{\text{无效性}} \tag{6-16}$$

以上前沿模型可以构造图6－4进行分析，分别给定厂商A和厂商B的投入产出，其前沿模型的确定性值反映粮食生产规模收益递减的存在性，其中，横轴表示投入值，纵轴表示产出值。厂商A利用投入 x_A 得到产出量 q_A，而厂商B利用投入 x_B 得到产出量 q_B。如果没有无效效应（即 $u_A \neq 0$，$u_B \neq 0$），那么厂商A和厂商B的所谓前沿产出将分别是：

$$q_A^* \equiv \exp(\beta_0 + \beta_1 \ln x_A + v_A) \text{以及} q_B^* \equiv \exp(\beta_0 + \beta_1 \ln x_B + v_B) \tag{6-17}$$

所有前沿值用标有⊗的点表示，如图6－4所示。显然，由于 $v_A > 0$，即其噪声影响为正，因而厂商A的前沿产出位于生产前沿确定值之上；而由于 $v_B < 0$，即其噪声影响为负，因而厂商B的前沿产出位于生产前沿确定值之下。进一步分析可以发现，厂商A的实际产出位于生产前沿确定值之下，这是由于 $v_A - u_A < 0$，即其噪声影响与无效效应之和为负所引致的结果。上述简单一元线性生产的前沿模型可以推广到复杂多元生产的前沿模型，其目的是为了预测无效效应。其中，最常用的产出导向的技术效率是可观测产出与相应随机前沿产出之比，如式（6－18）所示。

$$TE_i = \frac{q_i}{\exp(x'_i + v_i)} = \frac{\exp(x'_i\beta + v_i - u_i)}{\exp(x'_i\beta + v_i)} = \exp(-u_i) \tag{6-18}$$

以上技术效率的测量取值在0～1，表示第 i 个厂商的产出与完全有效厂商相同投入而所产出的差异。显然，预测技术效率 TE_i 就是估计随机生产前沿模型中的参数。

根据Meeusen和VandenBroeck与Kumbhakar和Lovell的研究，固定效应SFA模型的面板数据可以表达为如下形式：

$$\ln Y_{it} = \ln f(X_{it};\ \beta) + v_{it} - \mu_{it},\ i = 1,\ 2,\ \cdots,\ N;\ t = 1,\ 2,\ \cdots,\ T \tag{6-19}$$

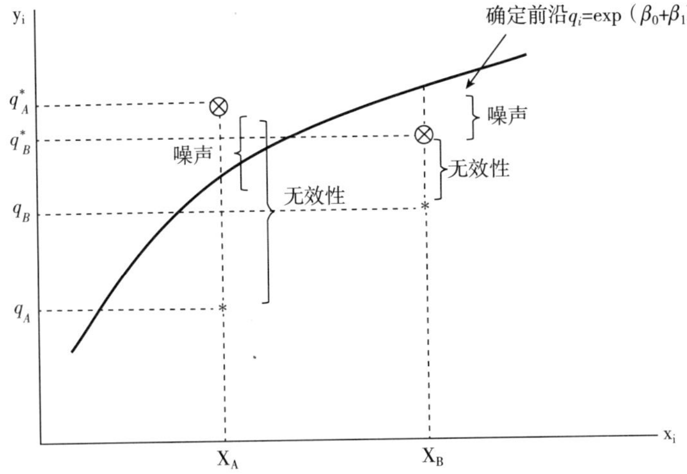

图 6－4　随机生产前沿示意图

其中，Y_{it}表示生产单元 i 在 t 时期的产出，$f(\cdot)$ 表示具有完全效率的生产前沿函数，X_{it}表示一组要素投入向量，β 表示估计参数，v_{it}表示随机误差项，且假设服从 $v_{it}\sim \text{iidN}(0、\sigma_v^2)$，$\mu_{it}$表示非负的技术无效率项。SFA 模型的面板数据取决于无效率项是否随时间而形成时变或时不变的模型。然而，值得注意的是上述 SFA 模型并没考虑不可观察的区域个体效应，所有个体相关的效应都被归结为无效率项。由此可能引致两个负影响，一是可能引致技术无效率的过高估计，二是可能引致估计结果的偏差。因而使用 Wang 和 Ho 于 2010 年提出的面板数据固定效应 SFA 模型，以克服上述缺陷，其表达式如下：

$$\ln Y_{it}=\ln f\ (X_i t;\ \beta)\ +\varepsilon_{it},\ \ \varepsilon_{it}=\alpha_i+v_{it}-\mu_{it} \tag{6-20}$$

在式（6－20）中的 α_i 为不可观察到的地区个体效应。式（6－20）可以进一步使用组内均值变化方法估计，即获得模型参数后可以使用式（6－21）进行第 i 个 DMU 在 t 时期的技术效率估计。

$$TE_{it}=\exp(-\mu_{it}),\ 0\leqslant\exp(-\mu_{it})\leqslant 1 \tag{6-21}$$

也就是说从 t 到 $t+1$ 时期的技术变化可表达如下：

$$TECH_i^{t,t+1}=\frac{TE_{i,t+1}}{TE_{it}} \tag{6-22}$$

估算从 t 到 $t+1$ 时期的技术变化，可通过式（6－19）和式（6－20）估计的参数值对 t 时期的偏导数而获取。在非中性技术变化条件下，生产技术变化引致的效率将随着投入量的改变而改变，因此，相邻时期的技术变化效率值应取几何平均值，其表达式如式（6－23）所示。

$$TECH_i^{t,t+1}=\exp\left[\frac{1}{2}\left(\frac{\partial\ln Y_{it}}{\partial t}+\frac{\partial\ln Y_{i,t+1}}{\partial(t+1)}\right)\right] \tag{6-23}$$

因此，假定粮食生产的规模报酬不变，根据粮食 Malmquist 生产率变化指数的分解原理，粮食全要素生产率的变化可被分解为技术变化和技术效率变化两个部分，如式（6－24）所示。

$$TFP_i^{t,t+1} = TEC_i^{t,t+1} \times TPCH_i^{t,t+1} \tag{6-24}$$

式（6－24）右边的第一项即 $TEC_i^{t,t+1}$ 项，表示技术效率的变化指数，主要表现为在各自实际技术水平下 DMU 技术有效的变化对 TFP 的影响；式（6－24）右边的第二项即 $TPCH_i^{t,t+1}$ 项，表示技术进步指数，即粮食生产两个时期内技术有效生产前沿面的移动产生的对全要素生产率变化的影响。

一般统计年鉴关于农业投入指标均指大农业的概念外延，不适宜直接使用于粮食生产的计量分析，需要对所使用的包括《中国农村经营管理统计年报》等中的相关数据进行修正。第一，对粮食从业人数（Labor）使用农林牧渔业从业人数减去“常年外出务工劳动力”后的劳动力数，单位为万人；第二，粮食播种面积（Soilland）直接使用具体省区的粮食播种面积（千公顷）；第三，农业机械动力（Mechanics）投入以农业机械总动力计算，单位为万千瓦；第四，化肥投入（fertilizer）以本年度实际用于农业生产的化肥施用量（折纯量）计算，单位为万吨；第五，灌溉面积（Lrrigated Area），单位为千公顷；第六，粮食补贴（subsidy），单位为万元；第七，农业流转规模比例，该变量使用“农户家庭承包土地流转总面积（万亩）/家庭承包经营面积数（万亩）”表示，以便更加客观地反映近年来主产区粮食产业发展的动态特征。其中，产出指标选择“粮食产量（yield）”，单位为万公斤。

二、计量分析与结果解释

在式（6－20）中的 $f(\cdot)$ 可以表示多重设定形式，一般将其设定为 C－D 或超越对数形式。为避免模型的偏差，以下选择超越对数生产函数形式的 SFA 面板数据模型，并对模型中的投入与产出变量进行标准化处理，所构造的固定效应 SFA 面板数据模型如式（6－25）所示。

$$\ln y_{it} = \beta_0 + \sum_j \beta_j \ln x_{ijt} + \beta_t t + \sum_j \sum_l \beta_{jt} \ln x_{ijt} \times \ln x_{ilt} + \beta_{tt} t^2 + \sum_j \beta_{jt} t \times \ln x_{ijt} + \alpha_i + v_{it} - \mu_{it} \tag{6-25}$$

其中，i 和 t 分别表示决策单元（粮食主产区）和特定年份时间，y_{it} 表示粮食生产单位播种面积的实际产出，x 表示粮食生产单位播种面积的要素投入，下标 j 和 l 分别表示第 j、l 种要素投入，下标 t 表示时间趋势并反映技术变化，μ_{it} 表示独立于 v_{it} 的技术非效率效应，v_{it} 表示服从正态分布的零均值随机干扰项，并借鉴全炯振（2009）的研究，设计有：

$$\mu_0 = \delta_0 + \delta_1 pirr + \delta_2 \ln sub + \delta_3 \ln out + \delta_4 rent \tag{6-26}$$

根据以上设定的固定效应 SFA 面板数据模型及其参数估计，可以得到全国 13 个粮食主产区 2005～2015 年的技术效率值 TE_{it}，如表 6－6 所示。

由表 6－6 可知，样本期内 13 个粮食主产区的技术效率平均值为 0.5909，且其最低值和最高值分别为 0.2538、0.9039，表明我国粮食主产区粮食生产技术效率提升的空间很大。影响主产区年均粮食产量的主要变量劳动力人数（0.000）、化肥使用量（0.006）、粮食种植面积（0.000）均在 1% 的水平上表现显著，其中劳动力人数的相关系数为－0.531，说明主产区劳动力整体冗余量较大，需要通过加快新型城镇化与粮食规模化的协同发展，促进主产区剩余劳动力转移，提高粮食生产的专业化水平。化肥使用量的相关系数为－0.0589，表明主产区化肥使用量需要通过粮食生产现代化途径的减量化加以控制；农业机械化（Mechanics）的 P 值为 0.079，表现为在 10% 的置信区间上显著，但相对其他变量其显著性存在较大差异，说明 2005～2015 年我国粮食主产区农业机械化水平取得了长足的进步，但进步的空间仍然很大，特别是随着粮食生产规模的扩大其现代技术装备等机械化工程需求越发具有更广阔的市场空间。

表 6－6　2005～2015 年粮食主产区技术效率值 TE_{it} 估算

Number of obs = 130

Wald chi2（4） = 214.62

Log likelihood = 186.64584　　　　Prob > chi2 = 0.0000

_lny_M	Coef.	std. Err.	z	p > |z|	[95% Conf. Interval]	
_lnl_M	－0.5313596	0.0680665	－7.81	0.000	－0.6647674	－0.3979518
_lnm_M	0.0738306	0.0420241	1.76	0.079	－0.0085351	0.1561963
_lnf_M	－0.589261	0.0214322	－2.75	0.006	－0.1009325	－0.0169197
_lns_M	1.471426	0.1626878	9.04	0.000	1.152563	1.790288
pirr	－4.287235	0.6080472	－7.05	0.000	－5.478986	－3.095485
lnsub	0.028869	0.0182733	1.58	0.114	－0.006946	0.064684
lnout	0.1465729	0.080538	1.82	0.069	－0.0112786	0.3044244
prent	－0.0021331	0.0904163	－0.02	0.981	－0.1793458	0.1750796
_cons	－6.273853	0.1416612	－44.29	0.000	－6.551504	－5.996202
_cons	0.3521571	0.2080269	1.69	0.090	－0.0555681	0.7598822
_cons	－5.368622	1.345197	－3.99	0.000	－8.00516	－2.732084
Variable	Obs	Mean	Std.	Dev.	Min	Max
bch_wh	130	0.590878	0.18035		0.2537962	0.9039578

进一步分析表6-6可知，影响粮食生产技术效率的因素包括灌溉面积（0.000）、常年外出务工人数（0.069）、流转耕地占农户承包地比例（0.981）等指标均在1%~10%的不同置信水平上具有统计学意义。根据假设前提即v_{it}服从正态分布的零均值随机干扰项，μ_{it}项为独立于v_{it}的技术非效率效应项，因此，可以肯定上述变量均可成为主产区粮食生产“技术无效率”的解释变量，结合相关变量的Coef. 系数可知：灌溉面积（-4.287）的扩大对粮食生产效率的提升具有显著性正向影响，农地流转面积扩大对粮食生产技术效率的正向作用越强，佐证了林毅夫（2014）、姚洋（2012）等关于“土地流转具有边际拉平效应和交易收益效应，有助于农业生产率的提高和农民收益的增加”的研究结论。粮食补贴（subsidy）的P值为0.114，表现为10%置信水平上并不显著，其相关系数为正（0.0288），说明普惠制的“四项补贴”并不能给粮食生产技术效率带来预期效果。此外，常年外出务工劳动力数量（lnout）P值和Coef. 系数分别为0.069、0.1466，表现为在10%的置信区间上显著，且相关系数为正，表明当前粮食主产区存在或者部分存在因青壮年劳动力常年大量外出务工引致着粮食生产劳动力结构性短缺问题，从而制约着粮食生产技术效率的提升。

第四节　主产区粮食生产效率变化的表征规律分析

以上通过面板数据和时间序列数据的分析和比较，我国主产区粮食生产效率变化呈现以下四个表征规律：

第一，我国主产区粮食生产效率总体呈持续进步态势，并具有提速增进的趋势特征，表明影响我国主产区粮食生产效率的诸因子正在发生质的转变，诸因子间的协同效应也正在积极促进效率的增长，加快推进主产区粮食产业现代化与加快构建国家粮食安全长效机制的基础条件正在形成。

第二，我国主产区粮食生产效率的增进是在生产规模扩张和生产技术进步之中实现的，表明我国实施的培育新型粮食经营主体、鼓励适度规模经营的粮食生产政策方向正确、行为有效，继续从主产区粮食生产的内在经济与外在经济两个维度加大激励力度，并形成持续长效机制是进一步加速中国特色粮食规模经营发展的有效途径。

第三，我国主产区粮食生产效率演变的空间差异非常显著，特别是地处北方的主产区其效率演变的差异特征更加明显。表明实施主产区粮食生产效率提升战略必须因地制宜、分类指导、分区谋划，因地实策。

第四，我国主产区粮食生产效率演变的进步空间仍然很大，主产区政府与社会需要共同努力，顺应粮食生产主体内外在经济条件改善的需要，继续鼓励扩大粮食生产规模，促进粮食生产机械化和智能化发展，加快具有区域性特征的粮食生产社会化服务体系建设，加速推进新时期主产区粮食规模生产效率的不断进步。

第七章　微观视角下主产区粮食生产效率变化的规律分析

为揭示微观视角下粮食生产规模效率实现的规律，本章立足于主产区粮食规模生产主体的微观调研数据，考虑玉米与小麦同属于旱粮作物，本章以下用水稻生产和玉米生产为研究对象，实证分析主产区粮食生产规模与效率关系的区域特征，进一步探讨粮食生产规模与效率的动态匹配关系，以便从微观市场主体视角了解和把握主产区粮食生产规模与效率同步提升的规律特征与趋势特征。

第一节　研究方案与模型选择

从理论上来说，粮食生产规模效率与技术效率提升的同时，完全可以通过粮食生产要素的配比和供给结构的优化调整，实现粮食生产要素配置效率的改善和粮食产出的增长。因此，首先，本章采用投入导向的数据包络分析法测算主产区粮食生产大户的生产规模效率，利用 Fare 等扩展的 DEA 方法构造同时期种粮大户生产前沿面函数模型即超效率 DEA 模型，从投入主导型的视角研究不同规模或区间种粮大户全要素生产率、技术效率、规模效率及其差异。其次，从基于农户的不同目标分析种粮大户规模效率实现的特征。其中，计量分析的 DEA 模型选择规模报酬可变模型（VRS），以及拓展和修正 DEA 的 BCC 模型与超效率分析模型。最后，基于实证分析的基础探讨微观视角下主产区粮食生产效率变化的表征规律。

（一）VRS 模型

VRS 模型为规模报酬可变模型和规模报酬不变模型（CRS）两类，由于 CRS 模型并没有将规模效率和纯技术效率分开，现实中种粮大户由于规模差异和异质化的资源禀赋影响，因而必然引致生产效率多样化的检验结果。基于此，本书选择能够将纯技术效率和规模效率从综合技术效率中分离的 VRS 模型测试，模型设定如下：

$\mathrm{Min}[\theta_V - \varepsilon(e_1^T S^- + e_2^T S^+)]$

$$
\text{s. t.}\begin{cases}\sum_{j=1}^{k}\lambda_j x_j + S^- = \theta_V x_0 \\ \sum_{j=1}^{k}\lambda_j y_j - S^+ = y_0 \\ \sum_{j=i}^{k}\lambda_j = 1 \\ \lambda_j \geqslant 0, j = 1, 2, \cdots, k \\ S^+ \geqslant 0 \\ S^- \geqslant 0 \end{cases}
$$

其中，θ_v 表示决策单元的纯技术效率，ε 表示非阿基米德无穷小量，x_j、y_j 表示第 j 个决策单元的投入变量和产出变量，λ_j 表示第 j 个决策单元的权值，S^-、S^+ 表示松弛量，表示实现生产目标效率所需要的投入或产出的调适量。利用规模报酬可变的 DEA 模型可以获得各个决策单元的 SE（规模效率）、PET（纯技术效率）和 TE（技术效率）。由于技术效率为规模效率与纯技术效率的融合积值，因而，如果 SE = 1，表示该决策单元的生产前沿面处于规模报酬不变阶段，即种粮大户处于最佳规模区间；如果 SE < 1，表示决策单元的规模效率尚未实现最优，可能处于规模报酬递增或递减阶段，在此条件下实现生产规模效率的最优，必须进行生产规模的相应调整。

（二）超效率方法

超效率方法最初是由安德森和皮德森（Anderson and Peterson，1993）提出，"超效率"即被修正过的 DEA 效率。超效率分析过程中由于每个决策单元实际效率比值不允许与自己相比，而是与在原前沿面的基点投影的比值，因而较原基点相比，其比值往往偏大（大于 1），而且，超效率值越大表示其生产单元效率越高。超效率分析的基本原理，如图 7－1 所示。

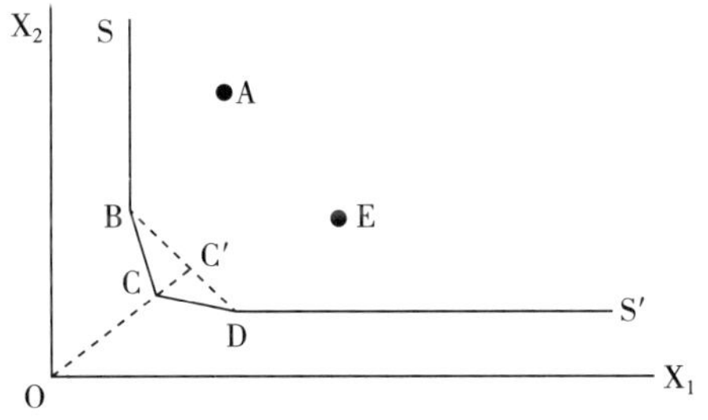

图 7－1　超效率分析的基本原理

从图 7－1 分析，假定有五个决策单元，分别为 A、B、C、D、E，均使用两种投入实现生产。当基于标准 DEA 模型对决策单元效率进行计算时，此时决策单元 B、C、D 构成前沿面，即 OC/OC＝1，也就是说他们的效率值为 1。但是当基于超效率分析模型时，此时上述决策单元的超效率值则大于 1；以 C 为例，当测算 C 的超效率值时，C 点将不再是其决策的前沿面，此时决策前沿面只有 B、D，而 C 的前沿面将由其在前沿上的投影 c'代替，则其超效率值为 oc'/oc，$oc'/oc > oc/oc = 1$。另外需要注意的是非前沿决策单元 A、E 不构成原 DEA 前沿的一部分，故其是否超效率分析，其效率值并没有差异。

虽然 DEA 模型能够计算具有效率前沿面的有效决策单元，但却无法进行有效决策单元效率的进一步评定与排序识别，而超效率 DEA 模型可以利用将特定决策单元的数据值从原有矩阵移除的原理规避 DEA 模型的缺陷。例如，假设计算第 i 个决策单元的超效率值，则对应把其数值从原始矩阵 $N \times IX$ 及矩阵 $M \times IY$ 中移除，则改进后的投入矩阵与产出矩阵则对应变为 $N \times (I-1)$ 与 $M \times (I-1)$ 矩阵，改进后的超效率值分析时，其效率前沿面不在原始前沿面上，效率值大于 1。

$$\begin{cases} \min\theta \\ \sum \lambda_j Y_j + S^- = \theta X_0 \\ \text{s. t. } \sum \lambda_j Y_j - S^+ = Y_0 \\ \lambda \geqslant 0 (j = 1, 2 \cdots, n) \\ S^- \geqslant 0, S^+ \geqslant 0 \end{cases} \tag{7-1}$$

$$\begin{cases} \min\theta \\ \sum_{j=1}^{n} X_j \lambda_j \leqslant \theta X_k \quad (j \neq k) \\ \text{s. t. } \sum_{j=1}^{n} Y_j \lambda_j \geqslant Y_k \quad (j \neq k) \\ \lambda_j \geqslant 0 (j = 1, 2 \cdots, n) \\ S^- \geqslant 0, S^+ \geqslant 0 \end{cases} \tag{7-2}$$

式（7－1）为 DEA 模型的 CCR 分析对偶规划式，式（7－2）是超效率 DEA 模型的数学表达式，其中，θ 表示决策单元的效率值，S^+、S^- 表示投入要素的松弛变量，X_k 表示投入要素的集合，可表示为 X_{k1}，X_{k2}，…，X_{kn}；Y_k 表示产出要素集合，Y_{k1}，Y_{k2}，…，Y_{kn}可以由当 $\theta = 1$，且 $S^+ = S^- = 1$ 时，表示决策单元在产出水平上达到了效率最优；当 $\theta = 1$，且 $S^+ \neq S^- \neq 0$ 时，表示该决策单元处于弱有效；当 $0 \leqslant \theta < 1$，表示该决策单元处于非有效。

第二节 稻作大户规模生产效率的实证分析

为了从不同视角分析稻作大户规模生产效率变化特征，从总体上把握影响稻作大户规模生产效率的相关因素，厘清不同导向下稻作大户生产特点，以下从规模与目标的两个不同维度探讨主产区稻作大户粮食生产效率问题。

一、数据来源与变量选择

（一）数据来源

以下数据源自于课题组 2016 年 12 月至 2017 年 12 月对湖南省 3 市 9 县 14 镇 396 家水稻种植户的微观调研和利用“微信群”和“问卷星”系统对种粮大户进行的补充调查并经过信效度检验筛选的有效问卷，其他是通过电话访谈获取的数据。三种不同调研方式共计 516 份种粮大户有效问卷，样本分别如表 7－1 所示。

表 7－1 调研样本分布统计

湖南省	长沙市：宁乡县回龙铺镇、老粮仓镇，长沙县金井镇、青山铺、开慧镇、江背镇，浏阳市北盛镇、文家市、永安镇；望城区桥驿镇、茶亭镇。	132	第一批：2017 年 5 月至 2017 年 12 月
	株洲市：攸县皇图岭镇、网岭镇，茶陵县严塘镇	130	
	岳阳市：湘阴县鹤龙湖镇、东塘镇	62	
	汨罗市：屈原区河市镇、君山区钱粮湖镇	72	
	小计	396	
湖南省	常德市：（鼎城区）尧大坪镇	27	第二批：主要通过微信、问卷星移动终端技术、电话
	永州市：（零陵区）菱角塘镇	26	
	衡阳市：耒阳市 东湖圩乡	18	
	郴州市：桂阳县 太和镇	31	
	邵阳市：邵东县 黑田铺乡	18	
	小计	120	
合计		516	有效问卷

问卷调研对象主要为 30 亩以上的“稻作大户”，可细分为种植大户、家庭农场、合作社和农业企业四类，不包括休闲种植庄园型和大规模深加工企业。为便

于比较分析，调研对象中包括了少数30亩以下的“普通农户”。调研内容主要包括种粮大户个人及家庭基本情况、粮食生产成本投入与产出、农业基础设施与社会化服务等。样本选择采用多阶段分层随机抽样法，首先从省级层面选择资源禀赋差异的县市，并兼顾平原、浅丘等地形单元，最终选择洞庭湖平原岳阳市、常德市、长沙市望城区；湘中地区主要是长湘浏盆地的长沙、株洲、湘潭地区；湘南地区主要是郴州市桂阳县、永州市零陵区、衡阳市耒阳市。具体为每区县随机抽取1~2个镇，并从该乡镇农技站等归口管理部门随机抽取20~35户不同规模大户进行入户访谈。

（二）变量选取

调研样本中包含516个种粮大户，根据DMU经验法，适合以下进行效率分析的决策单元为516个，而DEA模型中投入变量为6个，产出变量为2个（投入及产出指标见表7-2），决策单元数量远大于投入与产出指标个数之和的2倍，因此，决策单元与评价单元的数量是有效的，适合DEA模型运行。

表7-2　种粮大户投入产出指标及其描述性统计分析

变量名称（元）		变量说明	平均值	标准差	最小值	最大值
产出指标	亩收入 y_1	每亩年产售价之和	2226.1	443.7	805	3105
	亩产量 y_2	每亩年产斤数	1739.9	331.3	700	2300
投入指标	稻种费 $x1$	每亩年用种投入（自留、购买）	112.6	45.6	45	230
	肥料费 $x2$	每亩年用化肥投入	412.8	89.8	260	700
	农药费 $x3$	每亩年用农药（杀虫、除草）	309	89.6	120	500
	机械费 $x4$	自有和雇用机械投入（机种机收、打地、运输、烘干等）	392.2	150.4	160	906
	租金 $x5$	每亩年租金	399.6	96.9	200	600
	劳动成本 $x6$	每亩年劳动力成本投入	224.8	140.3	20	667

由于DEA模型是在投入产出框架下对同类决策单元的相对效率进行分析的，因此对于投入、产出指标的选择较为重要。基于此，以下关于“生产成本投入”界定为种粮大户在粮食生产过程中投入的种子费（$x1$）、化肥（$x2$）、农药（$x3$）、机械成本投入（$x4$）、农地租金（$x5$）以及劳动力价格投入（$x6$）等费用。种粮大户的经营规模主要从外部经济层面进行表述，多是从种植耕地的规模面积，包括其自有耕地面积、租赁流转、互换或代耕等多途径取得的农地，耕地经营面积计量单位以亩数来衡量。所有费用均以2016年价格进行换算，受访大户的粮食销售价格也是其当年早晚稻销售的平均价格，劳动力投入指标主要有其

雇工成本总计和家庭劳动力的投工折价等。

以下计量分析中选择以农户亩均粮食销售收入（$y1$）和亩均粮食产出（$y2$）为产出变量；种粮大户作为无可争议的理性经纪人，经营目标定义为追求种粮收入的最大化或种粮成本的最小化。在产出指标中，“亩年销售收入”为农户每亩地一年的双季稻销售收入。为精确分析不同农户的规模效率，关于水稻售价并没有采取简单的“国家最低收购价”作为农户的售价，而是在调研数据的采集中直接问询农户早晚稻真实的售价；关于投入成本的数据采集的精准、真实需要，包括对农户水稻种子进行了自留种、常规稻种、优质杂交稻种等分类处理；对农药、肥料费用进行了双季区分和亩均折算；统计机械费用区分了自有农机、购买农机服务和合作社服务等不同类型；劳动力成本包括对年总雇工费和家庭自营劳动力折价两部分。表7－2统计数据显示，样本农户关于亩均粮食产量（销售收入）、机械费用、劳动力成本等标准差最大。从统计学意义上分析，标准差最大说明该指标的变动幅度大。

二、样本的描述性分析

对样本农户的主要特征进行描述性分析，有助于更加客观、全面了解和把握样本区域稻作大户的生产特征、行为特征。基于此，以下从户主个人及其家庭特征、政策知晓表征与生产方式特征等进行相关分析。

关于样本农户户主的个人及其家庭特征。样本户主个人特征主要包括年龄、文化水平、有无外出务工经历、是否为村干部、对政策了解程度等，上述特征也从整体上反映着农户人力资本水平。

由表7－3可知，样本区水稻规模农户老龄化程度明显，46岁以上经营户主占比高达74.6%，其中56岁以上稻作农户达到38.7%，而35岁及以下占比仅为6.0%。规模“农户经营面积”在30～300亩占比55%，基本徘徊在“区域户均承包面积10～15倍”的适度规模水平；规模经营的“主体类型”以种粮大户和家庭农场为主，由于合作社大多是由其他经营主体为了降低生产与交易成本而进行产前、产中、产后合作的非独立嵌套体，并非完全意义上的经营实体，因此，没有单独增列统计。在“家庭劳动力”中“1～2人”占比为63.8%，表明劳动力多以夫妻或家庭成员为主；规模农户“务工经历”与经营行为没有明显关联，63.2%的农户均经历过时间长短不同的外出务工背景；规模农户在“文化水平”方面以小学和初中文化水平占比78.4%为主，高中以上文化水平占比仅为14.3%，另外，还有7.3%的文盲，由此可见种粮大户的人力资本水平有待进一步提升。

表 7-3　样本农户个人及其家庭基本特征

项目	区间	数量	比例（%）	项目	区间	数量	比例（%）
年龄	35 岁以内	31	6.0	经营面积	30 亩以下	72	14.0
	36～45 岁	100	19.4		30～150 亩	156	30.1
	46～55 岁	185	35.9		150～300 亩	128	24.9
	56～65 岁	180	34.8		300～500 亩	96	18.6
	66 岁以上	20	3.9		500 亩以上	64	12.4
主体类型①	种粮大户	282	54.7	家庭劳动力	1～2 人	329	63.8
	家庭农场	204	39.5		3～4 人	152	29.5
	涉农涉企	30	5.8		≥5 人	35	6.7
务工经历	0 年	190	36.8	文化水平	文盲	38	7.3
	1～5 年	84	16.3		小学	166	32.1
	6～10 年	82	15.9		初中	239	46.3
	11～15 年	111	21.5		高中/中专	55	10.7
	15 年以上	49	9.5		大专及以上	18	3.6

（一）关于农户粮食政策知晓程度的现实表征

调查内容按照“粮食政策”概念的外延包括补贴政策、保险政策、最低收购价政策、土地政策等设计，衡量程度采用李克特五级量表，其中，约有 5% 的农户表示“非常知晓”、13% 的农户表示“比较知晓”、24% 的农户表示“一般知晓”、24% 的农户表示“略微知晓”、9% 的农户表示“一点不知晓”。由此可见，样本区规模农户对农业政策的了解处于低水平程度，推进主产区粮食规模经营需要大力加强国家粮食安全支持保护政策的宣传。此外，样本占比 10.67% 的稻作农户具有担任村干部的经历，表明村干部因具较高人力资本、社会资本、信息资本的优势，推进粮食适度规模经营具有重要的引领和示范作用。

（二）关于稻作农户的生产行为特征

稻作农户的生产行为包括是否加入合作社“是否兼业、有无农机仓库”“是否负债”“水稻种植方式”“干燥方式”等。其中，仅有 30.2% 的稻作农户加入或领办合作社，表明样本区粮食生产的组织化程度和区域性特征的社会化服务水平偏低。兼业稻作农户占比高达 54.7%，表明当前稻作农户仍然以家庭收入最大化为目标进行要素配置，主要以“农内兼业”居多，主要包括家庭养殖、庭院经济等。样本统计数据显示，70.7% 的农户存在不同程度的负债现象，例如，以

① 这里仅就稻作农户的比例情况，种植规模在 30 亩以下的普通农户总体占比为 13.9%。

农药化肥等生产资料的赊购、以亲友与金融机构经常性借贷等最为显著。从理论上分析，是否具有农机具库是衡量稻作农户粮食生产固定资产投入和规模生产扩张的重要特征指标，样本数据统计表明，其中，57.7%的农户没有专用的农机具库房，表明样本区粮食规模扩张的潜力不强，主产区农户粮食规模生产长效投入的激励不足（见表7-4）。

表7-4　稻作大户生产行为特征的描述性分析

项目	内容	数量	比例（%）	项目	内容	数量	比例（%）
是否入合作社	是	156	30.20	是否兼业	是	282	54.70
	否	360	69.80		否	234	45.30
有无	有	218	42.30	负债是否	否	151	29.30
	无	296	57.70		是	365	70.70
水稻种植	人工插秧	11	2.20	水稻干燥方式	自然晾晒	174	33.80
	抛秧	39	7.60		机械烘干	211	40.90
	种子直播	69	13.30		自然晾晒为主	55	10.70
	机插秧	80	15.60		主要机烘干	57	11.10
	人工为主，兼用机插	183	35.60		直接售卖湿谷	18	3.60
	主要机插秧	133	25.80				

此外，水稻种植与干燥方式也是考虑样本区现代生产技术的重要指标。从理性的经济人分析，粮食大户总是以家庭要素配置效益最大化为目标进行种植方式的选择，而并非仅仅选择单一的种植方式，样本数据显示，以人工与机械不同比例配置的插秧方式较为常见（占比高达35.6%），以机插和混合机插的占比仅为41.4%，表明样本区水稻规模生产中的机插普及率不高，长期生产效率改善空间很大。调研访谈发现，机插当期成本高，机插后期田间管理成本大是最重要的原因，说明包括播种、施肥、喷药、烘干等现代区域性社会化服务平台与体系的建设是主产区推进粮食规模生产与效率提升战略的重要途径。

三、不同规模下稻作大户粮食生产效率的计量分析

以下基于DEAP2.1软件，使用多阶段方法计算松弛变量，将样本数据516个单元的稻作大户差异化生产效率进行比较。研究不同粮食生产规模农户的规模效率，厘清不同地区及其不同资源禀赋条件下粮食适度规模区间，有利于农户规模生产的长期决策。考虑分类的现实性和共识性，以下采用农户的典型特征进行分类和比较。

首先，基于聚类分析的样本农户规模区间进行比较。聚类分析法即层次聚类分析的方法，将每个农户个体作为一个独立的生产决策单元，按照生产规模和生产效益逐步划归聚类。通过 SPSS19.0 版本中 Analyze – Classify – Hierarchical Cluster 模块，进行样本数据的聚类分析，如表 7 –5 所示。

表 7 –5　粮食生产不同规模农户的聚类分析　　单位：亩

编号	规模区间	编号	规模区间	编号	规模区间
1	0 ~ 27（≤27）	7	152 ~ 169（≤169）	13	331 ~ 374（≤374）
2	27 ~ 54（≤54）	8	169 ~ 194（≤194）	14	374 ~ 429（≤429）
3	54 ~ 83（≤83）	9	194 ~ 221（≤221）	15	429 ~ 557（≤557）
4	83 ~ 117（≤117）	10	221 ~ 256（≤256）	16	557 ~ 869（≤869）
5	117 ~ 138（≤138）	11	256 ~ 289（≤289）	17	869 ~ 1035（≤1035）
6	138 ~ 152（≤152）	12	289 ~ 331（≤331）	18	1035 ~ 2026（≤2026）

其次，基于聚类分析的样本农户效率进行测算。由于聚类分析能够避免人为划定而引致的效率"隐匿性损失"或"人为误差性抬高"的概率。以下按照聚类分析进行测试而获得的不同规模区间效率结果，如表 7 –6 所示。

表 7 –6　基于聚类分析的农户规模生产效率表征

规模区域（亩）	综合效率（crste）	纯技术效率（vrste）	规模效率（scale）	规模效率（RTS）	超效率排序
0 ~ 27（≤27）	0.623	0.865	0.720	irs	18
27 ~ 54（≤54）	0.792	0.898	0.882	irs	14
54 ~ 83（≤83）	0.934	0.956	0.977	irs	9
83 ~ 117（≤117）	0.997	1.000	0.997	—	2
117 ~ 138（≤138）	1.000	1.000	1.000	—	1
138 ~ 152（≤152）	0.963	0.988	0.975	irs	5
152 ~ 169（≤169）	0.956	0.974	0.982	irs	7
169 ~ 194（≤194）	0.945	0.966	0.978	irs	8
194 ~ 221（≤221）	1.000	1.000	1.000	—	3
221 ~ 256（≤256）	0.977	0.991	0.986	irs	4
256 ~ 289（≤289）	0.962	0.962	1.000	—	6
289 ~ 331（≤331）	0.918	0.969	0.947	drs	10

续表

规模区域（亩）	综合效率（crste）	纯技术效率（vrste）	规模效率（scale）	规模效率（RTS）	超效率排序
331～374（≤374）	0.870	0.897	0.970	irs	11
374～429（≤429）	0.853	0.891	0.958	drs	12
429～557（≤557）	0.795	0.879	0.884	drs	13
557～869（≤869）	0.770	0.862	0.893	drs	15
869～1035（≤1035）	0.643	0.776	0.828	drs	16
1035～2026（≤2026）	0.625	0.798	0.783	drs	17

从表7－6分析，粮食生产规模在“117～138亩”区间，其生产效率值达最优，处于次优水平区间的是“83～117亩”和“194～221亩”。进一步通过超效率分析模型检验，以上区间基本均达到综合效率、纯技术效率、规模效率等最佳状态，说明以上三区间处于既有规模和技术水平下的“比较适度规模区间”，实现了适度规模区间的生产效率最优或次优。样本区粮食生产效率随生产规模的扩大呈现稳步上升趋势，尤其是其规模效率上升显著。从整体来看，样本区农户粮食生产规模与效率呈先上升再下降、再上升又再下降的演化趋势，称为“双升双降”的近似“M”型或“驼峰型”变化结构，如图7－2所示。

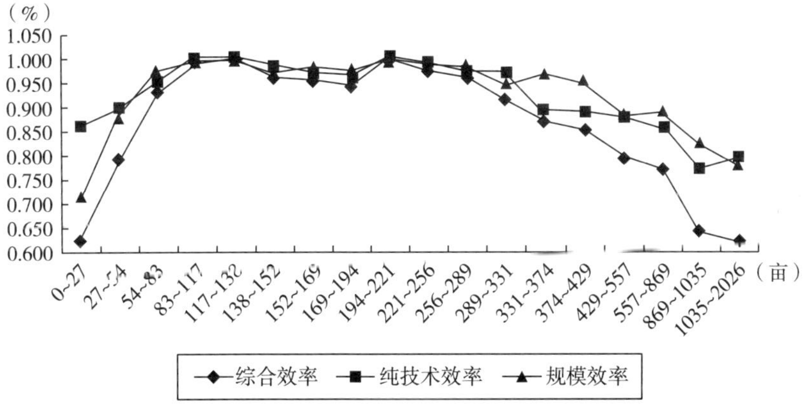

图7－2 稻作大户规模生产效率演变特征

最后，基于经验分类的样本农户效率进行测算。经验分类有利于农户直观比较与规模扩张的决策。以下按照经验分类进行不同区间的粮食生产效率测试，如表7－7所示。从表7－7分析，样本农户的平均效率是：全要素生产率为0.862，纯技术效率为0.919，规模效率为0.910。总体来看，样本区稻作大户规模效率相对较高，但纯技术效率与全要素生产率明显偏低，表明样本农户三大效率均具有较大的改善空间。由于全要素生产率内含着技术效率与规模效率，所以，较低的技术效率或规模效率均会制约着综合效率水平的提升。样本农户平均纯技术效率为0.833，表明样本农户规模生产效率处于低水平状态，说明粮食技术进步促进粮食生产效率提升的潜力很大。其中规模报酬递增样本农户约占53.7%，表明增加水稻种植面积能够实现规模效率递增效应，说明当期样本农户粮食生产要素尚未得到最合理的规模效应配置状态，需要通过规模再扩张而改变当期粮食生产规模不经济的表征状态。

表7-7　基于经验分类的农户粮食生产效率表征

组别	规模区间（亩）	样本数量（户）	样本平均规模（亩）	全要素生产率	纯技术效率	规模效率
1	0~50	100（19.38%）	25.4	0.719	0.883	0.815
2	50~100	183（35.46%）	77.6	0.903	0.929	0.947
3	100~150	51（9.88%）	121.8	0.968	0.981	0.987
4	150~200	47（9.12%）	180.3	0.921	0.934	0.949
5	200~300	73（14.15%）	234.4	0.943	0.975	0.962
6	300~500	46（8.91%）	362.5	0.892	0.917	0.875
7	500以上	16（3.10%）	976.0	0.687	0.819	0.839

进一步分析表7-7的数据表征，测试中的三大效率，其样本农户粮食生产的技术效率表现优于全要素生产率和规模效率值表现，且三大效率系数随着生产规模的扩大呈现阶段性先上升后下降的倒“U”型态势，如图7-3所示。说明随着粮食生产规模扩大，粮食生产单位固定投资成本下降；随着机械替代人工的现代装备投入，可变成本也会具有进一步下降的趋势或可能，例如，使用机械替代昂贵人工，提高了农药、肥料等田间管理的社会化服务集约化水平，从而降低社会生产总成本。随着粮食生产规模扩大，粮食生产交易成本也会不断递减。

实地调查发现，由于水稻规模生产正处于机械化、智能化等现代化发展演化进程，规模农户在播种、农药喷施、肥料喷施等生产环节阶段，仍然选择人工与机器混合的多元化方式，说明理性农户具有合理配置劳动力与资本的行为能力，表明现阶段我国主产区粮食生产社会化服务水平仍然偏低，因此，推进粮食主产区特色性社会化服务体系建设是促进主产区粮食生产规模与效率同步提升的重要途径。

从图7-3可知，样本农户水稻生产规模与效率存在一定的线性关系。总体分析，其效率随着生产规模的演变大致呈双升双降的“驼峰型”或“M 型”特征。粮食生产的“三大效率”在“100～150 亩”区间达到第一个效率峰值，表现为综合效率、纯技术效率、规模效率的显著上升。随着规模的继续扩大，其效率值在“150～200 亩”区间虽有下降的表现，但又在“200～300 亩”区间达到第二个效率峰值，此阶段相较于“初峰”效率值略有下降。随着规模的进一步扩大，在 300～500 亩区间粮食规模生产效率呈现持续下降趋势，尤其是 500 亩以上表现最为显著。表明，粮食生产规模扩大绝不是一蹴而就的简单行为，需要同步协同的技术进步、人力资本改善、社会化服务水平提高等系统工程的努力。综合以上分析，样本农户水稻规模生产效率演变存在两个显著的“效率拐点”，即表现为“100～150 亩”与“200～300 亩”两个适度规模生产区间，既有条件下粮食生产“100～150 亩”区间的规模生产效率达到最优，实现了粮食生产的规模、技术、劳动力等资源配置的最优匹配。从微观数据的实证分析说明，粮食生产规模与效率并不是简单的反向“IR 关系”，也不是简单的正向“IR 关系”，而是不同的规模呈现不同的特征关系。

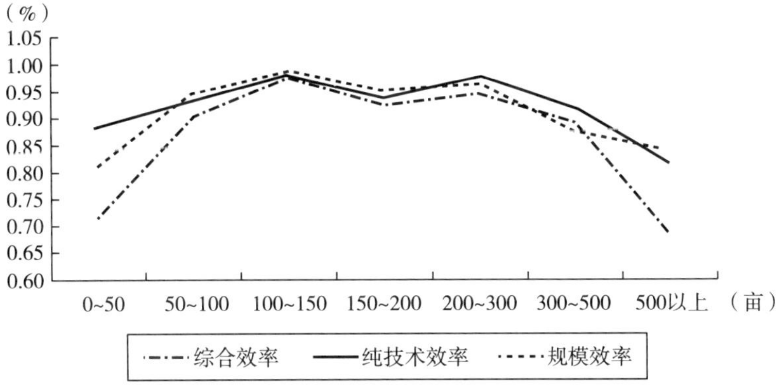

图 7－3　不同规模区间效率演变特征

四、不同目标下稻作大户规模生产效率的计量分析

（一）最优收入目标下稻作大户规模生产效率的计量分析

所谓最优收入目标即农户以获取最大化货币收入为生产行为的预期目标。首先，从最优收入目标下的综合效率、技术效率和规模效率等进行样本数据的计量分析。以农户生产规模 30 亩及以上定义为稻作大户，因此，从总有效调研数据 516 个中剔除 72 个 30 亩规模以下的农户数据，统计稻作大户有效数据 444 个，按照一个生产规模组分作一个单独的决策单元。其次，根据不同决策单元的生产

要素投入数据及农户货币经济利润数据，分别选用规模报酬不变的C2R模型和规模报酬可变的BC2模型，利用DEA－SOLVER－Pro5.0软件予以计算，最终获得微观农户最优货币收入目标的技术效率、综合效率及规模效率，并同时判定规模程度不一农户所处的规模效率阶段。其计量结果如表7－8所示。

表7－8　以样本农户货币收入为目标的DEA模型测算结果

样本户规模	综合效率	技术效率	规模效率	阶段特征
30＜面积≤40	0.678	0.712	0.952	规模效率递增
40＜面积≤50	0.854	0.903	0.946	规模效率递增
50＜面积≤60	1.000	1.000	1.000	规模效率不变
60＜面积≤70	0.610	0.612	0.996	规模效率递减
70＜面积≤80	0.632	0.638	0.991	规模效率递减
80＜面积≤90	0.604	0.613	0.986	规模效率递减
90＜面积≤100	0.630	0.638	0.988	规模效率递减
100＜面积≤200	0.533	0.916	0.582	规模效率递减
200＜面积≤300	0.508	1.000	0.508	规模效率递减
300＜面积≤500	0.459	1.000	0.459	规模效率递减
500＜面积≤1000	0.372	1.000	0.372	规模效率递减
面积＞1000	0.369	1.000	0.369	规模效率递减

规模报酬不变的C2R模型计算的不同决策单元综合效率值为1，表明其样本规模区间农户的既定收入目标下粮食生产要素得以充分利用，农户粮食生产的规模效率及技术效率也同步实现最优。但是，如果决策单元综合效率值不为1，说明其样本规模区间农户的既定收入目标下粮食生产要素没有得以充分利用。如表7－8所示，样本农户生产规模区间在50～60亩的粮食生产综合效率达成了最优目标，说明此样本区间农户以经济效益最大化为目标，通过土地流转实现粮食生产规模扩大并进行生产要素的合理配置，最终达成生产效率的最大化和生产成本的最小化。样本生产规模在30～50亩或大于60亩的农户粮食生产综合效率处于需要改善状态阶段，需要通过稻作大户内外在经济条件的优化，才能达成决策单元综合效率最优目标。规模报酬可变BC2模型计算的不同决策单元的技术效率值为1，说明粮食生产投入要素得以充分利用，要素组合达成最佳，预期收入也达成最优。另外，其样本区间具有5个决策单元的技术效率值为1，说明既定技术条件下样本区间5个决策单元农户实现了规模生产的最优，表明这些区间样本农户高度重视先进技术的采纳与应用，并按照技术要求配套与之相适应的先进

技术装备，不断改善粮食生产技术效率。尽管样本区间 200 < 面积≤300、300 < 面积≤500、500 < 面积≤1000 及其样本区间为粮食生产面积 > 1000 四个区间的技术效率达到了最优，但这四个区间样本农户的综合效率偏低，这是由于样本四区间农户粮食生产的规模效率偏低而所引致的对称性特征，因为决策元区间的综合效率取决于该决策元区间技术效率与规模效率的乘积。因此，在粮食生产自然资源禀赋条件下，通过粮食生产技术的创新和推广，改善粮食生产禀赋资源与非禀赋资源的配置效率，可以实现粮食生产规模与效率的同步提升，达成粮食大户粮食生产的最优经济目标和主产区国家粮食安全的责任目标，最终实现稻作大户的规模生产效率目标。

（二）再进行最优收入下的超效率分析

首先，对 444 个样本数据按照区间分组进行超效率模型测算，其结果如表 7－9 所示。从表 7－9 所知，排序领先的超效率值为 1. 351，对应的最佳规模为 50～60 亩，意味着农户即使再增加 35. 1% 的各项要素投入，也能保持着效率的最优状态。其次，对比表 7－8 可知，的确样本区间农户粮食生产 50～60 亩的经营规模其生产的综合效率、技术效率和规模效率均达到了最优水平。最后，超效率模型分析表明，主产区粮食生产的最优规模可以通过最优效率达成途径而实现，意味着主产区粮食生产主体努力追求最优收入下超效率模型的效率目标就可以实现最优规模经营，达成主产区粮食生产规模与效率的动态均衡。

表 7－9　以样本农户货币收入为目标的超效率模型测算结果及其比较

样本户规模	规模报酬不变模型		超效率模型	
	效率值	排序	效率值	排序
30 < 面积≤40	0. 678	3	0. 678	3
40 < 面积≤50	0. 854	2	0. 854	2
50 < 面积≤60	1. 000	1	1. 351	1
60 < 面积≤70	0. 610	6	0. 610	8
70 < 面积≤80	0. 632	4	0. 632	4
80 < 面积≤90	0. 604	7	0. 604	7
90 < 面积≤100	0. 630	5	0. 630	5
100 < 面积≤200	0. 533	8	0. 533	8
200 < 面积≤300	0. 508	9	0. 508	9
300 < 面积≤500	0. 459	10	0. 459	10
500 < 面积≤1000	0. 372	11	0. 372	11
面积 > 1000	0. 369	12	0. 369	12

（三）最优产出目标下稻作大户规模生产效率的计量分析

所谓最优产出目标即粮食产出量的最大化，它既是粮食大户实现粮食生产的实物经济目标，也是政府粮食安全的预期目标。政府鼓励稻作大户规模扩张，稻作大户力求既定规模下提高粮食产出效率，政府与农户的行为实质上就是政府与市场的协同行为。因此，从最优产出目标下探讨粮食生产效率问题实际上就是分析粮食生产内在经济与外在经济的协同效应，其相关研究具有重要意义。首先，分析最优产出目标下稻作大户粮食生产的综合效率、技术效率和规模效率。其次，继续采用上述稻作大户调研数据，利用规模报酬不变 C2R 模型和规模报酬可变 BC2 模型，测算以粮食实物产量为目标的农户粮食生产效率，其结果如表 7－10 所示。

表 7－10　以粮食实物产量为目标的 DEA 模型测算结果

样本户规模	综合效率	技术效率	规模效率	阶段特征
30＜面积≤40	0.818	0.820	0.998	规模效率递增
40＜面积≤50	0.850	0.859	0.989	规模效率递增
50＜面积≤60	1.000	1.000	1.000	规模效率不变
60＜面积≤70	0.874	0.912	0.959	规模效率递减
70＜面积≤80	0.905	0.916	0.988	规模效率递减
80＜面积≤90	0.823	0.861	0.956	规模效率递减
90＜面积≤100	0.768	0.828	0.927	规模效率递减
100＜面积≤200	0.739	0.971	0.761	规模效率递减
200＜面积≤300	0.680	0.941	0.723	规模效率递减
300＜面积≤500	0.688	1.000	0.688	规模效率递减
500＜面积≤1000	0.712	1.000	0.712	规模效率递减
面积＞1000	1.000	1.000	1.000	规模效率不变

从表 7－10 可知，样本区间农户粮食生产规模在 50～60 亩与 1000 亩以上两个不同区间的综合效率实现了最优，说明该区间农户目标既定粮食实物产量最优，其粮食生产要素得以充分利用，生产要素组合达成了最佳，粮食生产技术效率与规模效率同步实现最优。其中，4 个决策单元的技术效率为 1，说明当前主产区粮食规模生产正在走向科技化、机械化、生物化，粮食规模生产处于重要发展阶段；2 个决策单元的规模效率为 1，表明这两个区间决策单元在既有技术水平下处于最优规模状态，其他 10 个决策单元在既有技术水平下处于规模调整阶段；2 个决策单元处于规模效率缓慢递增阶段，8 个决策单元处于规模效率递减

阶段，表明当前大量的稻作大户需要进行短期生产与长期生产要素配置的科学合理调整优化，才能达成预期目标。与最优货币收入目标下的效率测算结果相比，最优产出目标下粮食生产效率的最优规模区间增加1个，表明最优产出目标下的粮食生产比最优收入目标下的粮食生产更能实现效率的最优。说明粮食生产是一个关乎个人利益与社会利益的共同行为，由此佐证了国家粮食安全的确是一个关于政府行为与市场行为相协同的混合经济行为特性。

以下进一步分析最优产出目标下稻作大户的超效率值问题。同样以调研有效数据为测试对象，并分组进行超效率模型测算，其测算结果如表7－11所示。

表7－11　以粮食实物产量为目标的超效率模型测算结果及其比较

样本户规模	规模报酬不变模型		超效率模型	
	效率值	排序	效率值	排序
30＜面积≤40	0.818	6	0.818	6
40＜面积≤50	0.850	4	0.850	5
50＜面积≤60	1.000	1	1.287	2
60＜面积≤70	0.874	3	0.874	4
70＜面积≤80	0.905	2	0.905	3
80＜面积≤90	0.823	5	0.823	7
90＜面积≤100	0.768	7	0.768	8
100＜面积≤200	0.739	8	0.739	9
200＜面积≤300	0.680	11	0.680	12
300＜面积≤500	0.688	10	0.688	11
500＜面积≤1000	0.712	9	0.712	10
面积＞1000	1.000	1	36.749	1

从表7－11可知，以粮食实物产量为目标的稻作大户生产，样本区间中存在2个决策单元的综合效率值超1，分别为1.287和36.749，表明规模生产效率是最有效的，说明以粮食产量为目标的粮食生产农户在其规模扩张的过程中总是会达到生产要素配置的最优水平状态，即使是规模扩张的初期，或者是规模扩张的后期。表明主产区粮食生产农户规模生产行为决策过程只要目标是两个责任（国家粮食安全责任和市场风险责任），不断从主产区粮食生产的内在经济与外在经济两个维度进行调整与优化，一定会实现市场主体与社会整体的协同目标，达成主产区粮食规模生产效率的最优化水平。

第三节　玉米大户规模生产效率的实证分析

为进一步揭示微观视角下粮食规模生产效率实现的规律，以下立足于吉林省典型玉米生产大县——梨树县的微观调研数据，给出粮食生产规模与效率关系的中国典型区域特征，进一步回答粮食生产规模与效率是否存在最佳的匹配以及要实现或进一步提升规模与效率的最佳匹配程度途径是什么。

一、调查方案与样本选择

本章以下数据源自于2018年课题组实地调查中的农户问卷调查，采取分层抽样，分别抽取梨树县孟家岭镇、万发镇、小宽镇、郭家店镇、榆树台镇、十家堡镇、胜利乡等366户玉米生产主体为调查实施对象，其中，有效调查问卷360份，其有效样本分布如表7－12所示。

表7－12　梨树县玉米生产调查样本户分布统计

样本乡镇	调查村	调查户数	样本乡镇	调查村	调查户数
郭家店镇	化石山村	18	胜利乡	关家屯村	21
	孙家屯村	18		顺城堡村	24
	柴火沟村	16		十家子村	21
榆树台镇	闫家村	21	孟家岭镇	孟家岭村村	15
	新江村	24		马家油坊村	18
	双龙村	24		苏家村	19
十家堡镇	上三台村	15	万发镇	幸福村	18
	龙王庙村	21		朱家村	22
	靠山屯村	27		闫家堡子村	18

二、数据统计与样本特征

（一）关于玉米生产样本户生产规模统计特征

基于360份有效问卷统计，截至2017年末，样本农户人均生产规模为7.88亩，劳动力平均耕地规模为12.17亩，户均生产规模为38.1亩。其中，样本户生产规模低于40亩的占比56.7%；40～100亩的占比36.7%；100亩以上的占比8%，如表7－13所示。从样本户生产规模的统计特征分析，梨树县农户生产规模处于偏小状态，推进玉米生产规模经营空间很大。

表 7 – 13 样本户生产规模统计特征

规模（亩）	户数	比例（%）
1 ~ 10	15	4.2
11 ~ 20	75	20.8
21 ~ 30	81	22.5
31 ~ 40	33	9.2
41 ~ 50	27	7.5
51 ~ 60	21	5.8
61 ~ 70	15	4.2
71 ~ 80	24	6.7
81 ~ 90	27	7.5
91 ~ 100	18	5
100 以上	24	6.7

（二）关于样本户主年龄的统计特征

调查农户家庭结构基本由 2 ~ 6 名家庭成员组成，户均人数约为 4 人。从 360 份有效问卷来看，样本户主年龄最小为 25 岁，最大为 73 岁，样本户主平均年龄为 47 岁，其中，40 ~ 60 岁占比为 62.5%。调查发现，大多数样本家庭的青壮年劳动力基本外出务工，或升学离家，村中多数以留守儿童与中老年人为社会成员主体，农村社会空巢化与农村人口老龄化特征明显。样本户主年龄统计特征如表 7 – 14 所示。

表 7 – 14 样本户主年龄统计特征

户主年龄（岁）	人数	占比（%）
20 ~ 29	24	6.7
30 ~ 39	60	16.7
40 ~ 49	120	33.3
50 ~ 59	105	29.2
60 以上	51	14.1

（三）关于样本户主文化统计特征

样本户主文化程度主要集中在初中和小学阶段，占比为 85%，高中文化水平占比为15%，高等教育水平占比为零。说明我国现阶段粮食生产的人力资本总体水平偏低，粮食生产现代技术的采纳与现代装备实施的使用面临着人力资本承载水平的制约。

（四）关于生产的显性成本与收益统计特征

梨树县玉米生产的显性成本是指农户直接支出的总成本，包括外包生产与管理成本、肥料与农药成本、种子费等。其中，肥料成本占比大，亩均为250元左右；亩均外包生产与管理成本为100元左右；亩均种子费用70元左右；亩均农药成本40元左右。亩均产量一般达1250公斤左右，亩均收入一般为900元左右。

三、玉米大户粮食规模生产效率的计量分析

根据数据包络分析方法指标体系的构建原则以及玉米生产的基本特性，选择资金、土地和劳动力等投入指标，选择玉米销售收入作为产出指标。根据生产理论可知，传统生产最基本的三要素是资金投入、土地投入、劳动力投入。其中，资金投入包括种子费、化肥费、农药费和生产外包的生产费与收割费等；劳动力投入以正常劳动力劳动日数作统计指标；土地投入以生产面积包括流转地面积和自营地面积等。农户玉米生产规模效率测算指标体系，如表7-15所示。

表7-15　样本玉米生产户规模生产效率评价指标体系

指标体系	指标选取	单位	指标释义
投入指标	劳动力投入	日	包括自用工量和雇用工量
	土地投入	亩	玉米生产面积
	资金投入	元	包括种子费、化肥费、农药费生产费、机械生产费等
产出指标	产值	元	玉米的销售收入

根据以上指标体系对样本数据进行整理，并利用SPSS软件对360个有效样本进行描述性分析，统计结果如表7-16所示。

表7-16　玉米生产投入产出指标的描述性统计

指标名称	样本数	单位	极大值	极小值	均值	标准差
劳动力投入	120	日	73	12	38.8	10.4
土地投入	120	亩	140	9	38.1	33.5
资金投入	120	元	67540	1830	18974.3	17116.5
产值	120	元	131500	6780	46466.7	35105.4

考虑农户生产的差异性和不确定性因素的影响，有可能造成测算结果的偏差。因此，以下依据不同生产规模，以10亩为区间进行样本农户分组，包括100亩以上的农户共计11组，并分别计算每组样本区间农户的土地投入、劳动力投入、物资投入以及销售收益的平均值，计算结果如表7－17所示。由表7－17可知，农户生产规模越少，传统作业方式越凸显，人工投入需求越大，机械化水平越低，平均生产成本偏高，平均生产收益偏低；相反，农户生产规模越大，现代作业方式越凸显，现代化投入需求越大，机械化水平越高，平均生产成本递减，平均生产收益递增。

表7－17　玉米生产区间规模平均投入产出统计

规模区间（亩）	区间规模（亩）	区间劳动力投入	区间物资投入（元）	区间平均收益（元）
1～10	10	16	3218	7190
11～20	16	27	5230	11649
21～30	25	34	12565	23078
31～40	34	38	15470	30800
41～50	46	39	22205	42493
51～60	55	39	28070	50510
61～70	67	42	30463	63070
71～80	72	44	35310	68775
81～90	85	47	39550	83100
91～100	94	48	42885	93200
100以上	124	54	54538	118630

以下利用DEAP2.1软件中的BCC模型再进行样本数据的导向分析，以测算投入导向下玉米生产的技术效率、纯技术效率和规模效率，以及规模报酬性质的判断。测算结果如表7－18所示。从表7－18分析，第1组、第10组、第11组等规模效率的测算值均为1，表明玉米生产的规模效率达成最优。而第1组、第2组、第3组、第10组和第11组等的“纯技术效率”测算值均为1，表明玉米生产的纯技术效率达成最优。从总体来看，包括综合效率、纯技术效率和规模效率等的最优值均分布在组别的前段和后段，呈现先递减再递增的“U”型变化特征。规模效率的变化特征同样表现为先降低，后持续升高的趋势，直至第10组达成规模效率的最佳状态。

表 7－18 投入导向下玉米规模生产效率的特征分析

组别	综合效率（%）	纯技术效率（%）	总体规模效率（%）	规模效率
1	1.000	1.000	1.000	—
2	0.998	1.000	0.998	drs
3	0.931	1.000	0.931	irs
4	0.916	0.966	0.948	irs
5	0.932	0.959	0.971	irs
6	0.926	0.947	0.978	irs
7	0.952	0.963	0.99	irs
8	0.963	0.972	0.991	irs
9	0.986	0.989	0.997	irs
10	1.000	1.000	1.000	—
11	1.000	1.000	1.000	—
mean	0.964	0.981	0.982	

再从产出导向分析样本农户玉米规模生产效率的特征，其测算结果如表 7－19 所示。由表 7－19 可知，投入导向下玉米生产规模效率特征与产出导向下的相关特征有趋同之处，总体效率特征同样表现为随着玉米生产规模扩张呈递减，再逐步递增，最后达成规模报酬的最优。其中，第一组的三个技术指标值均为 1，达成了所谓的最优，这是由于偏小规模的生产，省去显性支出的要素投入，例如，选择自有资源的农家肥等；同时由于小规模生产的人力资本要求不高，便于经营管理，自有人力和物力可以满足或部分满足生产需要，交易成本大大降低，从而有效提升生产效率。但是，随着生产规模扩大，人力资本和肥料等生产要素无法完全实现自给自足，需要通过市场交易实现，增加了玉米生产的显性成本，而且可能导致市场交易的生产要素投入冗余或产出不足的现象。这些现象的出现，引致农户进行必要的生产要素配置调整和人力资本的改造，为进一步扩大规模奠定技术与经验，因此，随着规模的继续扩大，农户的生产效率将逐渐从递减趋势转化为递增趋势，表现在样本区间规模 90～100 亩时达到峰值。样本农户玉米生产的经验特征又一次验证了经济学理论上的规模报酬规律。

表 7－19 产出导向下玉米规模生产效率的特征分析

组别	综合技术效率（%）	纯技术效率（%）	总体规模效率（%）	规模报酬
1	1.000	1.000	1.000	—
2	0.998	1.000	0.998	drs

续表

组别	综合技术效率（%）	纯技术效率（%）	总体规模效率（%）	规模报酬
3	0.931	1.000	0.931	irs
4	0.916	0.963	0.951	irs
5	0.932	0.957	0.974	irs
6	0.926	0.944	0.981	irs
7	0.952	0.961	0.991	irs
8	0.963	0.971	0.992	irs
9	0.986	0.989	0.997	irs
10	1.000	1.000	1.000	—
11	1.000	1.000	1.000	—
mean	0.964	0.980	0.983	

四、玉米大户粮食规模生产效率的比较分析

按照现阶段梨树县土地流转市场价格为150元/亩与雇工价格为130元/日等进行包含劳动力成本、土地成本和物资成本等的货币支出计算，第10组玉米生产农户的总成本为63225元、总收益为93200元，以此为基础进行投入导向模型测算结果的投影比较分析，如表7-20所示。由表7-20可知，显然，影响玉米生产农户规模效率的原因主要来自生产要素配置的不合理性。其中，无效率的资金投入最为显著，测算组中松弛度非零的第5组、第6组、第8组、第9组都存在资金投入冗余现象，说明这四组由于购买生产资料的支出合理性不够，出现要素配置无效状态，引致规模效率难以达成最优水平。第7组和第9组出现劳动力投入冗余现象，说明60亩以上的玉米规模生产的劳动力边际效益偏低，意味着达成一定生产规模后必须考虑机械代替人工的作业方式，以提高玉米生产的规模效率。第2组、第3组松弛度为0，总效率值不为1，表明农户可以通过继续扩大生产规模、改善生产技术等促进粮食产业规模效率最适合趋势发展。

表7-20 投入导向模型测算结果的投影分析

组别	决策单元	投入产出变量	初始镜像值（元）	投射量	松弛量	投影目标值（元）
第一组	1~10亩	生产收益	7190	0	0	7190
		土地投入	10	0	0	10
		劳动力投入	16	0	0	16
		资金投入	3218	0	0	3218

续表

组别	决策单元	投入产出变量	初始镜像值（元）	投射量	松弛量	投影目标值（元）
第二组	11～20 亩	生产收益	11649	0	0	11649
		土地投入	16	0	0	16
		劳动力投入	27	0	0	27
		资金投入	5230	0	0	5230
第三组	21～30 亩	生产收益	23078	0	0	23078
		土地投入	25	0	0	25
		劳动力投入	34	0	0	34
		资金投入	12565	0	0	12565
第四组	31～40 亩	生产收益	30800	0	0	30800
		土地投入	34	－1.156	0	33
		劳动力投入	38	－1.292	－6.912	30
		资金投入	15470	－525.969	0	14944
第五组	41～50 亩	生产收益	42493	0	0	42493
		土地投入	46	－1.876	0	44
		劳动力投入	39	－1.59	0	37
		资金投入	22205	－905.439	－417.662	20882
第六组	51～60 亩	生产收益	50510	0	0	50510
		土地投入	55	－2.899	0	52
		劳动力投入	39	－2.055	0	37
		资金投入	28070	－1479.388	－2587.362	24003
第七组	61～70 亩	生产收益	63070	0	0	63070
		土地投入	67	－2.511	0	64
		劳动力投入	42	－1.574	－1.648	39
		资金投入	30463	－1141.607	0	29321
第八组	71～80 亩	生产收益	68775	0	0	68775
		土地投入	72	－2.019	0	70
		劳动力投入	44	－1.234	0	43
		资金投入	35310	－990.108	－2055.688	32264
第九组	81～90 亩	生产收益	83100	0	0	83100
		土地投入	85	－0.938	0	84.062
		劳动力投入	47	－0.519	－0.498	46
		资金投入	39550	－436.629	－595.503	38518

续表

组别	决策单元	投入产出变量	初始镜像值（元）	投射量	松弛量	投影目标值（元）
第十组	90～100 亩	生产收益	93200	0	0	93200
		土地投入	94	0	0	94
		劳动力投入	48	0	0	48
		资金投入	42885	0	0	42885
第十一组	100 亩以上	生产收益	118630	0	0	118630
		土地投入	124	0	0	124
		劳动力投入	54	0	0	54
		资金投入	54538	0	0	54538

以下再进行产出导向模型测算结果的投影比较分析，如表 7－21 所示。在产出导向下与投入导向下模型评测结果的比对分析可以看出，两者松弛度为零的组具有基本一致的指标数值。不同导向模型的测试数据统计表明，玉米生产规模效率平均值分别为 0.982 和 0.983，并均呈现“U”型变化趋势。其中，8 组样本区间的规模效率数值虽高，但均未达到有效的 DEA 水平，说明样本处于此区间农户的生产要素没有实现最合理的配置。因此，主产区农户需要不断优化生产要素结构，提高生产要素配置效率，降低粮食生产经济成本，提高粮食生产效率。

表 7－21 产出导向模型测算结果的投影分析

组别	决策单元	投入产出变量	初始值镜像	投射量	松弛量	投影目标值
第一组	1～10 亩	生产收益	7190	0	0	7190
		土地投入	10	0	0	10
		劳动力投入	16	0	0	16
		资金投入	3218	0	0	3218
第二组	11～20 亩	生产收益	11649	0	0	11649
		土地投入	16	0	0	16
		劳动力投入	27	0	0	27
		资金投入	5230	0	0	5230
第三组	21～30 亩	生产收益	23078	0	0	23078
		土地投入	25	0	0	25
		劳动力投入	34	0	0	34
		资金投入	12565	0	0	12565

续表

组别	决策单元	投入产出变量	初始值镜像	投射量	松弛量	投影目标值
第四组	31～40 亩	生产收益	30800	1179	0	31979
		土地投入	34	0	0	34
		劳动力投入	38	0	-7.872	30.128
		资金投入	15470	0	0	15470
第五组	41～50 亩	生产收益	42493	1926	0	44419
		土地投入	46	0	0	46
		劳动力投入	39	0	-0.739	38
		资金投入	22205	0	-412.174	21793
第六组	51～60 亩	生产收益	50510	3009	0	53519
		土地投入	55	0	0	55
		劳动力投入	39	0	0	39
		资金投入	28070	0	-2522.660	25547
第七组	61～70 亩	生产收益	63070	2561	0	65631
		土地投入	67	0	0	67
		劳动力投入	42	0	-2.505	40
		资金投入	30463	0	0	30463
第八组	71～80 亩	生产收益	68775	2067	0	70842
		土地投入	72	0	0	72
		劳动力投入	44	0	-0.464	44
		资金投入	35310	0	-2092.246	33218
第九组	81～90 亩	生产收益	83100	954	0	84054
		土地投入	85	0	0	85
		劳动力投入	47	0	-0.826	46
		资金投入	39550	0	-619.783	38930
第十组	91～100 亩	生产收益	93200	0	0	93200
		土地投入	94	0	0	94
		劳动力投入	48	0	0	48
		资金投入	42885	0	0	42885
第十一组	100 亩以上	生产收益	118630	0	0	118630
		土地投入	124	0	0	124
		劳动力投入	54	0	0	54
		资金投入	54538	0	0	54538

第四节　主产区粮食生产效率变化的表征规律分析

本章利用DEA模型，采用调研数据，分别对中国两大代表性粮食作物水田粮食作物、水稻和旱地粮食作物、玉米进行规模生产效率的测算。研究结果表明，两种粮食作物均存在有效区间的规模生产效率效应。就水稻生产来说其综合效率、技术效率、规模效率均随着生产规模的扩大呈“双升双降”的“M型”特征，表明通过改善水稻生产的外在经济和内在经济，可以促进生产资源的最优配置，达成“适度规模”的预期目标。其中，“M型”曲线的第一个“适度规模”区间可能主要是规模扩大引致的内在经济效应表征，第二个“适度规模”区间可能是规模报酬变化引致的外在经济效应表征。就玉米生产来说，在投入与产出导向下的规模效率平均值基本一致，总体呈现“U”型变化趋势；从测试数值来看，虽然生产规模偏小的农户其规模效率值偏高，但均不能达到1。整体来说，规模偏小难以达成要素配置的最优化；只有规模达到一定水平时，才能实现真正意义上的粮食生产要素最优配置。因此，粮食主产区应从粮食生产规模扩张的内在经济与外在经济等维度加强工作。主要采取以下四个措施：

第一，进一步创新土地流转制度，促进土地规模集中。虽然我国土地流转制度改革越来越适应土地规模生产的需要，但在实际执行过程中存在诸如土地流转不规范、流转合约不稳定、流转成本偏高等问题，需要通过进一步创新加以解决。

第二，必须进一步加强现代机械装备，提高劳动生产效率。粮食生产的外在经济和内在经济协同条件下，现代机械设备设施投入和粮食生产规模效率成正向关系。大力推进农业生产机械化和智能化，促进农村剩余劳动力转移，降低单位面积生产成本，实现粮食生产规模经济效应。但是，当前主产区面临着粮食生产机械化水平不高、机械化作业体系不全、机械化推广困难、机械化设施设备共享效率偏低等问题，需要主产区通过更有效的区域社会化服务体系建设加以解决。

第三，必须进一步加大职业农民专业培训，培育新型经营主体。主产区粮食生产的人力资本改造是我国粮食产业实现现代化的关键要素，需要全社会努力，培养一大批“有文化、懂技术、善管理、会经营”的新型职业粮食生产者。

第四，必须进一步引进工商资本，促进多元共生发展。引导工商资本进入粮食生产领域，其目的是真正推动技术、资金和人才等先进生产要素进入传统农业，改善粮食规模生产效率。因此，主产区政府应以促进粮食规模生产为前提，大力优化粮食生产外在经济环境，充分发挥市场机制配置资源的作用，鼓励具有“三农”情怀的工商企业涉入现代粮食生产，真正实现工业反哺农业、工商资本引领现代农业发展的目标和效能。

第八章　宏观视角下粮食生产规模与效率同步提升的影响因素分析

粮食产业的弱质性，决定着世界各国粮食产业的发展对粮食支持宏观因素的依赖性。从发达国家粮食支持宏观因素的效果来看，宏观因素实际上承担着促进粮食生产技术进步和粮食生产资源配置优化的重要角色。基于此，有关粮食支持宏观因素与粮食全要素生产率间关系以及粮食生产宏观因素效应等主题成为学术界理论探讨和实证检验的热门话题。基于此，本章试图从推进粮食主产区粮食生产规模与效率同步提升的视角，探寻宏观因素对粮食规模生产效率的影响及其方式，以便为新时期粮食生产宏观环境的改善与粮食生产支持政策的不断优化提供参考。

第一节　研究思路

从理论上来说，粮食生产规模与效率的同步提升既需要粮食生产的内在经济条件，又需要粮食生产的外在经济条件。粮食生产的内在经济条件主要取决于粮食生产主体的供给特征与能力，粮食生产的外在经济条件主要取决于国家层面和区域层面的相关因素及其影响，即区域粮食生产的宏观因素的影响。影响区域粮食生产的宏观因素很多，例如，现代技术水平、市场化水平、城镇化水平、公共财政水平、经济增长水平、人力资本水平等因素，既有国家层面的，又有区域层面的，当然还有国家与区域共同层面的。总体来说，国家层面的影响因素主要体现在国家粮食生产支持政策的广度与深度方面。就广度来说，国家粮食生产支持政策，特别是粮食规模生产支持政策包括的技术研发政策、技术推广政策、技术装备政策、公益性社会化服务政策、新型职业农民培训政策、永久粮田政策、基础设施支持政策等；就深度来说，国家粮食生产支持政策，特别是粮食规模生产支持政策包括政策可及的力度、政策时间的长度、政策效应的宽度等；由此来说，国家粮食生产支持政策的广度与深度体现了国家经济发展水平、现代化程度、公共财政能力等影响粮食规模生产效率实现的诸多因素；就区域层面来说，影响粮食规模生产效率实现的因素也有很多，可以说是国家层面相关因素的区域表征，反映着主产区区域经济协同发展水平，即主产区工业反哺农业的能力与水平。基于此，本章从粮食生产支持政策对粮食规模生产效率的影响和区域经济协同发展对粮食规模生产效率的影响，两个维度展开宏观视角下粮食生产规模与效率同步提升的影响因素的实证分析。

第二节　粮食生产支持政策对粮食规模生产效率实现的影响

一、研究假设与方法说明

基于宏观视角考察粮食政策对粮食规模生产效率影响的需要，本章以假设我国三大粮食产区即粮食主产区、粮食主销区、粮食产销平衡区具有不同的生产规模效率，事实上，本书的第三章第二节关于“中国粮食生产效率演变的特征分析”中采用宏观数据，利用全要素生产率测试方法进行了相关分析，因而，从宏观视角研究粮食政策对粮食规模生产效率影响，就是分析中国粮食生产政策效应的区域异质性问题。基于此，本章以下利用第三章关于三大粮食产区粮食全要素生产率指数等实证结果，再选择动态面板 GMM－DIFF 估计模型，计量分析粮食政策对粮食规模生产效率的影响及其程度。其中，动态面板 GMM－DIFF 估计模型的具体方程如下：

$$TFP_{i,t}=\beta_1 TFP_{i,t-1}+\beta_5 Ti_{i,t}+\beta_6 Pri_{i,t-1}+\beta_2 Fix_{i,t}+\beta_3 Fix_{i,t-1}+\beta_4 Fix_{i,t-2}+\beta_7 Ur_{i,t}+\beta_8 \ln Ma_{i,t}+\beta_9 \ln Fer_{i,t}+u_i+\varepsilon_{i,t} \quad (8-1)$$

其中，$i=1,2,\cdots,N$ 表示区域个体；$t=1,2,\cdots,T$ 表示时间。粮食全要素生产率（TFP）为被解释变量，核心解释变量为种粮补贴政策变量（$Ti_{i,t}$）、粮食价格政策变量（$Pri_{i,t}$）、粮食生产基础设施建设政策变量（$Fix_{i,t}$）、城镇化水平政策变量（$Ur_{i,t}$），解释变量包括粮食全要素生产率滞后项（$TFP_{i,t-1}$）、机械投入（$Ma_{i,t}$），化肥投入（$Fer_{i,t}$），u_i 和 $\varepsilon_{i,t}$分别表示省际效应和残差。

对模型（8－1）进行一阶差分可得：

$$\Delta TFP_{i,t}=\beta_1 \Delta TFP_{i,t-1}+\beta_5 \Delta Ti_{i,t}+\beta_6 \Delta Pri_{i,t-1}+\beta_2 \Delta Fix_{i,t}+\beta_3 \Delta Fix_{i,t-1}+\beta_4 \Delta Fix_{i,t-2}+\beta_7 \Delta Ur_{i,t}+\beta_8 \Delta LnMa_{i,t}+\beta_9 \Delta LnFer_{i,t}+\Delta\varepsilon_{i,t} \quad (8-2)$$

对模型（8－2）进行差分可以消除在粮食生产中各省份自然禀赋、经济环境等省际差异 u_i 的影响。在模型（8－2）中，$\Delta TFP_{i,t}=TFP_{i,t}-TFP_{i,t-1}$，以此类推，Δ 为差分算子。由于 $\Delta TFP_{i,t-1}$与 $\Delta\varepsilon_{i,t}$存在相关性，需要引入工具变量法。

又因为模型（8－3）显然成立：

$$\mathrm{Cov}(TFP_{i,t-2},\ \Delta\varepsilon_{i,t})=0,\ \mathrm{Cov}(TFP_{i,t-2},\ TFP_{i,t-1})\neq 0 \quad (8-3)$$

所以 $TFP_{i,t-2}$可以作为工具变量，类似地，$TFP_{i,t-k}$（$2\leqslant k\leqslant t-1$）均可作为差分方程的工具变量。另外，模型（8－2）中的外生解释变量与内生解释变量也可以作为差分方程（8－3）的工具变量进行估计。利用工具变量法与差分扰动项正交的矩条件，使用 GMM－DIFF 方法可以得到模型（8－2）的一致估计量。动态面板 GMM－DIFF 估计的有效性取决于解释变量滞后项作为工具变量的有效性，本书通过两种方法来识别模型是否有效：一是采用 Arellano－bond Test 检验扰动项是否存在二阶自相关；二是采用 Sargan Test 检验识别工具变量的有效性。这里采用 Stata12 将全国 31 个省级面板数据分为全国、粮食主产区、粮食主销区和产销平衡区的数据模型进行动态面板 GMM－DIFF 估计。

二、指标设定与数据说明

（一）指标设定

粮食全要素生产率是本书的被解释变量，其滞后一期值也是本文的解释变量之一。粮食全要素生产率主要是基于投入和产出两个维度对粮食生产效率进行定义，选择 1 个产出指标和 7 个投入指标对粮食全要素生产率进行测算。其中，产出指标为粮食总产量（万吨）；投入分别为第一产业从业人员总数（万人）、粮食总播种面积（千公顷）、农村用电量（亿千瓦小时）、年末农业机械总动力（万千瓦）、农用柴油使用量（万吨）、农药使用量（吨）、化肥使用量（万吨）。粮食生产政策的调整会直接或间接地干预粮食生产中生产要素的配置以及粮食生产者的投入决策等，进而影响粮食生产效率。自 2006 年全面取消农业税以来，我国粮食生产政策主要包括粮食生产基础设施建设、粮食补贴政策以及粮食价格支持政策等。参考公共政策的分类标准，以粮食生产政策的时间效用为标准，将粮食生产政策分为诸如粮食补贴政策、粮食价格政策等短期性粮食生产政策与诸如粮食生产基础设施建设等长期性粮食生产政策。

第一，粮食补贴政策包括粮食直补、农资综合补贴、农作物良种补贴以及农机具购置补贴等，张慧琴认为，增加对粮食生产者的补贴可以促进普通农户的种粮积极性，提高农户的投资能力，从而调整粮食生产要素的投入、扩大粮食种植面积。本书选取各省份农户转移性收入占总收入比重指标来衡量政府粮食生产政策对粮食生产者的补贴政策。

第二，粮食价格政策表现为粮食最低收购价格政策、临时收储政策与目标价格标贴政策等，在政府扶持和市场机制的双重作用下，粮食最终零售价格能够反映在实时粮食价格政策水平下农户获得的价格水平。张启楠认为，粮食零售价格对农户的种植行为具有较强的引导作用，种粮农户的种植行为决定了其生产要素的投入量。本书采用各省份水稻、玉米、小麦三种主要粮食作物在剔除价格水平影响下的每 50 公斤实际价格加权平均后作为粮食价格指数，由于农户在做粮食生产决策时应用的是经验分析法，因此，在模型中使用该指标滞后一期数来表示。

第三，粮食生产基础设施建设政策。粮食生产基础设施建设政策包括政府直接或间接对农村基础设施、农业生态环境建设、农业科学技术服务等方面的投入。陈飞等认为，增加对粮食生产基础设施建设进行投资，能够改善粮食生产条件，降低粮食生产成本，从而改进粮食全要素生产率。本书选取各省份历年农村固定资产投资水平占 GDP 比重指标来表示粮食生产政策对粮食生产基础设施建设的投资力度，考虑粮食生产基础设施建设周期长且对粮食全要素生产率作用具有滞后性的特点，同时选取该指标滞后两期数进入模型。

第四，随着我国城镇化建设的深入，人地关系、城乡要素流动、生态环境等问题引发了城镇化与粮食生产的诸多不适。杨义武、林万龙等指出，城镇化对粮食全要素生产率的作用机制主要表现为三个方面：一是在城镇化过程中大量粮田被转为建设用地，挤占了粮食种植面积；二是城镇化水平提高吸引大量农村劳动力、资本等生产要素转移至第二、第三产业，城乡要素流动加快，引发粮食生产资源重置；三是非农就业收入增加一方面使农民拥有更多资本投入粮食现代化生产，另一方面种粮比较收益下降影响农户种粮积极性。因此，城镇化也可以视为政府政策对粮食生产效率的一项限制因素，本书选取各省份常住人口占该地区常住总人口的比例来表示。

粮食生产政策为核心解释变量，此外还添加了化肥总投入与机械动力总投入作为控制变量。化肥投入增加会促进粮食全要素生产率增加，但在边际效应递减作用下，过量化肥不但不会促进粮食增产，反而会影响粮食生产。与此同时，随着科技化、工业化水平提高，我国农村机械总动力也在逐年增长，一般来说，机械化有利于粮食全要素生产率的提高，但由于我国地形复杂，农业机械与粮食生产存在适宜性问题，分别选取各省份农村年化肥总用量、年末机械总动力指标来估计这两种要素投入对粮食全要素生产率的影响，同时该指标也是计算粮食全要素生产率的投入指标，因此将它们设为内生性工具变量。同时，为消除量纲的影响在模型中使用该变量的对数形式。

（二）数据说明

粮食全要素生产率的计算模型中所有样本考察时期为 2006～2016 年，数据均来自历年《中国统计年鉴》《中国农村统计年鉴》以及 31 个省份的统计年鉴。动态面板 GMM－DIFF 模型所采用的数据均来自 2007～2016 年《全国农产品成本资料收益汇编》《中国农村统计年鉴》《中国固定资产投资年鉴》及《中国统计年鉴》，需要说明的是，由于北京、青海、西藏等五省在粮食每 50 斤售价数据的部分年份数据存在残缺，因此，使用二次指数平滑法补齐数据。

三、实证分析与结果解释

表8－1给出模型（8－2）的动态面板模型的GMM－DIFF估计结果。AR(2)检验结果表明模型扰动项不存在二阶自相关；Sargan检验表明模型估计采用的工具变量是有效的。由此说明模型的设定和工具变量的使用较为合理。

表8－1 粮食生产政策效应的区域异质性检验

变量	全国	粮食主产区	粮食主销区	产销平衡区
$TFP_{i,t-1}$	－0.540*** (－5.100)	－0.569*** (－5.120)	－0.467*** (－10.670)	－0.642*** (－5.090)
$Ti_{i,t}$	0.150 (1.320)	0.114 (1.020)	－0.247*** (－5.810)	－0.260* (－1.670)
$Pri_{i,t-1}$	0.001* (1.700)	0.001** (2.050)	－0.001** (－2.810)	－0.001 (－1.670)
$Fix_{i,t}$	－3.120** (－2.600)	0.216 (0.270)	－4.168 (－1.280)	0.131 (0.050)
$Fix_{i,t-1}$	－2.443 (－1.190)	0.487 (0.810)	4.032*** (3.290)	－12.836** (－2.480)
$Fix_{i,t-2}$	－0.089 (－0.200)	－0.448 (－0.690)	2.393** (2.460)	3.913** (1.860)
$Ur_{i,t}$	1.202* (1.850)	－0.033 (－0.010)	0.344** (2.050)	1.995** (2.980)
$\ln Ma_{i,t}$	－0.070 (－0.760)	－0.061 (－1.610)	0.230** (2.190)	－0.086 (－0.870)
$\ln Fer_{i,t}$	－0.792* (－1.680)	－0.487** (－2.050)	－0.007 (－0.130)	－0.363 (－1.390)
常数项	6.264 (2.930)	5.211 (3.700)	－0.021 (－0.030)	4.306 (4.560)
AR（2）检验P值	0.153	0.120	0.222	0.167
Sargan检验P值	0.070	0.309	0.643	0.276

注：***表示在1%的水平上显著；**表示在5%的水平上显著；*表示在10%的水平上显著；表内数据为Z统计值。

（一）从 $TFP_{i,t-1}$ 参数分析

三大产区整体水平的全要素生产率滞后项对全要素生产率的负面效应较显著，其估计系数为 -0.540 且在 1% 水平上显著。这是由于我国农业正处于工业反哺农业加速时期，农业生产发展进入重要转型升级阶段，包括粮食产业发展的农业支持政策及其行为自然影响着农业生产资源的市场配置行为及其效率，因而，政策效应的周期特征引致粮食生产要素的调整存在着滞后性表征。因此，粮食政策促进粮食全要素生产率改善难以即时达成。进一步比较不同区域全要素生产率滞后项对粮食全要素生产率的影响可知，粮食全要素生产率滞后项所产生的影响在各区域均显著为负，负向影响从高到低的排列顺序依次为粮食产销平衡区、粮食主产区、粮食主销区，各自的估计系数分别为 -0.642、-0.569、-0.467。从实证检验结果可知，全要素生产率从高到低排列顺序依次为粮食主销区、粮食主产区、产销平衡区，以上表征表明粮食全要素生产率越高其惯性作用强度越大。

（二）从 $Ti_{i,t}$ 参数分析

基于农户收入视角测试粮食补贴政策对粮食全要素生产率的影响。测试结果表明，三大产区整体水平的粮食补贴政策对粮食全要素生产率影响不显著。这是由于我国粮食生产直补份额相对于农户家庭收入来说占比偏小，粮食直补政策影响农户粮食生产决策行为作用不大的缘故所致。事实上，我国粮食补贴力度的确在连年增加，例如，全国粮食补贴总额由 2004 的 145 亿元增加到 2014 年的 1535 亿元，虽然总量很大，但其直补补贴总额仅占农户家庭收入的 3%。进一步比较不同区域的 $Ti_{i,t}$ 参数可知，粮食主产区粮食补贴政策对粮食全要素生产率的影响具有正向性，说明短期性政策具有促进主产区粮食全要素生产率改善的直接效应。而粮食主销区粮食补贴政策对粮食全要素生产率的影响显著为负，估计系数为 -0.247，且在 1% 水平上显著，粮食产销平衡区的负向影响表现程度次之。说明粮食产销平衡区与主销区的粮食直补政策效应在促进粮食生产效率改善的作用中效果不理想，应尽的政策效应没有得以正常发挥。这可能是相对粮食主产区来说，粮食主销区和平衡区粮食生产的经济成本偏高，占比较低的补贴收入并不能弥补农户因增加种粮投入而产生的机会成本，因此，两大区域具有粮食生产规模扩张与效率改进潜在需求的农户投资积极性不高，由此引致投资行为的非农偏好。

（三）从 $Pri_{i,t-1}$ 参数分析

三大产区粮食价格指数滞后项对全要素生产率影响的回归系数为 0.001，并通过了 10% 的显著性检验，说明粮食生产政策具有导向性作用，的确能稳定和提升农户对粮食市场持续有效发展的信心，引致农户不断扩大生产经营规模，加

强粮食基础设施建设和现代技术装备等投入，从而促进粮食全要素生产率的不断改善。进一步比较不同区域的 $Pri_{i,t-1}$ 参数可知，粮食价格政策在粮食主产区与粮食主销区产生了完全不同的作用效果。在粮食主产区价格指数滞后项对粮食全要素生产率的回归系数为0.001，且通过了5%的显著性检验。而在主销区粮食价格指数滞后项对粮食全要素生产率的回归系数为-0.001，同样也通过了5%的显著性检验。以上特征表明，粮食主产区实施的价格政策其引导效应正在走向最佳状态，农民更容易接受稳定价格水平政策所释放的积极信号，并通过粮食生产规模扩张或效率改进的相关生产决策与行为，从而促进粮食全要素生产率改善。而主销区的价格支持政策对粮食全要素生产率的影响为负向，可能由于主销区粮食产业相对于非农产业的比较收益较低，即使稳定甚至阶段性上涨的价格难以影响农户投入粮食产业的积极性。

（四）从 $Fix_{i,t}$ 参数分析

生产基础设施政策对粮食全要素生产率的影响，从三大产区整体水平来看，其估计系数为-3.12，通过5%的显著性检验，且该变量的滞后项对三大产区整体效率水平的作用效果不明显。这与李皎、马晓河等学者的研究结论一致，从整体上反映了我国粮食基础设施存量及其增量与现代粮食生产力的匹配不相对称等问题。一方面，存在总量上的不足，导致粮食的生产基础设施建设、生产条件以及科技与服务的改善受到制约；另一方面，粮食生产基础设施建设投资资金大部分投向了农村制造业与房屋建设，也导致粮食生产基础设施建设增量不足。同时，由于粮食生产基础设施建设期间需要占用大部分农村资源（如土地、资金、劳动力等），因此，当期投资在建的粮食生产基础设施会增加同期粮食生产的隐性成本，由此导致粮食全要素生产率的损失。进一步比较不同区域的估计系数可知，虽然粮食生产基础设施建设政策变量的当期值对三大产区粮食全要素生产率的影响均不显著，但 $Fix_{i,t-1}$ 与 $Fix_{i,t-2}$ 两个参数在三大产区间的影响还是具有显著差异。主销区的 $Fix_{i,t-1}$ 与 $Fix_{i,t-2}$ 影响的相关值均显著为正，说明主销区生产基础设施的前两期投资对当期粮食全要素生产率的改进产生了积极影响。在平衡区，$Fix_{i,t-1}$ 参数的估计系数为-12.836，且在5%水平上显著，说明粮食生产基础设施建设的先期投资对本期粮食全要素生产率的改善起着很大的滞后作用，这可能是由于产销平衡区改善粮食产业基础设施的经济成本相对非粮产业偏高，因而有可能需要通过粮食生产短期经济资源转化为长期经济资源应对粮食基础设施增量的需求问题，当然会影响当期粮食全要素生产率的改进。从产销平衡区 $Fix_{i,t-2}$ 参数的估计系数分析，只有当粮食生产基础设施建设作用的滞后期，才对当期粮食全要素生产率产生正向效应。而在粮食主产区，$Fix_{i,t-1}$ 与 $Fix_{i,t-2}$ 两个参数对粮食全要素生产率的作用也并不明显，这可能是主产区粮食生产规模与效率

的关系正处于非相向阶段，即主产区粮食生产效率受制于规模扩张的系统资源重新配置和组合没有得以有效形成的影响，加之现代粮食生产基础设施的多功能性，引致粮食全要素生产率与扩张后的规模生产并不匹配，说明现代粮食基础设施作为粮食产业的基础产业和具有生态文化等功能的社会性产业，需要全社会的共同关注和参与。

（五）从 $Ur_{i,t}$ 参数分析

城镇化水平变量对粮食全要素生产率的影响，三大产区均值估计系数为1.202，且在10%的水平上显著，表明推进城镇化能有效改善粮食全要素生产率，此结论与赵丽平、马林静等学者的研究具有一致性。进一步分析不同区域的相关表征可知，城镇化水平变量对粮食全要素生产率的影响在产销平衡区的估计系数为1.995，在主销区的估计系数为0.344，均通过了5%的显著性检验，表明粮食的产销平衡区和粮食主销区推进城镇化建设，促进了粮食的生产规模发展、生产现代装备水平提升以及科技推广普及等，从而改善了粮食生产效率；但从主产区城镇化水平变量对粮食全要素生产率影响的估计系数来看，其相关政策作用效果不显著，表明粮食主产区需要大力加强城镇化建设与粮食规模经营协同推进的工作。以上结论，其实从 $\ln Ma_{i,t}$ 参数的分析，即机械化水平对粮食全要素生产率影响的表征得以验证。此外，从 $\ln Fer_{i,t}$ 参数的估计值分析，超量的化肥投入将大大衰减粮食全要素生产率水平，说明推广精准精细施肥技术是我国粮食生产规模与效率得以同步改善的重要工作。

第三节　区域经济协同发展对粮食规模生产效率的影响

一、理论分析

关于粮食生产规模化和区域经济协同发展的思想源远流长，16 世纪初，英国的托马斯·莫尔从岛屿城市与田野农场毗连关系视角提出不同经济体相协同的生态思想。19 世纪中叶，马克思吸收空想社会主义关于城乡发展的观点，创立了城市与乡村从分离、对立再到融合的马克思主义城乡关系理论。20 世纪初，英国学者埃比尼泽·霍华德提出关于田野城市协同发展的城乡一体化思想。到了20 世纪的30 年代，美国著名学者弗兰克·劳埃德·赖特提出“广亩城”（The Disappearing City）思想，建议将城市分散在一个地区性农田方格网上，每户周围都有一英亩土地，足够生产供自己消费的食物，且公共设施沿着相互连接的公路

布置，这就是著名的完全分散的低密度型“广亩城”创意思想。20 世纪中期以后，主要思想和研究主题转换到了静态二元结构、传统二元结构再到空间二元结构的思想，将城市和农村的关系定义为二元结构理论关系，提出工业与城市主导区域经济发展的思想，其中，以刘易斯、费景汉和拉尼斯的二元结构理论影响最为深远。这种思想实际上是凸显工业与城市发展的重要性，弱化了农业与农村发展的必要性，特别是那些落后国家经济发展必须依赖于农业的持续增长，改变落后的出路就是要将传统农业改造成现代农业，实现农业生产的规模化。20 世纪后期，美国经济学家托达罗分析了西方国家工业化的经验教训，提出在大力发展农村城镇化的思想，认为发展农村经济是协同解决城市内部失业问题和解决农村地区落后面貌的有效路径。从系统论来看，所谓协同，是指系统中各子系统相互合作、相互促进、相互制约，并且通过各要素的自组织流动和竞争，充分发现系统衍化发展的有效信息，最终形成效率更高、功能更优的系统结构。因此，粮食生产规模化与区域经济协同发展是两者紧密联系的良性互动发展，是生产效率不断提高的可持续发展。

首先，粮食生产规模化发展是区域经济发展的必要条件。第一，粮食生产规模化可以大大提高粮食生产效率，从而大大满足区域经济发展所需要的生活资料和工业品生产原料。第二，粮食生产规模化以农业规模化、农业机械化等为基本内容，能够有效释放农村剩余劳动力，为区域经济发展提供充足的劳动力供给。第三，粮食生产规模化发展能够提升农村人口收入和消费能力，为城市部门创造更广阔的消费市场。第四，粮食生产规模化发展能够更好地满足城镇人口休闲、旅游、生态和文化等相关需求，有利于提高城镇人口的生活品质和健康水平。

其次，区域经济发展是解决粮食生产规模化发展问题的根本路径。第一，粮食生产规模化发展的主要难题是人口过多和土地细碎化问题。尤其土地具有空间垄断性和不可再生性，不能以增加土地供给来解决细碎化问题。因此，只有通过区域经济发展，提高城市吸纳农村人口能力，促进农村劳动力向城市转移，减少农村人口，并通过宅基地复原耕地等形式，扩大粮食种植面积，才能够实现土地聚集和农业规模化。第二，区域经济发展不仅能够为粮食生产规模化提供急需的资金、设备和技术支持，而且还能为粮食生产规模化的产业发展提供管理方法和生产性服务，从而推进传统农业向现代农业改造。第三，区域经济发展有助于提高城市反哺农村的能力和财力，有利于增加农村基础设施投资。第四，区域经济发展能够促进农产品需求结构升级，推动农业产业结构从“数量优先”向“数量、质量并重”转变。

二、实证分析

（一）分析框架

工业化与区域经济初期，农业通过提供生产要素哺育工业化与区域经济，而随着工业化与区域经济发展到一定规模后，不仅存在农业哺育区域经济与工业化，也将出现区域经济与工业化通过生产要素回流与技术外溢等反哺农业。正是区域经济与农业发展之间哺育与反哺机制的存在，从而形成了粮食生产规模化与区域经济协同演变的内在关联。在粮食产区粮食生产规模化与区域经济协同演进系统中，总体可以归纳为人口子系统、经济子系统、行政子系统，三个子系统中粮食生产规模化与区域经济的动力因子相互作用，并且跨系统作用，从而推动粮食生产规模化与区域经济协同发展。其中，人口子系统中人口向城镇转移有助于转移农村剩余劳动力，从而提高农村劳动力劳均耕地规模。随着人均耕地规模扩大，加速土地有序流转，推进粮食适度规模经营。同时，农业剩余劳动力的流动，有效增加了劳动力市场供给，满足了区域经济产业发展的劳动力需求。随着区域经济产业发展，新型农业机械和农用生物产品不断研发与生产，粮食种植劳动生产率大为改善，粮食规模化经营进一步扩大，农村剩余劳动力进一步向城镇产业转移，城镇人口不断集聚，产业工人不断增加，区域经济水平不断提升。在经济子系统中，推进区域经济发展有利于农业人口向非农产业转移，有利于粮食生产与第二、第三产业的融合，有利于拓展粮食产业链，有利于提升粮食产品附加值，有利于提高农民收入。一方面，区域通过提升农民收入，增强粮食产业内生投资能力；另一方面，通过三产融合等新型经济模式促进工商企业投资粮食产业，增强粮食产业外生投资能力。现代粮食产业投资力度加大，通过现代粮食产业演变，推动经济结构变迁，增强区域经济演进的牵引力，另外，通过新型业态，包括精细农业、观光农业、休闲农业、生态农业、规模农业等扩大粮食产区经济规模，增强区域经济演进的驱动力。在行政子系统中，表现为粮食生产规模化财政动力因子与区域经济动力因子的跨系统相互作用。一方面，随着区域经济发展和经济可持续增长，地方财政收入稳定持续增加，公共财政支持粮食产业能力持续增强，例如，农田水利基础设施、农村交通基础设施、现代农业装备设施、规模农业社会化服务等建设的政府行为将大为增进，促进粮食产业的规模化、集约化和商品化发展，表现为粮食规模生产效率的实现。另一方面，粮食生产规模化通过粮食产业，增强区域经济发展的持续力和增长力，扩张区域经济规模，增进主产区区域经济演进的内生动力，从而进一步促进粮食生产规模化与区域经济不同子系统的动力因子的交互作用与协同影响。

影响粮食产区社会发展的人口、经济、行政三个系统因子，既相互独立形成不同性质与功能的共生子系统，又相互作用与影响形成具有区域特色的现代农业变迁与现代区域经济协同演化的自组织生态系统：土地规模、农业投资、财政支农等扩大与增加自然使得粮食产出增加、粮食生产集约、粮食生产装备改善，同时引致农业人口转移、消费市场扩大、农民收入增长，粮食产区传统经济不断演化为现代经济，区域社会粮食生产规模化与区域经济同步演进、协同发展。

（二）计量分析

基于可量化研究和可比性研究的原则，分别选取粮食生产、规模效率和区域经济三个主要指标进行综合评价，选择的区域为我国 13 个粮食主产区。其中，“粮食生产规模效率经营”选取粮食产出商品化、生产装备机械化、粮食生产集约化三个方面，分别选取了劳均第一产业产值、劳均农业机械总动力、劳均播种面积进行表征。三个指标分别采用当年第一产业产值、农业机械总动力、农作物总播种面积除以第一产业就业人数得到。区域经济选取人口区域经济、城镇收入增长、城镇产业结构三个方面内容进行综合评价，分别选取了常住人口区域经济率、城镇居民人均可支配收入，第二、第三产业占比三个指标进行表征。本书数据来源于 2006 ~ 2017 年《中国统计年鉴》和各省统计年鉴，其中，受到价格影响的相关指标分别对应采用居民消费价格指数和固定资产投资价格指数进行平减，以 2006 年为可比价格。

粮食产区粮食生产规模效率和区域经济发展水平综合方法：首先，采用熵值法求得各指标权重；其次，以各指标权重乘以指标标准化值再累加分别得到各省各年粮食生产规模效率和区域经济发展水平得分，分值介于 0 ~ 1，越大则表明发展水平越高。表 8 – 2 给出 2006 ~ 2016 年粮食主产区粮食生产规模效率和区域经济水平综合评价的均值。通过表 8 – 2 可知，2006 ~ 2016 年我国粮食主产区“粮食生产规模效率经营平均水平”在 0.18 ~ 0.47，而区域经济平均水平在 0.23 ~ 0.66。从时间演变特征看，粮食生产规模效率和区域经济水平均呈现稳步增长，区域经济水平增长速度快于“粮食生产规模效率水平”。“粮食生产规模效率水平”以每年 0.029 左右的水平增长，而“区域经济水平”以年均 0.043 左右的水平增长。

表 8 – 2　2006 ~ 2016 年主产区粮食生产规模效率和区域经济水平综合评价结果

年份	粮食生产规模效率水平			区域经济水平		
	均值	最大值	最小值	均值	最大值	最小值
2006	0.18	0.39	0.01	0.23	0.51	0.02
2007	0.20	0.42	0.04	0.29	0.57	0.08
2008	0.23	0.53	0.05	0.32	0.61	0.09

续表

年份	粮食生产规模效率水平			区域经济水平		
	均值	最大值	最小值	均值	最大值	最小值
2009	0.27	0.57	0.07	0.36	0.65	0.14
2010	0.30	0.59	0.08	0.41	0.70	0.23
2011	0.34	0.61	0.11	0.46	0.78	0.29
2012	0.37	0.68	0.14	0.50	0.82	0.34
2013	0.40	0.77	0.17	0.54	0.87	0.39
2014	0.43	0.83	0.19	0.58	0.91	0.41
2015	0.45	0.87	0.21	0.62	0.95	0.46
2016	0.47	0.88	0.25	0.66	0.98	0.48

（三）实证检验

依据粮食生产规模效率经营与区域经济协同演进的假说与分析框架，区域经济促进土地规模集中、扩大农业投资和增加支农财政支出等途径促进粮食生产规模效率发展。粮食生产规模效率演进又通过增加农民收入、扩大消费市场和促进农业人口转移等途径推动区域经济进步。因此，粮食生产规模效率与区域经济协同演变过程的交互作用，可采用联立方程组模型进行计量与检验。粮食生产规模效率演进的联立方程中包括劳均投资、劳均财政支出、劳均土地规模等因子变量，其中，劳均土地规模采用劳均农作物播种面积和劳均耕地灌溉面积表征；劳均投资方程解释变量则包含区域经济和劳均农作物播种面积、劳均第一产业产值、人均银行存款三个控制变量，主要考虑到农业投资会受到上一期收入和金融规模影响，其中，人均银行存款规模表征金融发展水平；劳均财政支出方程解释变量包括区域经济以及人均 GDP 滞后一期和第一产业产值比重等两个控制变量，主要是考虑财政支出来源于上一期财政收入。在区域经济演进的联立方程中包括农村居民人均纯收入，农村居民人均非食品消费支出，第二、第三产业就业比重以及人均 GDP 和人均城市建成区面积两个控制变量。在农村居民收入方程中，粮食生产规模效率作为考察变量，而人均 GDP 作为控制变量；第二、第三产业在就业比重方程中，粮食生产规模效率作为考察变量，第二、第三产业产值比重和劳均第二、第三产业产值作为控制变量，因为只有第二、第三产业规模不断扩大，才能提供更多就业机会，而劳均第二、第三产值高才能吸引更多农业转移人口；在农村居民非食品消费支出方程中，粮食生产规模效率作为考察变量，并以农村居民人均纯收入和第二、第三产业产出比重作为控制变量，因为家庭收入越高区域消费能力越强，第二、第三产业越发达区域市场供求越旺盛，粮食主产区粮食生产规模效率实现的程度也就越高，同时说明粮食主产区区域经济进步率也越大。综上分析建立联立方程组计量模型如下：

$$\ln agr_{it} = \alpha_0 + \alpha_1 \ln land_{it} + \alpha_2 \ln inv_{it} + \alpha_3 \ln fis_{it} + \varepsilon_{it} \tag{8-4}$$

$$\ln land_{it} = \beta_0 + \beta_1 \ln urb_{it} + \beta_2 \ln ape_{it-1} + \beta_3 \ln irr_{it} + \sigma_{it} \tag{8-5}$$

$$\ln inv_{it} = \gamma_0 + \gamma_1 \ln urb_{it} + \gamma_2 \ln land_{it} + \gamma_3 \ln apg_{it-1} + \gamma_4 \ln sav_{it} + \zeta_{it} \tag{8-6}$$

$$\ln fis_{it} = \lambda_0 + \lambda_1 \ln urb_{it} + \lambda_2 \ln pg_{it-1} + \lambda_3 \ln agdpp_{it} + \tau_{it} \tag{8-7}$$

$$\ln urb_{it} = \rho_0 + \rho_1 \ln ainc_{it} + \rho_2 \ln isp_{it} + \rho_3 anf_{it} + \rho_4 \ln pg_{it} + \rho_5 \ln uar_{it} + \upsilon_{it} \tag{8-8}$$

$$\ln ainc_{it} = b_0 + b_1 \ln agr_{it} + b_2 \ln pg_{it} + \omega_{it} \tag{8-9}$$

$$\ln isp_{it} = c_0 + c_1 \ln agr_{it} + c_2 \ln ainc_{it} + c_3 \ln isgdpp_{it} + \theta_{it} \tag{8-10}$$

$$\ln anf_{it} = c_0 + c_1 \ln agr_{it} + c_2 \ln ainc_{it} + c_3 \ln isgdpp_{it} + \xi_{it} \tag{8-11}$$

其中，*agr*、*land*、*inv*、*fis*、*urb*、*irr*、*apg*、*pg*、*sav*、*agdpp*、*ainc*、*isp*、*anf*、*uar*、*isgdpp*、*ispg* 分别表示粮食规模生产效率经营水平、劳均农作物播种面积、劳均农业投资、劳均农业财政支出、区域经济水平、劳均有效灌溉面积、劳均第一产业产值、人均 GDP、人均年末银行存款、第一产业产值比重、农村居民人均纯收入、第二三产业就业占比、农村居民非食品消费支出、城市建成区面积、第二三产业产值比重、劳均第二三产业产值；ε、σ、ζ、τ、υ、ω、ξ、θ 均为各方程的误差项；α、β、γ、λ、ρ、b、c、d 均为待估系数；i、t 分别表示省份与年份，$t-1$ 则表示滞后一期；式（8－4）至式（8－7）用于检验区域经济促进粮食生产规模效率的效应分析，式（8－8）至式（8－11）检验粮食规模生产效率促进区域经济的效应分析。

因此，首先，对单个方程的固定效应和随机效应进行检验，各方程检验结果均显示宜采用固定效应模型；其次，由于构建计量模型为联立方程组，诸多解释变量与被解释变量之间存在相关影响，从而导致单个方程最小二乘法估计会存在内生性问题。因此，在估计过程中，首先，生成省份虚拟变量并纳入到各个方程中；其次，在 stata 软件中采用 3SLS 方法对联立方程组进行联立估计，省份虚拟变量估计结果显示大部分情况下均在 1% 水平下显著，也进一步说明方程组确实存在固定效应。

从表 8－3 和表 8－4 的估计结果中可知，3SLS 对联立方程组进行估计得到的各方程中大部分变量的估计系数较为显著，且与理论预期较为相符，同时 R^2 也较大，意味着估计结果较好。

表 8-3　主产区区域经济演化对粮食生产规模效率演进影响的 3SLS 估计结果

粮食生产规模效率		劳均农作物播种面积		劳均农业投资		劳均财政支出	
变量	系数	变量	系数	变量	系数	变量	系数
land	3.5258*** (9.13)	*urb*	0.0256*** (2.43)	*urb*	0.5654*** (3.03)	*urb*	0.7354*** (4.82)
inv	0.5327*** (6.06)	apg_{t-1}	0.2155*** (−1.27)	*land*	−1.3512 (6.62)	pg_{t-1}	2.2317*** (10.24)
fis	0.5761*** (12.35)	*irr*	0.0841*** (5.82)	apg_{t-1}	1.5591*** (4.31)	*agdpp*	2.1572*** (5.63)
				sav	−0.0531 (−0.43)		
cons	−9.3071*** (9.02)	*cons*	0.9664*** (23.33)	*cons*	1.2533 (0.55)	*cons*	1.8431 (0.26)
R^2	0.91	R^2	0.98	R^2	0.85	R^2	0.84

注：第一行为被解释变量，系数列非括号值和括号内值分别为估计值和 t 检验值，*cons* 为常数项，***、**、*分别表示在1%、5%、10%水平下显著。

表 8-4　主产区粮食生产规模效率演进对区域经济演化影响的 3SLS 估计结果

区域经济水平		农村居民人均收入		第二、第三产业就业比重		农村居民非食品消费占比	
变量	系数	变量	系数	变量	系数	变量	系数
ainc	0.2055*** (6.32)	*agr*	0.1792** (2.35)	*agr*	0.2132*** (6.50)	*agr*	0.1297*** (2.64)
isp	1.4120*** (3.98)	*pg*	0.7432*** (12.33)	*isgdpp*	1.2398*** (8.31)	*ainc*	1.2051*** (12.80)
anf	1.3457*** (7.89)			*ispg*	−0.2119*** (−4.87)	*isgdpp*	1.6711*** (3.25)
pg	1.7741*** (6.64)						
uar	1.1291*** (4.87)						
cons	16.3051** (2.15)		6.3152*** (66.98)		0.3135*** (4.32)		−2.5721*** (−4.32)
R_2	0.92	R_2	0.95	R_2	0.95	R_2	0.93

注：第一行为被解释变量，系数列非括号值和括号内值分别为估计值和 t 检验值，*cons* 为常数项，***、**、*分别表示在1%、5%、10%水平下显著。

但是目前 Stata 的 3SLS 估计结果中并没有对工具变量有效性进行检验，且考虑由于异方差、组间相关和组内相关等问题可能导致显著性检验偏误，所以进一步采用工具变量 2SLS 固定效应稳健标准差方法分别对单个方程进行了独立估计，估计结果见表 8－5 和表 8－6，并通过与 3SLS 方法估计结果对比对估计结果进行稳健性检验。

表 8－5　区域经济演化对粮食生产规模效率演进影响的 IV－2SLS－FE－R 估计结果

粮食生产规模效率		劳均农作物播种面积		劳均农业投资		劳均农业财政支出	
变量	系数	变量	系数	变量	系数	变量	系数
land	3.5321*** (4.22)	*urb*	0.0291** (2.11)	*urb*	0.5715*** (3.25)	*urb*	0.7657*** (2.56)
inv	0.5162*** (2.87)	apg_{t-1}	0.1931*** (5.55)	*land*	−0.1416 (−0.12)	pg_{t-1}	1.7683*** (5.92)
fis	0.5647*** (2.72)	*irr*	0.0571*** (3.81)	apg_{t-1}	1.2231*** (2.88)	*agdpp*	1.6522*** (3.29)
				sav	0.0763 (0.30)		
UI test	13.51	*UI test*	19.27	*UI test*	23.44	*UI test*	25.82
WI test	15.22	*WI test*	48.39	*WI test*	22.67	*WI test*	26.31
HJ－P	0.11	*HJ－P*	0.22	*HJ－P*	0.28	*HJ－P*	0.18
R^2	0.74	R^2	0.82	R^2	0.77	R^2	0.81

注：由于 IV－2SLS－FE－R 估计先对变量进行了离差处理，故而常数项已经消去；*UI test*、*WI test*、*HJ－P* 分别为识别不足检验、弱识别检验、Hansen J 检验（对所有工具变量过度识别检验）的 P 值。

表 8－6　粮食生产规模效率演进对区域经济演化影响的 IV－2SLS－FE－R 估计结果

区域经济水平		农村居民人均收入		第二、第三产业就业比重		农村居民非食品消费	
变量	系数	变量	系数	变量	系数	变量	系数
ainc	0.1920*** (3.98)	agr	0.1642** (2.18)	agr	0.3131*** (5.12)	agr	0.1144** (2.76)
isp	1.2865** (2.17)	pg	0.6652*** (6.55)	isgdpp	1.3312** (1.91)	ainc	1.4510*** (5.11)
anf	0.7201*** (3.28)			ispg	−0.6431*** (−2.61)	isgdpp	1.7841** (2.02)

续表

区域经济水平		农村居民人均收入		第二、三产业就业比重		农村居民非食品消费	
变量	系数	变量	系数	变量	系数	变量	系数
pg	1.3137 *** (4.37)						
uar	1.6131 *** (3.66)						
UI test	17.72	UI test	17.31	UI test	17.37	UI test	16.55
WI test	14.93	WI test	21.87	WI test	26.11	WI test	12.53
HJ – P	0.17	HJ – P	0.22	HJ – P	0.22	HJ – P	0.14
R^2	0.87	R^2	0.93	R^2	0.55	R^2	0.90

注：由于 IV –2SLS – FE – R 估计先对变量进行了离差处理，故而常数项已经消去；UI test、WI test、HJ – P 分别为识别不足检验、弱识别检验、Hansen J 检验（对所有工具变量过度识别检验）的 P 值。

工具变量 2SLS 固定效应稳健标准差结果分别见表 8 –5 和表 8 –6，其中，表 8 –5 为式（8 –4）至式（8 –7）结果，表 8 –6 为式（8 –8）至式（8 –10）估计结果。在单个方程工具变量 2SLS 固定效应稳健标准差估计过程中，各内生解释变量分别采用了方程组中不同的外生变量作为工具变量，并进行了工具相关检验。

IV – 2SLS – FE – R 估计结果中分别对 Kleibergen – Paaprk LM statistic、Kleibergen – Paaprk Wald F statistic、Hansen J statistic 进行识别不足检验、弱识别检验和过度识别检验。本书 IV –2SLS – FE – R 估计结果中 Kleibergen – Paaprk LM statistic 均较大，且对应的 P 值均小于 0.01，说明各方程拒绝方程识别不足的原假设，即方程是可识别的；而弱识别检验中的 Kleibergen – Paaprk Wald F statistic 均大于 10% 水平下的临界值，意味着拒绝方程弱识别的原假设，说明工具变量与内生变量存在较强的相关性；Hansen J statistic 检验值对应的 P 值均大于 0.1，说明各方程均接受工具变量是有效的原假设，即工具变量是有效的。

表 8 –5 和表 8 –6 的估计结果显示各方程中大部分解释变量的估计系数较为显著，且与理论预期相符；同时对比 3SLS 和 IV –2SLS – FE – R 的估计结果中各方程各变量系数发现估计系数接近，说明粮食产区粮食生产规模效率与区域经济协同演进的实证检验总体是可靠和稳健的。

土地规模、农业投资、财政支农支出等因子均对粮食生产规模效率演进具有显著正影响。3SLS 估计结果和 IV –2SLS – FE – R 估计结果的粮食生产规模效率演化方程估计系数中，劳均农作物播种面积、劳均农业投资、劳均财政支出都在

1%水平显著为正，意味着劳均土地规模、劳均农业投资、劳均财政支出增长均对粮食生产规模效率演进具有显著正影响。IV-2SLS-FE-R估计结果显示，劳均农作物播种面积的估计系数最大，劳均农作物播种面积每增长1%，粮食生产规模效率水平将提升3.53%；劳均投资和劳均财政支出每增长1%，则粮食生产规模效率水平将分别提升0.52%和0.56%。这说明土地规模集中对粮食生产规模效率演进的推动作用相对于投资和财政增长更大，这也进一步说明促进土地流转是当前推进我国粮食产区粮食生产规模效率发展最重要的途径。粮食产区区域经济演进对土地规模集中、农业投资增加、农业财政支出增长均具有显著正影响。3SLS和IV-2SLS-FE-R的估计结果对区域经济劳均农作物播种面积、劳均农业投资、劳均农业财政支出的估计系数均显著为正，其中，IV-2SLS-FE-R估计结果分别为0.0291、0.5715和0.7657，意味着粮食产区区域经济演进有效促进了农业土地规模集中、农业投资增加和农业财政支出增长，尤其是对农业财政支出的作用较大。说明粮食产区区域经济演进协同粮食生产规模效率的作用是十分显著的。与理论预期相反的是，劳均播种面积对劳均农业投资没有显著影响，不存在随着劳均播种面积扩大而劳均投资增长的现象，可能原因是随着农业规模扩大，形成了规模效应导致了劳均成本下降，从而规模效应带来的成本下降与规模化生产增加的投资相互抵消。进一步分析表8-4结果可知，区域经济水平每提升1%，带动劳均播种面积、劳均农业投资、劳均农业财政支出分别增长0.03%、0.57%、0.77%，并最终促进粮食生产规模效率水平提升0.83%。粮食产区农村居民收入增长，第二、第三产业就业比重上升，农村非食品消费支出增加等行为都将促进区域经济总量和增量水平提升，3SLS和IV-2SLS-FE-R的估计结果均验证了这一结论。IV-2SLS-FE-R估计结果中，第二、第三产业就业比重估计系数最高，为1.2865；其次是人均农村居民非食品消费支出，为0.7201；而农村居民收入的估计系数相对较小，为0.1920。说明以规模农业促进农村劳动力转移，满足了第二、第三产业劳动力需要，扩大了城镇区域市场规模，有效推动了粮食产区区域经济发展。3SLS和IV-2SLS-FE-R的估计结果表明，粮食产区粮食生产规模效率对农村居民收入增长，第二、第三产业就业比重提升，农村非食品消费支出增长均具有显著正影响。IV-2SLS-FE-R估计结果相关系数计算表明，粮食生产规模效率经营每提升1%，将通过农民增收直接和间接促进区域经济水平增长0.20%，再通过促进第二、第三产业就业途径推动区域经济水平再增长0.40%。说明，粮食生产规模效率促进粮食产区产业结构升级而引致的区域经济演变作用非常显著。

第四节 宏观因素对主产区粮食生产规模与效率同步提升的影响

一、粮食生产支持政策对粮食规模生产效率的影响

首先，利用 DEA - Malquist 指数分析 2006 ~ 2016 年中国粮食全要素生产率及其区域演化特征的基础上（即第三章的实证结论），选择动态面板 GMM - DIFF 模型探讨了短期性与长期性粮食生产政策对不同区域粮食全要素生产率政策效应的异质性问题，即宏观视角下粮食政策对粮食规模生产效率的影响。结果表明：第一，随着我国现代化进程的加速，"四化" 同步工作的不断加强，工业反哺农业的力度加大，粮食安全政策，特别是促进粮食安全的长期性政策的不断实施，我国粮食全要素生产率总体呈持续增长态势，说明我国粮食生产正在步入规模与效率同步提升的重要转型阶段，因而，粮食生产政策的设计不仅要重视诸如粮食价格与粮食收入等短期性政策的效应，更要重视诸如基础设施与城镇化建设等长期性政策的效应。从我国粮食全要素生产率区域结构演变特征分析，三大产区差异较大，首先是经济发达的主销区其粮食全要素生产率改善最为明显，其次是粮食主产区，最后是粮食产销平衡区。第二，从政策效应的异质性分析，虽然粮食生产政策对粮食全要素生产率的改善均具滞后性效应，但差异明显，表现为区域经济越发达，工业反哺农业的力度越大，粮食政策对粮食全要素生产率改善的效应越强。再从粮食生产短期与长期性政策效应比较，其异质性表现非常显著。总体来说，粮食生产的短期性政策对粮食全要素生产率的改善作用呈现主产区大大优于非主产区的表征，说明加强主产区粮食价格支持政策和促进粮食增收政策在粮食生产新阶段仍然非常重要。而粮食生产的长期性政策对粮食全要素生产率的改善作用呈非主产区大大优于主产区的表征，说明主产区粮食生产基础设施建设、粮食生产规模化与城镇化协同推进等促进国家粮食安全长效发展任务十分繁重，需要通过主产区与主销区粮食生产的利益补偿和加强主产区粮食产业现代化推进力度等政策加以解决。

二、区域经济协同发展对粮食规模生产效率的影响

实证分析表明，粮食产区粮食生产规模效率与区域经济发展过程中的演化因子交互影响，形成自组织关联系统，产生协同效应。实证检验表明，随着粮食产区的经济增长和区域经济水平的提升，粮食生产规模效率与区域经济协同演进效

应越发显著，两者间协同的自组织关联越发紧密。说明我国当前粮食产区已经具备粮食生产规模效率与区域经济发展的协同基础，当前我国粮食产区可以通过协同推进区域经济途径化解粮食生产规模效率面临的诸如土地、技术装备、基础设施和资本等要素供给不足的问题或困惑。实证检验结论同时表明，我国粮食产区粮食生产规模效率与区域经济协同发展已经进入了新阶段，具有新特点，需要从协调思维转变为协同思维，从依靠外力转换为强化内力，从政府主导转型为市场主导，充分发挥市场配置资源的决定性功能和粮食生产规模效率与区域经济协同的自组织功能。

第九章　微观视角下粮食生产规模与效率同步提升的影响因素分析

农户作为我国粮食生产的载体单元和市场微观主体单元，是经济学理论上定义的社会风险承担者和国家粮食安全的责任担当者，因此，实现主产区粮食规模生产效率既是农户化解社会风险的需要，又是保障国家粮食安全的需要。基于此，本章主要从农户家庭特征、农户要素投入特征、农户生产资源配置特征等展开影响粮食规模生产效率的相关研究，以从微观视角分析主产区粮食生产规模与效率同步提升的一般机理，为主产区粮食产业现代化发展提供参考。

第一节　研究方案与模型

从理论上分析，实现企业的经济学目标既需要企业有效的内在经济行为，又需要企业有效的外在经济行为。宏观视角下粮食生产规模与效率同步提升的影响因素分析实际上就是从影响农户经济学目标实现的外在经济行为所进行的相关分析，同样，微观视角下粮食生产规模与效率同步提升的影响因素分析实际上就是从影响农户经济学目标实现的内在经济行为所进行的相关分析。基于此，本章采用针对解释变量受限制的 Tobit 模型进行分析。选择使用 Tobit 模型而不选择 OLS 回归分析是基于投入产出效率分析中往往会出现效率值为 1 的情形，而 OLS 回归分析往往会出现大于 1 的结局，与实际不相吻合。Tobit 模型即“Type I Tobit”或“归并回归”模型。Tobit 模型与断尾回归不同，虽然在计量分析中具有全部观测数据，但由于某些观测数据或被解释变量被压缩到一个点上，此时被解释变量的概率分布则变成由一个离散点与一个连续分布所组成的混合分布（Mixed Distribution）问题，基于此，Tobin 于 1958 年提出用 MLE 估计模型来解决该问题，因此，该方法被称为 Tobit 模型方法。在归并数据的情况下，当 $y_i>0$ 时，概率密度依然不变，仍为$\frac{1}{\sigma}\phi[(y_i-x'_i\beta)/\sigma]$，$\forall y_i>0$；而当 $y_i\leqslant 0$ 时，分布被挤到一个点“$y_i=0$”上，即：$P(y_i=0\mid x)=1-P(y_i>0\mid x)=1-\Phi(x'_i\beta/\sigma)$。因此，该混合分布的概率密度函数可以写为：

$$f(y_i \mid x) = [1 - \Phi(x'_i\beta/\sigma)]^{1(y_i=0)}\left[\frac{1}{\sigma}\phi(y_i - x'_i\beta)/\sigma\right]^{1(y_i>0)} \tag{9-1}$$

其中，1（·）为示性函数（indicator function），如果括号里的表达式为真，取值为1；如果括号里的表达式不为真，取值为0。因此，可以写出整个样本的似然函数，然后使用MLE来估计。Tobit模型根据截取点的差异有不同的表达形式，可以设截取临界点的为 C_i，C_i对所有决策单元 i 是相同的，对应截取点可选择从上截取或两边同时截取。当 C_i从上截取或右端截取时，截取回归模型为：

$$y^* = \beta' x + \varepsilon$$

$$y = \text{mix}(y^*, c_i) \tag{9-2}$$

当 C_i从下截取或左端截取时，截取回归模型为：

$$y^* = \beta' x + \varepsilon$$

$$y = \max(y^*, c_i) \tag{9-3}$$

当Tobit模型两边同时截取时：

$$y^* = \beta' x_i + \varepsilon_i$$

$$y_i = \begin{cases} L_{1i} & y_i^* \leqslant L_{1i} \\ y_i^* & L_{1i} < y_i^* < L_{2i} \\ L_{2i} & y_i^* \geqslant L_{2i} \end{cases} \tag{9-4}$$

其中，y_i^* 表示潜变量（latent dependent variable），y_i 表示观察到的被解释变量，x_i 表示解释变量向量，β 表示回归系数向量，ε_i 表示服从正态分布的独立残差项。本书采用标准的Tobit模型将左端截取点设为0，则有如下模型：

$$\left.\begin{aligned} & y_i^* = \beta' x_i + \varepsilon_i \\ & y_i = y_i^* \quad if \quad y_i^* > 0 \\ & y_i = 0 \quad if \quad y_i^* \leqslant 0 \\ & i = 1, 2, \cdots, n \end{aligned}\right\} \tag{9-5}$$

根据以上Tobit模型，拟构建如下粮食规模经营生产效率影响因素分析模型：

$$LSE_j^* = \alpha x_i + \varepsilon_j$$

$$LSE_j = \begin{cases} LSE_j^* & 0 < LSE_j^* \leqslant 1 \\ 0 & otherwise \\ j = , 2, \cdots, 24 \end{cases} \tag{9-6}$$

其中，LSE_j 表示第 j 个规模区域的耕种规模效率值，x_j 为该规模区间的影响因素（向量），LSE_j^* 表示潜在的规模效率，服从正态分布，当 $0 < LSE_j^* \leqslant 1$ 时，$LSE_j = LSE_j^*$ 表示可观察到的耕种规模效率值；否则表示粮地规模效率值无法观察到。α 表示模型待估计系数向量，ε_j 表示独立的随机扰动项，$\varepsilon_j \sim N(0, \sigma^2)$。

从粮食生产效率值可知，效率值的变化范围在 0 ~ 1 直接的连续性变量，由于 Tobit 模型中的解释变量 Y_i 是介于 0 ~ 1 的截尾数据，因此，可对部分连续分布和离散分布的变量进行回归分析。本书选择 Coelli T. J. 在 DEA 分析的基础上改进的分析工具，该方法基于前述分析中的效率值作为被解释变量，利用相关的投入变量及周边变量对影响因素进行回归解释分析。

第二节　变量选择与解释

Tobit 模型解释变量的选择，参考国内外既有研究文献，采用户主特征变量、生产行为的投入与产出变量等。

一、农户户主个人特征

根据学者（张忠明，2008；刘强，2017）对影响粮食规模效率的研究梳理，关于农户个人或家庭特征对粮食规模生产效率的影响因素设计为农户性别、年龄、受教育水平、是否为村干部、对农业政策了解程度等。农户的个体特征在很大程度上可以反映其社会资本和人力资本水平，因而，不同的农户个体特征具有不同的粮食生产决策行为特征。关于教育水平指标的衡量，本书采用离散型变量进行统计分析，按照从低到高的学历水平排列，依次为小学及以下、初中、中专/技校、高中、大专及以上等，分别用 1 ~ 5 的数值进行变量赋值。此外，由于样本数据中占比为 13.9% 的户主身份为村干部，而村干部具有相对较高的社会资本和人力资本等优势条件，能够做到“近水楼台先得月”①。基于上述原因的考虑，本章的相关分析将村干部这个特征作为重要的变量来考察农户个人及家庭的社会资本衡量指标。另外，由于性别、年龄等为非连续变量，以下借鉴张忠明（2008）研究经验而采用男性与女性各自占比来进行衡量。需要进一步说明的是，对年龄变量进行平方是为了消除因巨大正太分布带来的倒“U”型分布扰动引致的计算结果误差。

二、农户家庭特征变量

农户家庭特征变量包括家庭主要劳动力数量、农业固定资产价值、家庭有无粮食仓储与机库棚、是否加入或领办合作社、家庭兼业情况等。当前我国粮食生

① 2012 年 7 月一项涉及全国 7 省 2343 家合作社的抽样调查结果显示，由村干部领办的合作社家庭农场占近 20%，在某些地区甚至高达 34%。四川省社会科学院课题组一项针对家庭农场调研数据显示，25.9% 的家庭农场主具有在政府部门企事业单位工作的经历，19.3% 有担任乡村干部经历。

产主要以家庭为主的形式单元，或以合作社为代表的形式单元。第三次全国农业普查数据公报显示，截至2016年末全国农业经营户20743万户，其中，规模农业经营户398万户，而种植业占比高达50.3%①。普查数据统计表明，新型粮食经营主体是我国未来现代粮食产业的主要承担者和践行者。由于我国现阶段粮食大户、粮食家庭农场以及粮食合作社等生产单元的劳动力主要来源于农村家庭，因此，农村家庭的人力资本特征对粮食生产规模与效率同步提升有着重要的影响，包括家庭劳动力人数、年龄、受教育水平、外出务工或接受专业培训等，都是考察的对象范围。农业固定资产价值可以衡量农户家庭所拥有农业机械化装备水平，包括耕田机、插秧机、收割机、拖拉机、农用卡车、粮食烘干机、粮食仓储及农机库棚等，其价值越高，表明农户生产越专业、越分工。然而，由于大规模的农业机械化投资存在较高的资产专用性问题，引致显著的沉没成本，影响农户规模生产效率与效益。粮食合作社等生产组织，粮食生产社会化服务等中介机构，家庭兼业等多元战略行为等，都是影响粮食规模生产效率的重要行为因子。

三、粮食生产投入变量

粮食生产投入变量可以分为直接投入变量，包括种子费、化肥费、农药费、机械费（耕地费、播种或插秧费、收割费、运输与烘干费）等和间接投入变量，包括租金、保险费、管理及人工成本、借贷利息等。种子费包括自留种折价费用和市场购买的稻种费用等。化肥费包括复合肥、底肥、钾肥以及后续追施的尿素等。农药费包括为了控草、控长、杀虫等农药费用。机械费包括耕地的翻耕与耙平、机插秧、机械收割、飞防、粮食运输及烘干等费用。此外，粮食生产投入还包括耕地租金、保险费以及雇工等直接生产支出费用，以及为了资金的周转而进行的资金借贷成本支出等。

四、其他相关特征变量

其他相关特征变量包括自然灾害影响程度、地块数及耕地细碎化程度等。此外还需要考虑：一是水稻的种植方式。主要包括人工插秧、手抛秧、种子直播、机械插秧等方式，一般来说，农户在水稻种植过程中并不会仅仅选用单一的种植模式，往往会根据时间充裕与否、劳动力数量、成本及耕地平整等进行最优混合策略选择。二是水稻干燥方式。包括自然晾晒、机械烘干等，一般来说，中小型农户会根据收割时令及当时当地天气状况等进行选择，由于规模农户对稻谷大量集中收割对晾晒条件要求较高，一般选择机械烘干。三是流动资金缺乏问题。由

① 第三次全国农业普查主要数据公报［EB/OL］. http://www.stats.gov.cn/tjsj/tjgb/nypcgb/qgnypcgb/201712/t20171215_1563599.html.

于粮食大户需要规模扩张原因，又需要持续性周期投资，更受金融约束与金融抑制的影响，存在着大小程度不一的流动性资本供给交易成本。

第三节　样本数据与统计特征

根据以上变量定义，设计调查问卷，其中，关于农户对政策了解情况、自然灾害影响程度、资金缺乏状态等变量均采用五级 Likert 量表测度，关于水稻种植方式细分为人工插秧、手抛秧、机插秧、种子直播等，关于干燥方式细分为自然晾晒、机械干燥、直接售卖湿谷等。为了区分与比较不同规模农户的相关计量分析特征，以下将样本对象分为小、中、大三类不同规模，农户种植面积为0～100亩定义为小规模，农户种植面积为 101～300 亩定义为中规模，农户种植面积为 301 亩以上定义为大规模。调查问卷实施同步于课题组 2016 年 12 月至 2017 年 12 月所开展的专题调研，共计 516 份粮食大户有效问卷，变量数据的描述性统计特征如表 9－1 所示。

表 9－1　变量数据描述性统计特征

模型变量	最小值	最大值	均值	标准差
粮食规模种植效率（Y）	0.174	1.00	0.658	0.1989
户主个人特征变量				
年龄（岁）	25	70	45	9.21
受教育情况（1/2/3/4/5）	1	5	2.88	1.23
是否村干部	1	2	1.84	0.40
对支农政策了解情况	1	5	2.33	0.86
被调查者家庭特征变量				
全职务农人数	1	5	2.76	1.15
是否加入合作社	1	2	1.32	0.53
是否兼业	1	2	1.45	0.49
耕地种植面积（亩）	3	4000	401.53	441.83
租金（元）	0	950	395.87	135.57
租期（年）	1	30	5.06	3.75
是否建设农机库	1	2	1.42	0.49
是否负债	1	2	1.29	0.46

续表

模型变量	最小值	最大值	均值	标准差
负债金额（万元）	0	500	17.81	39.42
亩均稻种费（元）	17	335	118.49	52.16
亩均肥料费（元）	30	540	200.15	78.33
亩均农药费（元）	30	320	134.82	53.65
年亩均机械作业费（元）	120	888	443.49	165.19
人工成本（元/亩）	8	667	155.96	118.49
水稻种植方式	1	6	4.52	1.32
干燥方式	1	3	1.95	0.92
主要插秧方式	1	3	1.88	0.84
土地集中与否	1	2	1.59	0.49
地块数	1	40	6.88	6.01
自然灾害影响程度	1	5	2.65	1.17
农业生产资金缺乏状态	1	5	3.16	1.38

第四节 实证分析与计量结果

以下基于Stata13.0软件并运用Tobit模型对影响农户粮食规模生产效率的相关因素进行回归分析，其计量结果如表9－2所示。

表9－2 不同规模农户粮食规模生产效率影响因素的Tobit模型计量结果

变量	小规模（0～100亩）		中等规模（101～300亩）		大规模（301亩以上）	
	系数估计	t值	系数估计	t值	系数估计	t值
年龄	－0.0027141	－1.11	0.0020333	1.18	－0.0021687	－1.15
政策了解情况	0.0606518	1.19	0.0329003*	1.66	0.0078077	0.44
是否兼业	－0.0681501	－0.98	0.0087474	0.25	－0.0616922**	－2.01
经营面积	0.0000587**	2.16	0.0000846***	2.56	0.0000588**	2.10
租金	－0.0001987	－0.64	－0.00004781***	－4.82	－0.0001162	－0.85
租期	0.0218081	0.62	0.0118589**	1.99	0.0011737	0.33
是否负债	0.060344*	1.75	－0.0790512**	2.21	－0.3217635***	－5.33

续表

变量	小规模（0～100亩）		中等规模（101～300亩）		大规模（301亩以上）	
	系数估计	t值	系数估计	t值	系数估计	t值
稻种费	-0.0017373***	-3.73	-0.001354***	-4.73	-0.0006139**	-2.06
肥料费	-0.0005879**	-2.19	-0.0007865***	-3.35	-0.0006552***	-3.32
机械作业费	-0.0003672*	-1.72	-0.0003969***	-3.48	-0.0003712***	-3.78
人工成本	0.0003045	1.41	-0.0002341*	-1.91	0.0001595	1.24
水稻种植方式	0.0349666	0.74	-0.0074457	-0.57	-0.0195435	-1.58
干燥方式	-0.0197932	-0.73	0.0513498***	3.25	-0.0208062*	-1.67
地块数	0.001001	0.18	-0.080597***	-2.69	-0.0171348	-1.22
自然灾害影响	0.0048153	0.25	-0.0081382	-0.60	-0.0522949***	-3.79
资金缺乏状态	0.0096598	0.58	-0.0709523***	-3.56	-0.1838536***	-6.08

注：*、**、***分别表示在10%、5%、1%水平上显著。

计量结果表明，回归模型通过了多重共线性检验且具有显著性。总体来看，稻种费、肥料、机械费等变量对不同粮食规模生产效率的影响非常显著，其显著性表征大大超越诸如中介服务、基础设施、技术推广等代表现代粮食产业发展符号的变量影响。说明样本区或主产区粮食生产现代化水平偏低，区域性社会化服务体系、农业基础设施、粮食科技研发与推广等影响粮食规模生产效率的至关重要的硬件和软件没有得以合理配置，粮食生产整体正处于从传统经营方式向现代经营方式转变的关键阶段，促进主产区粮食生产规模与效率的同步提升是全社会面临的紧迫而重要的期待和目标。

第五节　微观因素对主产区粮食生产规模与效率同步提升的影响

一、小规模区间农户情况

从表9-2可知，不同规模农户生产效率影响因素及其影响程度具有一定的差异性。就小规模区间农户而言，“经营面积”“负债状况”“稻种费”“肥料费”“机械费”在不同程度上表现一定的显著水平，其中，“稻种费”对小规模农户的生产效率影响极为敏感，表现为在1%水平上影响显著且与生产效率有负向关系（Coef. 系数为-0.0017373），此外，肥料费、机械作业费等对小规模农户的影响分别在10%、5%的水平上显著，其Coef. 系数为负表明它们对农户生产效率具有负向相关的影响，说明小规模农户的传统生产方式制约着粮食生产规模效率的拓升。

小规模农户的“经营面积”与“负债水平”对其生产效率产生正向影响，意味着在“0～100亩”区间的粮食生产存在规模经济效应，粮食生产规模报酬处于递增阶段，特别是“负债水平”的相关系数0.060344，且在10%的置信区间水平上显著，该结果刚好与大中型规模区间农户借贷负债水平影响生产效率的计量结果相反，这是因为小规模农户相比大中型农户其固定成本投资、农业大中型机械购买等投入少，小规模农户的借贷负债主要源于“生产资料赊购”，这种负债周期短，易于通过当期粮食收益解除，其借贷交易成本不高，对当期粮食生产效率影响不大。

二、分析中等规模区间农户情况

总体来看，中等规模农户在政策了解情况、经营面积、租金、租期、人工成本、干燥方式、地块数、资金缺乏状态等变量对粮食规模生产效率的影响具有不同程度的显著表征。从租金成本、肥料费、稻种费、机械费等投入变量对粮食规模生产效率的影响分析，中等规模区间农户较小规模区间农户更为显著，说明，随着生产规模扩大，粮食大户选择以机械技术替代传统劳动，选择粮食生产新技术替代传统生产技术，提高粮食产量，降低生产成本。此外，计量分析中的“地块数”“资金缺乏状态”等变量表现为1%的置信区间上显著，相关系数分别为－0.080597、－0.0709523，表明主产区粮食耕地细碎化问题仍然制约着规模种植大户生产效率的改善，粮食生产规模扩张中的资本约束和金融抑制严重影响着该区间规模扩张与效率提升的需要。表9－2显示，影响变量经营规模、政策了解程度、租期等计量结果分别在5%和10%的置信水平上表现显著，表明中规模区间粮食生产仍然存在规模报酬递增空间，只要适度扩大种植规模，优化要素配置，即可以实现规模报酬递增效应。

最后，分析大规模农户情况。总体分析，大规模农户的相关计量分析结果具有与中规模农户相似的计量分析特征，特别是机械设备使用、专业分工服务、基础设施投入等变量指标影响农户粮食规模生产效率值显示非常显著。表明主产区扩大规模，增加长期生产投入，对于改善农户粮食规模生产效率具有非常重要的现实意义。除此之外，相比中小规模农户来说，大规模农户关于自然灾害影响、资金缺乏状态、是否负债、兼业化等变量对粮食生产效率的影响更显著。其中，大规模农户关于自然灾害、资金缺乏程度等指标计量均通过了1%的显著性水平检验，尤其是“资金缺乏状况”指标计量结果显示每变动一个单位衰减其规模效率高达0.18个Tobit单位。从表9－2可知，关于自然灾害影响变量的相关系

数高达 -0.0522949，表明现有减灾防灾设施和相关保险制度远远不能满足大规模粮食生产农户规避自然风险或降低自然风险的预期目标。表9-2显示，301亩以上种植大户兼业化行为也会引致其生产效率的衰减，相关系数达 -0.0616922，表明农户兼业化程度每变动一个单位将引致粮食生产规模效率降低0.061个Tobit单位。

综合比较，播种费变量影响中小规模农户生产效率的程度大于大规模农户，事实上，中小规模农户在播种方式选择上具有很大的灵活性，可以选择直播、抛秧、机插秧等不同方式，但是，对于大规模农户来说，一般只能选择机械插秧的方式，表明规模越大，机械化智能化需要越旺。肥料与机械作业费等变量影响结果也存在因规模大小差异的问题，由于小规模农户多采用人工施肥而相对较为精细而精准节约，由于中等以上规模农户人工相对较为稀缺，往往为了减少施肥次数而选择一次性量足施肥方式，从而无形中推高了肥料成本，衰减了生产效率。同样，机械作业费用指标变量在大中小型农户间的效率影响差异明显，总体来说，机械化有利于改善粮食生产规模效率。干燥方式指标变量对效率的影响表现在大中等规模农户上非常显著。小规模农户因为可以选择传统的自然晾晒方式，当然也可选择机械烘干的方式，由于烘干设备的资产专用性及其作业环境硬要求的成本性，小规模农户一般会放弃有成本要求的机械烘干方式。租金指标变量对小规模农户生产效率的影响并不显著，这是因为小规模农户的农地来源多为自家耕地或亲友邻居托管代耕地，不需要或几乎不需要租金费用；因此，在租金指标变量只对大中等规模农户粮食生产效率影响显著，计量分析结果显示，中等规模农户随着租金水平每变化一个单位其粮食生产效率值将衰减0.00048个Tobit单位，大规模农户随着租金每变动一个单位而将衰减0.00012个Tobit单位。租期指标变量对粮食生产规模效率的影响并不显著，只在中等规模区间农户具有显著表现。地块数量指标变量均影响着粮食生产的规模效率，事实上，地块数量过多表明粮食耕地细碎化问题严重。因此，当前农户土地流转意愿存在差异化的背景下，如何加快农户间自由流转，减少细碎化耕地，增加连片规模耕地，对于主产区粮食规模扩张具有十分重要的现实意义。自然灾害水平及频率指标变量的计量结果表明，该变量对于不同规模农户均有敏感性影响，表明加强大中小型农田基础设施，特别是减灾防灾设施非常紧迫重要。虽然资金指标变量对不同规模农户生产效率都有影响，但计量结果显示对大规模农户生产效率的影响更为显著，因此，主产区构建粮食生产规模扩张的便利化融资平台，减少融资成本，提高融资效率，是促进主产区粮食生产规模与效率同步提升的有效途径。

第十章　主产区粮食生产规模与效率同步提升的机制分析

实现主产区粮食生产规模与效率的同步提升，必须建立并不断完善提升我国粮食主产区粮食规模生产效率的实现机制。所谓粮食生产规模效率实现机制是指粮食规模种植过程中各要素、生产主体基于科学合理的组织或子系统体系间相互影响、相互作用的机制，从而实现粮食规模种植与效率提升协同发展的目标。利奥·赫尔维茨（Leonid Hurwicz）认为，机制设计的关键是把现实的环境与空间约束纳入到机制设计的目标函数，在自由选择、分散决策、信息非对称情况下使经济活动参与者达到一般均衡与激励相容，并实现个人效益与社会效益的融合。换句话说“实现生产要素的有效配置、信息对称和高效、各行为主体激励相容”是机制构建的关键所在。本章基于粮食规模生产效率实现的经验检验、粮食生产规模与效率演化的影响因子分析、粮食规模生产效率实现的完全成本分析等，探讨粮食主产区粮食生产规模与效率同步提升的机制问题。

第一节　主产区粮食生产规模与效率同步提升的机制建构分析

一、机制及其引导机制的含义与功能

按照《辞海》的定义，机制有四层意思：①机器的构造和工作原理，如计算机的机制。②有机体的构造、功能和相互关系，如动脉硬化的机制。③指某些自然现象的物理、化学规律，如优选法中优化对象的机制，也叫机理。④泛指一个工作系统的组织或部分之间相互作用的过程和方式，如市场机制、竞争机制。从《政治经济学大词典》定义的概念来看，可以得知该词使用的演变过程：“机制一词来源于希腊文，意指机器的构造和运作原理，它的本意是指在机器运转过程中的各个零部件之间的相互联系、互为因果的连接关系及运转方式。后来生物

学界和医学界通过类比方式运用了生物机制、病理机制等概念，用以表示各个器官之间的相互联系、作用和调节方式。机制引入经济学构成经济机制范畴，指一定经济机体内外各构成要素之间相互联系和作用的制约关系及其功能。”基于此认识，本章的机制分析包含粮食生产经营主体实现规模生产效率的内在经济和外在经济形成的协同体系。内在经济影响因素主要源自于粮食生产主体的规模经济效应、人力资本改造、粮食科技创新、专业分工效应等，成为粮食生产规模与效率同步提升机制的主要动力源；外在经济影响因素主要源自于政府与社会的激励与保障，构成了粮食生产规模与效率同步提升的引导机制。

所谓引导机制是指作为引导者的政府或社会具备先进的思想和技术，采取先进的行为或动作帮助被引导者走出某种困境，或是带着被引导者向某个目标集体行动，在这种工作系统中应形成的内在体系、运作原理及其调控方式。粮食生产规模与效率同步提升的引导机制是指市场经济条件下政府主导，以粮食生产规模效率为目标，联动社会力量协同推进现行粮食生产经营体系的改善与改造，实现粮食生产从传统生产经营方式向现代生产经营方式的转型升级所形成的工作机理。引导机制的功能主要是引致政府、社会机构、市场主体转变行为，并保证转变行为的持续性、协同性和有效性。保障粮食生产的规模与效率按照既定设计的路线，从而达成同步提升的目标。

二、引导机制的建构分析

从国家整体到企业或家庭个体等大小经济活动单位都可能面临“如何组织经济活动”的问题。无论经济活动的范围大小，只要经济活动涉及不止一个“理性人”，关于经济环境的关键信息散布于“理性人之间的事实成为经济机制设计问题”的根源所在。如果只有一种组织形式，就没有选择问题。然而，由于治理和调节经济活动的制度、法律和非正式协议等都随时间、空间和经济活动类型的变化而变化，从而可能存在多种组织经济活动的制度。为从各种可能的制度中理性选择制度，采用的分析方法不仅要求能够描述不同机制的表现形式和运行特征，还要求提供不同制度的比较准则。根据机制设计的理论，主产区粮食生产规模与效率同步提升的机制包括政府、社会和粮食生产经营主体等形成的共同体系。政府主体层面包括中央政府、省级政府、市级政府、县级政府和乡级政府；社会机构包括提供粮食生产经营社会化服务的金融、保险、法律、咨询、信息平台、教育培训及科研技术机构；粮食经营生产经营主体包括粮食合作社组织、粮食龙头企业、种粮大户和家庭农场。从主体构件分析，主产区粮食生产规模与效率同步提升的机制是以政府为引导和依托，以粮食市场为导向，社会化服务机构充分参与，粮食生产经营主体自身发力，协同联动方式下达成的预期目标。其中，引导机制主要是针对政府层面，为主产区粮食规模效率生产建立和完善有效的动力牵引、激励导引、保障指引等提供足够的外在经济行为和能量，引导主产区粮食规模效率生产沿着有效的路径达成既定的目标。

从发达国家的相关经验分析，实现粮食生产经营的产业化与现代化，历经粮食生产规模效率改进的长时间过程。基于此，本章将我国粮食主产区粮食生产规模效率改善的过程分为初级、中级、高级三个不同特征阶段。因不同阶段的目标和特点不同，相应的引导机制也具有不同的差异性特征。随着市场化和现代化发展，政府在不同的阶段扮演着不同的引导角色，实施不同的引导制度、引导政策、引导规则和引导条例等，相应形成不同时期特征的一级、二级、三级引导机制。起始阶段即初级阶段，实行一级引导机制，一般需要完成规模化经营的前期投入，加快启动土地平整连片，促进土地流转，用现代设施和装备改造传统粮田，研发试验出高产良种，促进农村剩余劳动力转移，培育新型粮食经营主体等。进入到中期阶段，实行二级引导机制，基于粮食产业化规模和业态初步形成的基础上，实施粮食生产现代分工与专业装备的政策引导，提升粮食生产现代化水平。到了高级阶段，粮食生产成为有规模效率的成熟产业，实现了粮食生产的专业化、规模化、集约化和产业化，但继续需要实施政策引导，以保持国家粮食安全行动恒力，协同引导粮食经济与社会经济、生态环境协调发展。主产区粮食生产规模与效率同步提升的引导机制结构如图10－1所示。

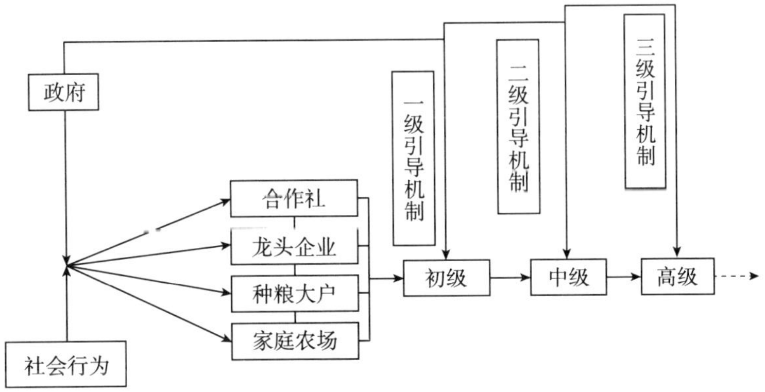

图10－1　主产区粮食生产规模与效率同步提升的引导机制结构

三、机制的建构分析

机制设计理论（Mechanism Design Theory）是微观经济学的分歧领域，也可以看作是社会选择理论综合运用。其代表人物主要为利奥—赫维茨（Leonid Hurwicz）罗格—迈尔森（Roge B. Myerson）和埃瑞克—马斯金（Eric S. Maskin）三位美国经济学家。赫维茨开创了机制设计理论，迈尔森和马斯金则分别提出和发展了显示原理和实施理论，扩充完善了机制设计理论，并且推导出该理论的基本应用条件，极大地推动了机制设计理论的发展。从整体来看，设计粮食生产规模与效率同步提升机制所要解决的问题是提供该行为活动参与者的个体利益与粮食生产经营方式变革时可能引发的矛盾。因此，在设计粮食生产规模与效率同步提升机制时应考虑推动转变行为的力量来源、转变过程的激励和转变结果的保障方式等问题。因此，以将传统方式向现代方式转变为目标的机制包括动力牵引、激励导引、保障指引三个构件。

随着粮食生产过程中内生与外生因素的影响，粮食生产规模效率的改善存在生产要素与外部约束条件进行从适应到匹配的演化过程，尤其是粮食生产规模效率、配置效率、技术效率、全要素生产率等随要素增减而不断演化。当要素投入量与配置效率能够与生产力水平相适应时，表现为规模与效率的同步提升；反之，则表现为规模不经济，即有规模而无效率的现象。从内生与外生因素论分析，粮食规模生产过程中追求高效率无疑需要“克难攻坚”，包括技术、制度、土地、劳动力、信息和管理等要素的合理配置，需要粮食规模生产与效率改善的动力系统牵引、激励系统导引和保障系统指引等多维协同体系的共同作用。粮食规模生产效率提升的动力牵引是指在粮食生产过程中的内外部因素协调发展、互促共进的系统牵引因子及其效能，牵引因子包括区域经济协同度即区域工业反哺农业的能力与程度，粮食生产的规模经济效应、粮食科技进步、人力资本改造、专业分工效应等。激励导引是指粮食生产过程中的外部因素协同推进粮食生产规模扩大与效率改善的系统激励因子及其效能，激励因子包括财政支粮政策、土地流转政策、信贷支持政策、新技术推广支持政策等。保障指引是指粮食生产过程中规模扩大与效率改善的持续性长效保障因子及其效能，保障因子包括粮食保险政策、粮食生产基础设施、国家粮食安全政策等。通过粮食规模效率生产的动力牵引、激励导引和保障指引，协同主产区粮食生产规模扩大、综合生产能力提升、规模生产效率改善、职业农民成长等现代粮食产业发展的内外在经济影响因子，形成主产区粮食生产规模与效率不断同步提升的自组织协同机制，不断促进主产区粮食产业现代发展，提升粮食主产区国家粮食安全重要责任担当能力，促进国家粮食安全长效机制的形成与不断完善。如图 10 - 2 所示。

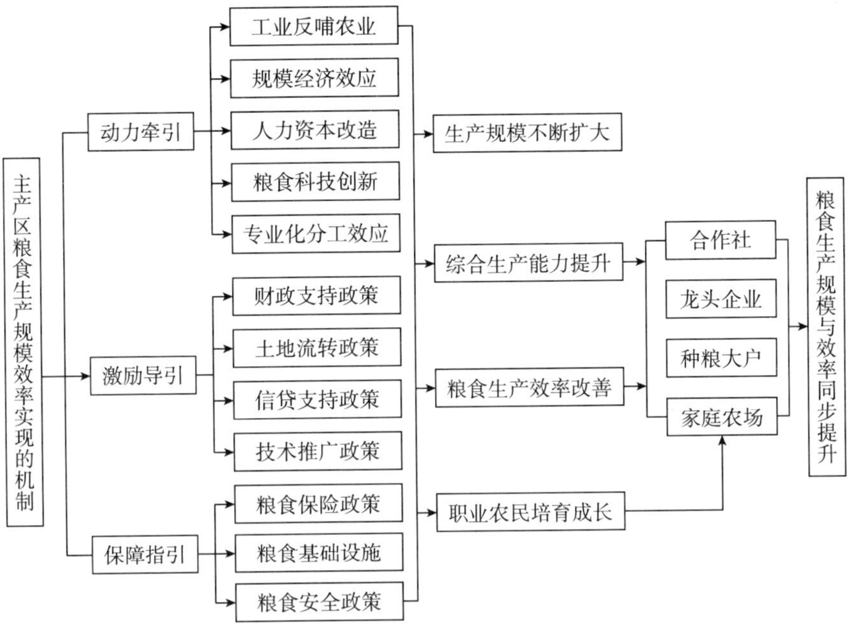

图 10-2 主产区粮食生产规模与效率同步提升的机制结构

第二节 主产区粮食生产规模与效率同步提升的动力因子分析

动力是一个物理学概念，是指可使机械运转做功的力量。经济学中的动力是指推动经济系统运动与发展的力量。从动力形成的原因分析，经济行为的动力存在内生和外生两种不同方式。所谓经济行为的内生动力是指经济系统内部产生的能够引擎经济行为产生与发展变化的力量；而经济行为的外生动力是指来自于经济系统外部，能够推动经济行为发展与变化的力量。经济系统的内生动力是经济行为发展的决定性力量，是决定经济行为发展与变化的根本；经济行为的外生动力需要内化为经济行为的内生动力才能成为真正影响经济行为发展与变化的力量。因此，在经济行为发展过程中既要高度重视经济行为的内生动力，同时也要十分关注经济行为的外生动力，只有两者的有机结合，才能更有效率地推动既定经济行为的发展及其目标的实现。

所谓粮食生产规模与效率同步提升的行为动力是指推动粮食生产规模效率改善行为的力量。主产区粮食生产规模效率改善行为的动力既来自主产区粮食生产经营主体的内部，包括粮食生产经营主体的规模经济效应、人力资本改造效应、粮食科技创新效应、专业化分工效应等引致经济利润所产生的动力动能。主产区粮食生产规模效率改善行为的动力也包括来自主产区粮食生产经营主体的外部，即市场化条件下，工业反哺农业的宏观经济条件或因子的影响。工业反哺农业实际上反映着市场经济体制下粮食主产区区域经济协同发展的水平，区域经济协同发展水平越高，工业反哺农业的力度越强，自然给粮食主产区粮食生产经营主体的外力作用就越大，越利于促进主产区粮食生产效率改善，经济效益与经济利润增进，粮食规模生产动力增强。来自主产区粮食生产经营主体内部的动力称为粮食生产规模效率改善行为的内生动力，它是引擎主产区粮食生产规模效率改善行为产生与发展变化的力量。来自主产区粮食生产经营主体外部的动力称为粮食生产规模效率改善行为的外生动力，它是推动主产区粮食生产规模效率改善行为发展与变化的不可或缺的重要力量。由于主产区粮食生产规模效率的改善，既涉及粮食生产经营主体的生存与发展问题，又涉及主产区粮食经济的增长与发展问题。因此，主产区的粮食生产规模效率改善行为必须大力发挥粮食生产规模效率改善行为的内生动力作用的同时，还必须充分发挥其外生动力促进粮食生产规模效率改善行为的作用。主产区粮食生产规模效率改善行为的内生动力与外生动力的相互作用、有机结合形成了主产区粮食生产规模效率改善行为的动力系统，它是主产区粮食生产规模效率改善行为赖以产生、发展、深化的过程与机理及其方式。粮食生产规模效率改善行为的动力系统决定和制约着粮食生产规模效率改善行为的激励机制和保障机制，成为主产区粮食生产规模效率改善行为所有其他运行机制的基础。粮食生产规模效率改善行为是粮食生产规模效率改善动力作用的客体，粮食生产规模效率改善的行为动力过程总是伴随着粮食生产规模效率改善行为活动而进行。由于主产区的粮食生产规模效率改善行为是一种长期行为、一种资源禀赋行为、一种利他行为、一种风险行为、一种行政行为，因而，主产区粮食生产规模效率改善的行为动力具有显著的复杂性特征。

一、工业反哺农业对粮食生产规模效率实现的动力效能

经典的发展经济学理论指出，一国经济发展在工业化的不同阶段，工业与农业的协同关系具有不同的表现：在工业化的初级阶段，农业支持着工业的发展；当工业化发展到一定程度以后，即该国经济进入工业化发展的中后期，相对发达的工业就应该反过来支持比较落后的农业，相对发达的城市经济就应该支持农村经济。20 世纪 50 年代，著名发展经济学家刘易斯提出，发展中国家的经济结构是典型的二元经济结构，所谓二元经济结构意味着该国经济发展的特征表现为现代的工业部门与传统落后的农业部门并存。因此，通过经济结构转换使传统经济

部门的劳动力将会不断向现代经济部门转移，并随着劳动力的不断转移，最终在工业化后期实现工业与农业两大部门劳动力供需均衡。20 世纪 60 年代，著名经济学家拉尼斯和费景汉基于刘易斯模型的分析基础，进一步发展了二元经济发展模型，强调工业与农业的平衡发展，认为农业不仅为工业发展提供劳动力，也要提供农产品剩余。随后发展经济学的乔根森模型也强调农业剩余对工业发展的作用，把农业剩余看作是工业部门扩张的充分必要条件。

然而，发展经济学理论在实践中运用并非一帆风顺。20 世纪六七十年代，一些南美国家的人均 GDP 跨过 1000 美元关口，为推动经济快速起飞，普遍实施以农村劳动力快速转移减少农民的农村经济发展战略。因而农村地区大量农民被有组织地转移到了城市，农村的耕地留给继续务农的少数农户，以期通过此举实现农业的集约化经营。始初阶段，尽管南美国家的战略行为确实促进了农业产业化经营水平，南美也因此一举成为世界上农业竞争力最强的地区之一。但大量"无保障、无固定岗位、无技术"的农民成为新市民后，也带来了一系列社会问题，诸如养老问题、住宅问题、医疗问题、失业问题等，加剧了社会矛盾，由此导致社会阶层严重分化，治安混乱，乃至国家陷入动荡，经济发展停滞不前。这就是著名的"拉美陷阱"或"中等收入陷阱"。此时，已有的发展经济学理论面临着巨大的挑战，由此出现托达罗模型。托达罗模型与前面的分析有所不同的是，它不是将农业作为工业化的一个工具来看待，而是将农业的发展作为一个目标，认为农业作为经济发展过程中的重要产业组成部分，同样承载着重大使命，与工业具有同等的意义。发展中国家的经济起飞所依赖的经济转型并非单纯通过劳动力的城乡间转移即可实现，只有从根本上解决好农业问题，提高农业生产率，提高农民素质，改善农民的生产生活条件，才能真正实现国民经济的协调发展，并最终消除二元经济结构。20 世纪 80 年代初，发展经济学家的研究重点再次转向农业发展，从宏观角度探讨了粮食政策、粮食保障以及农业可持续发展等问题，提出国家应及时根据经济发展特别是工业化程度调整农业发展政策，促进工农和城乡协调发展。

对于粮食主产区来说，工业反哺农业即区域经济协同发展，以期不断激活主产区粮食生产发展潜力，完善粮食规模生产自身"造血"功能，提高粮食综合生产效率，增强粮食产业竞争力，增加农民收入。总之，工业反哺农业营造了主产区粮食规模生产良好外部环境，不仅方便农业机械化普及，促进农地集聚，也有利于引进工业企业，促进工业资本反哺农业。为此，我们可以借鉴发达国家成功经验，借助新时期国家乡村振兴战略实施的良好机遇，加快我国粮食生产土地流转，实现粮食生产经营规模化，改造传统粮食生产方式，加强粮食生产现代技术装备，加快推进粮食生产的机械化和智能化。以工业反哺农业即区域经济协同发展方式，在主产区引进工商资本与企业，促进主产区非粮产业与粮食产业的协同发展，通过国家层面和区域层面等行为的共同作用来实现工业反哺粮食产业的预期目标。

二、规模经济效应对粮食生产规模效率实现的动力效能

《新帕尔格雷夫经济学大辞典》对“规模经济”（Economy of Scale）有着经典而权威的论述，认为规模经济是“在既定（不变）技术和要素条件下，如果在某些产量范围内平均成本呈现下降态势，则认为存在规模经济”，也就是说规模经济描述的是在技术与价格不变条件下的投入与产出关系，当产出增长率大于投入要素增长率时，单位产出的平均成本随投入要素的增加而表现成本降低与规模报酬递增，称为“规模经济”。规模经济理论可以应用于确定粮食适度规模区间或最优适度规模问题，因为规模经济能够反映在一定区间内要素聚集与经济效益匹配，表现为长期平均成本曲线上的最低点，也就是最小最优规模。规模经济是与规模报酬相联系的概念。科斯（Case，2006）认为，规模报酬递增是规模经济产生的主要原因之一，但规模经济的产生并不必然引致规模报酬递增，Cohn（1992）认为，规模经济还可能存在规模报酬不变或规模报酬递减阶段。具体到我国粮食规模种植与效率改善而言，粮食规模经营与效率改进的演化过程则恰能够使用规模报酬与规模经济理论解释。以我国现阶段粮食生产为例，虽然近年来粮食生产出现新型农业经营主体以及推进适度规模经营逐步成为未来发展趋势，但是当前及未来一个阶段内小农户与新型经营主体多元发展模式仍然存在，小农户分散化经营与新型经营主体适度规模经营的相互交织不仅是现阶段我国粮食生产的主要实践形式，也是我国粮食生产规模经营的过渡阶段。《中国农村经营管理统计年报（2016 年）》数据显示，2016 年我国粮食产业类家庭农场约为 178105 个，占总家庭农场之比约为 65.8%。其中，50～200 亩区间为 112563 个，占粮食类家庭农场之比约为 63.2%，较 2015 年增长 23.9%；200～500 亩区间为 48910 个，占比约为 27.5%，同比增长 21.3%；500～1000 亩区间为 12099 个，占比约为 6.8%，较上年增长 29.9%；1000 亩以上农场数量为 4533 个，占比约为 2.5%，同比增长 33.1%。由此可知，虽然我国仍存在粮食种植“细碎化”现象，但粮食规模经营的趋势和强劲势头不可阻挡。据第三次农业普查数据公报显示（2017），全国农业经营 20743 万户，其中，规模农业经营 398 万户，再次表明新型农业经营主体是我国现代农业发展的主要承担着和践行者。也正如习近平总书记在党的十九大报告中指出，“发展多种形式适度规模经营，培育新型农业经营主体是实施乡村振兴战略的重要组成部分”。

图 10－3 是从农地流转扩大粮食生产规模视角探究粮食生产规模效率改进机

理，姚洋（2000）对农地流转的研究方面曾提出著名的“边际拉平理论”，认为农地主要是由边际产出低的农户流向边际产出高的农户。边际产出较高的农户大多是种田能手、对农业较有情怀的技术农民，随着转入农地的不断增多则逐步演化为种粮大户、家庭农场等。随着粮食生产面积扩大，则会促进“干中学”和先进技术的推广与采纳，例如，对节约劳动力的机械化技术和增产增收的生化技术需求的提升，而农业机械化、农药化肥、优质种子等技术的使用则进一步促进现代农业的不断演进，最终使粮食规模生产的技术效率、规模效率得以提升。

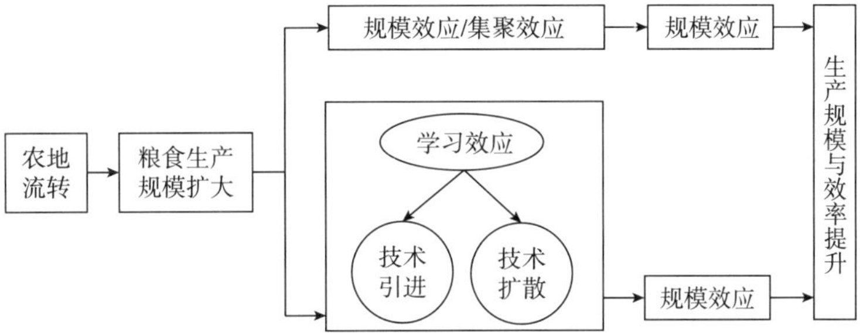

图 10－3　规模经济对粮食生产规模效率实现的动力效能

规模经济对粮食生产规模效率影响的动力效能实际上就是生产函数所分析的多投入与多产出之间的关系问题，探讨粮食经营主体如何将粮食生产资料成本与生产服务费用等使用合意的投入产出，组合形成最小化成本的目标。基于当前我国粮食生产模式及技术水平，以家庭为生产单元的各类主体仍然是主产区粮食生产的中坚主体，包括种粮大户、家庭农场及以家庭为基础组建的合作经济组织等，因此，主产区粮食生产分散化的生产模式对农产品的定价、生产要素的价格几乎没有影响，必须接受“给定价格”，说明我国粮食生产市场仍然属于完全竞争的（Perfectly Competitive）市场结构，粮食规模生产的成本最小化是我国粮食规模生产效率提升的重要前提与保障，用数学表达式来表示农户粮食生产最小成本机理如下：

$c(w,\ q) = \min_x w'x,\ \text{s.t.}\ T(q,\ x) = 0$

其中，$w = (w_1,\ w_2,\ \cdots,\ w_n)'$表示投入价格向量，上述方程表示利用“内外部条件下搜寻各类要素投入与产出的最优组合，找到产出向量 q 的最小成本投入量（input quantities）”。利用向量代数中关于内积的内涵，可以对 $w'x$ 解释为向量 w 与 x 的内积（*inner product*），它是相应元素乘积之和的简洁形式，即为 $w'x = w_1x_1 + w_2x_2 + w_3x_3 + \cdots + w_nx_n =$ 成本。而用 c（w，q）表示是强调此最小成本值随 w 和 q 的变化而变化。

三、人力资本改造对粮食生产规模效率实现的动力效能

实现主产区粮食生产规模与效率的同步提升最关键的生产要素仍然是粮食生产的劳动力即人力资本，随着主产区现代粮食产业的发展，粮食生产新型经营主体的培育成长，人力资本对粮食规模生产效率的改善日益凸显越来越重要的作用。从世界发达农业国家的经验分析，粮食生产的人力资本能力已提高到一个相当高水平的程度，人均可耕种面积从21世纪的数十亩已跃升至目前的千亩。随着农业机械化、绿色革命、转基因技术的不断突破，粮食生产的增产与增收效应不断提升，与此同时提出与之相适应的人力资本配置要求。因此，人力资本对粮食生产规模效率影响的动力效能是不言而喻的。据林毅夫、黄季焜等学者研究，自新中国成立以来，我国粮食规模经济效应的首要因素是粮食科技的研发与推广以及粮食生产人力资本的代际传递和不断改造。著名经济学家舒尔茨将人力资本的来源和内容大致从受教育或培训水平、医疗保健、迁徙与习得能力三个方面进行了系统阐释。

从粮食生产的教育与培训方面分析，粮食生产规模效率实现的人力资本水平主要体现在经营主体的受教育程度、各类技能培训投资、干中学的技能培养等。一般来说，受教育程度越高，经营主体的知识储备量、眼界、专业化技能的掌握也会更高，粮食规模生产主体在粮食生产过程中包括生产技术的选择、成本的节约与控制、经营规模的边界以及生产资料的采购与市场前沿动态的把握等诸多方面的能力更强大、更准确。基于此，粮食生产专业化的技能培训是改善粮食生产规模效率最有效最直接的途径。因此，国家不断实施新型职业农民培训工程，不断扩大培训范畴，包括农村种粮大户、粮食经纪人、粮食家庭农场主、粮食生产合作社成员、粮食生产技术推广人员等，培育了大批“懂技术、会经营、有思想”的新时代新型粮食生产主体和生产者，为主产区粮食生产规模与效率的同步提升提供了有力的智力支持，实现了粮食生产的人力资本改造效能。从人力资本的医疗与保健投资方面分析，健康的体魄、畅舒的心绪、更旺盛精力对粮食生产规模效率的改善有着正向的利好作用，并有助于激发种粮大户的主观能动性和创新创造能力，有助于提高粮食生产的资源配置效率，有利于农户粮食生产技术与装备等投资的长周期建设。从迁徙与习得能力方面分析，农民外出务工经历、外出务工年数、求学经历等均是迁徙与习得能力的重要表现。以农民外出务工为例，根据川、湘两地稻作大户调研数据显示，近63%的稻作大户曾有一年及以上的外出务工经历。外出务工对粮食生产者的眼界、思维、市场观念、社会资本具有显著的拓展作用，能够在一定程度上打破传统农民的“小农思维”，冲击了乡土社会唯“熟人社会”论的禁锢，有助于生产要素在更大范围内自由流动，

尤其是在“乡—城”迁徙过程中，客观上起到了促进劳动力等要素或资本加速流动和高效配置的作用，同时有利于打破原本农村非合作、原子化的倾向，从而促使农户基于比较优势原则进行更科学的粮食生产分工，拓展粮食生产社会化服务深度与广度。

从粮食生产的企业家能力（企业家精神）分析，粮食生产的企业家在承担粮食生产风险、降低粮食产业成本、提升粮食生产的规模效率水平等方面具有重要作用。奈特（Knight，1921）对企业家及企业的功能和作用有过经典的阐述，他认为企业是由企业家自发主动承担风险和获得收益的一种黑箱装置，其中，企业家起到权力分配并承担不确定性风险的“首要功能”，企业家对企业“决定干什么以及如何干”是最直观的体现。熊彼特（Schumpeter，1934）认为，企业家可以比作能够革新生产方式和推动生产效率的创新者；卡森（Casson，1982）认为，“企业家是擅长于对稀缺资源的协调利用做出明智决断的人”。因此，现代粮食生产的家庭农场主和新型经营主体，毋庸置疑发挥着主产区粮食生产规模与效率同步提升的引领作用。不管是家庭农场、种粮大户，抑或是合作社或龙头企业等新兴农业经营主体，他们在经营方式、决策方式、生产方式上符合经典“厂商”的本质特性，而企业家及企业家精神对厂商的生产决策、盈利水平均有着至关重要的作用。家庭农场主、种粮大户户主、合作社理事长、龙头企业的经营管理者等作为新型经营主体的“企业家”，其生产决策行为不仅能够直接关系到主产区粮食规模生产的效率和效益，而且对我国粮食安全、粮食国际竞争力也有着重要的影响。因此，从国家粮食安全政策设计上需要鼓励种粮大户提高企业家能力，学习企业家精神。人力资本改造对粮食生产规模效率实现的动力效能如图10－4所示。

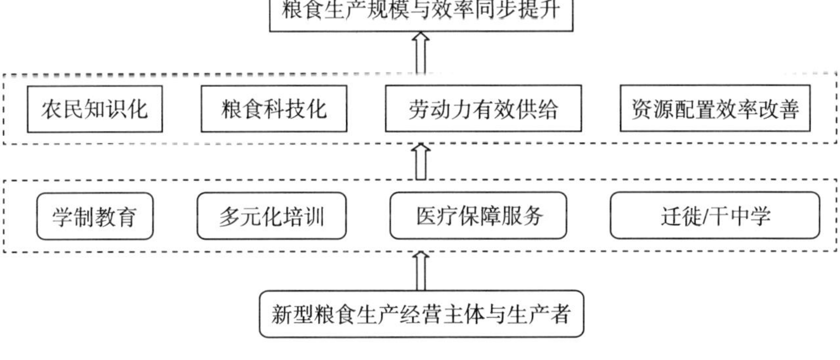

图10－4 人力资本改造对粮食生产规模效率实现的动力效能

四、粮食科技创新对粮食生产规模效率实现的动力效能

粮食科技创新是指不断用先进的农业技术来代替落后的粮食生产技术，以促进粮食生产力的发展。根据创新对象的差异，粮食科技创新基本上可以分成两大类：机械性技术进步和生物性技术进步。机械性技术进步又称替代劳动型技术，是指对粮食生产机械、粮食生产设施等固定生产资料的开发改良，其显著效果是缩短单位生产物的劳动时间，大幅度地提高粮食生产劳动生产率。生物性技术进步又称替代土地型技术，是指对种子改良、化肥、农药等流动性生产资料的开发，改善栽培方法，其明显效果是提高粮食生产的土地生产率，稳定粮食产出水平。粮食科技创新即粮食技术进步不仅是20世纪以来世界范围内粮食增产的最大贡献因素，对解决非洲最不发达地区的饥饿以及对欧美地区的农业效率改善、农业现代化有着直接的影响（Lin，1987；McMillan，1989），也对新中国成立以来我国粮食增产、农民增收做出了巨大的贡献（林毅夫，2014）。就现阶段我国农业与农村的发展实际来看，以粮食为主的农业生产成本居高不下，农村劳动力老龄化趋势明显，甚至出现“妇幼化”的弱质性倾向，农业技术进步更是粮食规模种植与效率改善的重要动力因子。粮食科技创新即粮食技术进步对粮食生产规模效率的影响可以利用柯布—道格拉斯生产函数进行分析。对柯布—道格拉斯生产函数取对数，可将函数写成线性形式。函数中的投入系数代表投入的产出弹性，投入的产出弹性总和被当作生产的规模收益程度的指示器如：

$$\ln Y = a\ln L + \beta\ln N + \gamma\ln C + \varepsilon$$

其中，Y 表示产量，L 表示播种面积，N 表示劳动，C 表示资本，ε 表示残差项，度量技术进步对规模生产效率的影响。研究表明，发达国家技术发展进步对生产率提高的贡献率达60%～80%，中国约为35%。因此，粮食生产规模效率的改善有两个方面的表现，一是要素投入既定时产出增加；二是生产同样多的产量所需投入减少。具体来说，如果粮食生产要素供给不变，由于粮食生产率提高，粮食产出将会增加。如果对农产品的需求固定，粮食生产规模效率提高则会节约出资本、土地和劳动，即产生农业剩余。

粮食科技创新对粮食生产的贡献主要体现在两个方面，一是粮食生产技术的研发，表现在对育种技术、栽培管理技术等方面；二是粮食生产技术的扩散与应用推广。Romer（1990）认为，技术进步大部分来自“有意识的行动”，戴国海（2004）认为，农业技术扩散及其机制是农业新技术转化为生产力的重要桥梁。从世界农业发达国家的发展历程来看，美国、日本农业发展中均十分重视技术的贡献，美国尤以农业机械化技术为典型，日本以精细化的生化技术为代表。粮食科技创新之所以成为粮食生产规模与效率同步提升的动力因子是基于粮食生产经

营主体产量目标的追求需要、质量目标的追求需要、利润目标的追求需要、提高农产品竞争力的目标追求需要所自发引致的行为。经济学家速水佑次郎（日）和弗农·拉坦（美）在探讨农业技术进步的路径时，提出著名的“诱导技术变革”理论。假定市场价格能够正确有效地反映产品和要素的供需变化，则农业技术进步是由相对要素稀缺性的变化引起的。对于劳动较为稀缺的国家，相对较高的劳动价格将会诱导农民选择农业机械性技术进步模式；对于土地较为稀缺的国家，相对较高的土地价格将会诱导农民选择生物性技术进步模式。此外，政府应该以如何消除缺乏供给弹性的生产要素对农业增长的制约为基本出发点，利用市场价格信号，诱导农民选择能够节约日益稀缺的生产要素的技术方法。我国属于人多地少的国家，土地资源严重不足，人均土地面积规模狭小，不足1.5亩，而相对应的劳动供给富足，农村剩余劳动力基数庞大。因而，从诱导技术变革理论分析，生物技术进步对主产区粮食生产规模效率改善具有重要的意义。当然，选择粮食生产生物技术进步模式并不意味着对粮食生产机械技术的排斥，实行粮食生产规模经营需要机械化来解放生产力。在优先发展生物技术的同时，也不能忽视机械技术的使用，两者应有机地结合起来。加速生物技术进步的前提条件是粮食生物技术创新成果的大量增加，并使其价格相对于土地和劳动的价格有长期下降趋势。总之，依靠全社会的力量，加快粮食生产经营主体粮食生产技术创新是加速我国粮食主产区粮食生产二元经济结构转换，促进粮食生产规模与效率同步提升的重要而紧迫的工作。

五、专业化的分工对粮食生产规模效率实现的动力效能

众所周知，分工产生效率。对于生产规模的扩大与分工深化对规模效率改善机制，斯密（Smith，1776）最早在《国富论》中以手工制造“扣针”为例进行了形象而科学的阐述，斯密认为，分工能够提高生产效率的原因至少存在以下三点：一是因为分工能够使得劳动者更加专注于一项工作有利于发挥干中学的作用进而“熟能生巧”提高效率；二是分工节约了在多项繁杂工作环节间转换与调整时间；三是分工有利于机械代替人工劳动。虽然分工有利于效率的改善，但是分工也是存在一定的约束条件和前提；其一，分工需要一定的生产规模或者市场范围，其二，分工需要市场存在信息的对称或局部对称，其三，分工需要生产者之间存在一定的比较优势。杨格（1928）认为，分工至少包括或蕴含着个人专业水平、不同专业的种类数和生产迂回程度等差异化事实。在分工基础上带来的效率改善和生产量增多，进而需要各类主体或产业间进行交换和消费，由此形成分工与专业化经济的完整回路，如果市场范围或者迂回程度不足，将会影响分工的可持续发展与稳定性不足。罗必良（2016）指出，在开放的农业经营体系中，既

可以通过扩大土地规模来改善农场组织的“土地规模经济性”，又可以通过农业生产性服务的纵向分工与外包来实现“服务规模经济性”。所以，在粮食规模经营背景下，由专业化分工带来的纵向分工与横向联系对粮食规模化生产及其效率改进越来越密切，与此同时当然也存在着交易成本、机会成本等外部成本问题，因此，新型农业经营主体如何充分利用好分工与专业化优势去降低粮食规模经营成本（如图 10 – 5 所示）。

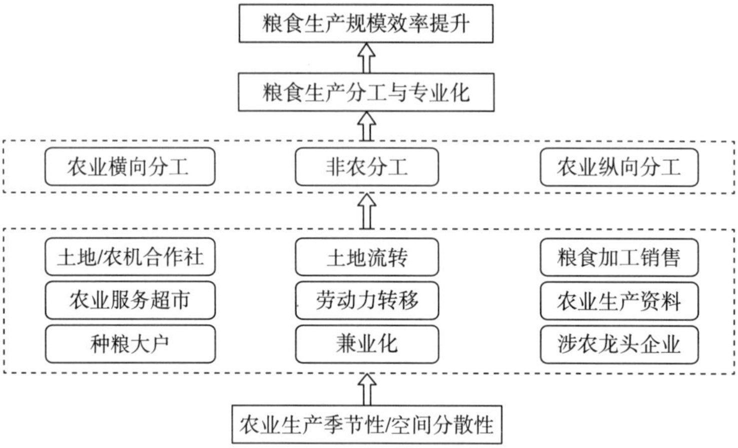

图 10 – 5　专业化分工对粮食生产规模效率影响的动力效能

进一步利用超边际经济学分析专业化分工对粮食生产规模效率影响的动力效能。杨小凯（2003）认为，仅依靠边际分析并不能解决分工与效率改进问题，遂将产品的种类、交易费用以及参与主体等纳入分析框架。向国成（2004）对超边际经济学的内涵有着更为直观的解释，即以报酬递增和超边际分析作为分工演化与专业化为特征的经济分析体系。长期以来，我国以家庭农户为基础的小规模农业生产模式存在着户内分工、外部交易或社会化服务与产品购买等行为，要使农户在规模经营的同时效率得以同步提升，则需要厘清农户在分工与专业化“适度”的拐点、自营或购买社会化服务行为选择、交易费用或机会成本等，均可认为是内生化的“角点解”选择过程。舒尔茨认为，农民是“理性的经济人”，而农户作为理性人势必会在追求各个角点解与最大化总效用间考虑均衡，也就是农户最终选择的最优解。

新古典经济学使用的基本方法是超边际分析（杨小凯、张永生，2003），正如阿罗对杨小凯的研究成果的称赞所述，“使斯密的劳动分工论与科斯的交易费用理论混为一体”。本书研究粮食规模生产效率的影响及其改进，尤其是种粮大户在开展规模经营过程中如何做到规模与效率的同步提升，不仅需要生产要素的合理配置，更需要降低生产与交易成本，农户对粮食种植规模的决定、对要素的配置变化、对农业生产服务选择自营或外包等，并非简单的“是”与“否”简单决策行为，种植大户会从生产的边际成本、交易信息处理等综合考量而做出最优决策。杨小凯（2003）认为，“经济分析不仅要分析个别决策人的自利决策，还要研究众多决策人自利行为之间的冲突及其交互作用；新兴古典经济学超边际分析是比较各个角点解的局部最大值，从中产生整体最优解，也就是说超边际分析存在角点均衡与全部均衡两部分，而全部均衡则是众多均衡当中的一个”。在解释力度方面新型古典经济学每个角点解可视为某个新古典经济学的全部均衡。从传统的边际分析方法难以得到恰如其当的解释，完善的农业社会化服务市场的形成在一定程度上可以视为“完全分工”市场的出现，而中间的过程或路径则是需要“新技术”“新产品”对要素进行有效的匹配和组合，实现分工深度与广度的融合与自洽，也就是说有足够的迂回程度才能使分工稳定性得到保障。我国农业经济的发展过程从过去到现在及未来农业现代化阶段也会呈现一定的规律，表现为从传统小农户的自给自足到以家庭为生产单元的新型农业经营主体成为粮食生产中坚力量；从局部或部分分工，再到完全分工形成完全竞争的农业社会化服务市场。因此，从超边际分析，粮食生产专业化分工促进粮食生产新技术新产品开发的机理，如图 10－6 所示。

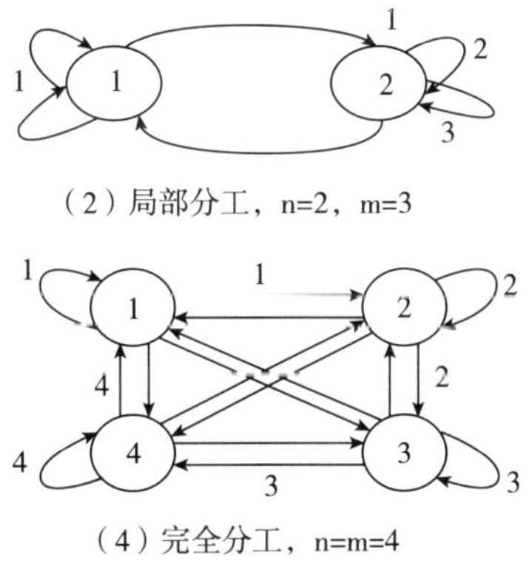

图 10－6　专业化分工促进粮食生产新技术新产品开发

当出现粮食生产新技术与新中间产品时，使粮食生产分工与交易成本的改变而引致内外部资源效率的改善；当交易效率改进时，均衡分工的商品种类数及均衡分工的消费品种类数会同时增多（杨小凯，2003）。如图 10－6 所示，假设在市场中存在四个交易主体和四种商品，用圆圈代表四个交易主体，用带箭头的实线表示产品交易流，箭头附属的数字表示相关的交易产品。当市场分工与交易效率均处较低水平时，此时分工带来的收益难以抵消同期成本，因此，市场表现为自给自足，对应的图例和机理分析如（1）所示，故各市场主体互不来往处于独立的自给自足状态。随着技术进步或其他比较优势的出现，交易效率得到改进，虽然存在分工与交易成本的两难冲突以及交易效率的改善带来收益在部分环节或局部能够得到规模效率的改进，能够满足因分工带来的收益大于交易成本，因此，分工与专业化呈现初步性、局部发展，对应的图示与机理如（2）所示，表示有两种商品的交易市场，每个交易主体买卖两种商品 1 和 2，而剩下的商品 3 与 4 依然暂时得不到有效率的交易，即仍有两个互不交易的社区存在（杨小凯，2003）。当交易效率得到进一步改善时，会陆续出现商品 3、商品 4 的陆续加入，即对所有市场参与者而言，按照比较优势进行分工与专业化生产，对所有厂商或消费者而言才是最佳的选择，此时处于完全专业化阶段，此时对应的图示为（3）和（4）。上图中联结圆圈数及对应线条数目的变化，反映市场主体间互相依赖的紧密程度和分工深度及市场成熟程度，这种结构变化在数学中被称为图形的拓扑性质。随着现代社会发展，可以预见，粮食规模生产的专业化分工特征将越来越凸显，因此，粮食生产新技术新产品的开发频率也将越来越高，因而，粮食规模生产的效率也将越来越高。

第三节　主产区粮食生产规模与效率同步提升的激励因子分析

“激励”源自于拉丁文“Movere”，意为“驱动”。行为学中激励是指激发人的内在动机，以刺激并鼓励达成目标行为的一个过程。美国心理学家 Berelson 和 Steiner 认为，激励是“一切内心必要争取的条件、希望、愿望、动力等构成了对人的激励……它是人类活动的一种内心状态”。经济学家 Edward P. Lazear 认为，经济学的核心就是激励问题，激励可以是基于个人、特定组织、政府等为了实现期望目标而去影响人们的内在需求和动力，从而强化、引导或改变人们或组织行为向有利于既定目标发展的行为过程。经济学认为，当激励问题的产生源自于委托人（博弈方）向代理人（博弈相对方）委派任务时，委托人（博弈方）授权代理人（博弈相对方）从事为委托人（博弈方）的利益而努力的某种活动，为了激励与约束这项活动能够按照委托人（博弈方）的利益和目标进行，而产生的一种制约机制。

粮食生产规模与效率的同步提升，既有利于我国粮食产业的现代发展，又有利于国家粮食安全的长效保障；促进主产区粮食生产经营主体粮食规模生产效率改善不仅是社会追求的共同目标，也是国家治理的行为目标。因此，粮食规模种植及其效率实现的行为目标与粮食主产区、中央政府、规模种植大户存在密切关系，这是由于粮食的准公共产品属性以及粮食规模种植的多功能性和正外部性，使粮食生产事关国家粮食安全、农民增收和农业农村发展的重要现实问题。因此，从竞争性市场经济视角分析中央和地方政府肩负着保障国家粮食安全的重任，而种粮大户等生产主体在一定程度上与政府和社会属于委托人和代理人的关系，代理人需要生产市场需求的足够量粮食产品，同时还应保障食品的健康和安全。在这种合约下，国家通过政策引导和财政转移支付鼓励粮食主产区地方政府支持粮食规模种植，而地方政府出于绩效考核等目标和粮食安全的有限责任则也需要支持粮食适度规模种植。基于此，粮食生产规模与效率同步提升的问题实际上就是一个委托代理问题，需要国家行为和社会共识行为的共同激励。因此，粮食生产规模与效率同步提升的激励，实际上就是国家治理与社会管理的责任载体政府作为委托人，如何使粮食规模生产主体作为代理人在选择或不选择代理人的最大化标准和目标时，从自身效用最大化出发，自愿或不得不选择与委托人最大化标准或目标相一致的行动。

粮食生产规模与效率的同步提升的激励因子所形成的激励组织系统即所谓的激励机制，它是激励主体引导激励对象的行为方式和价值观念，以实现共同的行为目标的过程。粮食生产规模与效率的同步提升激励系统由三个要素组成：激励目标、激励因素和激励过程。激励目标是激励主体对激励对象进行激励的规定，规定了激励方向；激励因素主要表现为功利型激励因素即物质奖励或经济奖励、符号型激励因素即精神奖励或政治奖励或绩效评价等。粮食生产规模与效率的同步提升的激励系统目标是服从于委托人实现国家粮食安全的最大化目标。这种自身利益最大化就是一种价值标准，或者是一项社会福利目标，这些标准或目标可以是最小个人成本或社会成本约束下的最大预期效用，也可以是某种意义上的最优资源配置或个人的理性配置集合。政府作为委托人设计粮食生产规模与效率同步提升的激励机制就是制定一定的规制，引致粮食规模生产主体即代理人都能使自身利益最大化选择的最终结果与委托人给出的标准或目标一致。也就是说，委托人怎样才能够使代理人在实现自身效用最大化的同时达到委托人期望达到的具体价值标准或社会目标。因此，激励机制的核心就是委托人怎样使代理人按照委托人的意志选择或行动。因而，从委托人视角考虑，粮食生产规模与效率同步提升的激励因子主要包括财政支持政策、土地流转政策、信贷支持政策和技术推广政策等。

一、财政支持政策对粮食生产规模效率实现的激励效能

财政支持政策即公共财政通过补贴、投资或奖励等方式保护支持粮食生产，特别是保护支持粮食规模生产的系列政策的总称。从国际经济发展视角分析，一个可观察到的经验事实是：伴随一国由传统农业社会向现代工业社会的转变，各国政府普遍实施粮食生产保护和粮食生产支持政策。从经济学理论分析粮食是一个社会稳定和发展不可缺少的产品，是任何社会人类生活不可或缺的生活资料。粮食产品的供给只能通过粮食生产来提供，粮食生产的独特功能不可能被社会其他任何部门所代替。在市场经济条件下，粮食商品的短缺会直接引致社会最不安全的问题。粮食生产是自然再生产和经济再生产相结合的产物，一方面，粮食生产依赖人力、资本、技术等要素的投入；另一方面，还要受自然条件的影响和必要的粮食生产基础设施和服务的支持。随着经济发展，粮食生产的自然环境越来越恶化，导致环境污染、水土流失等问题，增加了粮食生产的私人成本，也严重制约着粮食产出的增长、粮食生产效率的改善。新时期粮食生产高质量发展要求对粮食生产基础设施和服务的要求也越来越高。因此，粮食生产具有典型的公共产品属性，需要政府公共财政支持行为解决粮食生产特别是粮食规模生产的外部性问题。

毋庸置疑，财政支持政策具有最直接最有效促进粮食生产规模效率的激励效能。第一，财政支粮政策通过降低粮食生产的完全成本，改善粮食规模生产的内在经济条件，提高粮食规模生产收益，增进粮食规模生产主体的自主意识和自生能力；第二，财政支粮政策通过加强粮食生产的公共投资，增加粮食规模生产的现代基础设施，改善粮食规模生产的外在经济条件，提高粮食规模生产效率，促进粮食规模生产主体的职业持续和代际传递；第三，财政支粮政策通过优化粮食生产的资源配置，引导工商资本涉农和工业反哺农业，促进主产区粮食规模生产的内外在经济的协同性，提升粮食产业的现代化水平和粮食产业的竞争力水平。

虽然中国市场经济的粮食支持保护政策历经波折，但终于走向越来越有效的方向。从 1978 ~ 1993 年的以不断提高粮食市场价格鼓励粮食生产，实施流通环节补贴和消费者补贴的粮食支持政策阶段到 1993 ~ 2004 年的以保护价敞开收购余粮为主要的补贴方式的粮食支持政策阶段，再到 2004 年至今阶段的转变粮食支持政策，初步形成农民直接收入支持、粮食生产支持和价格支持等粮食支持政策体系阶段。目前，我国已经初步形成了以生产性补贴与农民收入补贴相结合、综合补贴与专项补贴相配套的补贴政策框架以及以粮食市场供求为基础、粮食最低收购价为保障的粮食生产财政支持体系。虽然我国财政支粮政策及其体系不断完善、支持力度不断增强，但从粮食生产规模与效率同步提升的要求考虑，还存

在着粮食规模生产的支持宽度不够、支持力度不强、支持方式过简、支持效能不高等问题。因此，必须进一步增加支持力度和宽度、优化支持方式、调整支持政策目标，从而建立符合中国国情的具有中国特色的长效而稳定的关于主产区粮食生产规模与效率同步提升的财政政策支持体系。

二、土地流转政策对粮食生产规模效率实现的激励效能

粮食生产的土地流转政策是基于家庭联产承包责任制的土地细碎化经营方式转化为土地集聚规模化经营方式的支持政策。粮食生产规模发展和粮食全要素生产率的提升必然需要以细碎化土地的不断集中集聚为最基本的前提和条件，但是，中国特色市场经济体制下必须始终坚持实行土地的社会主义公有制，即全民所有制和劳动群众集体所有制性质。事实上，南美等国家为推进农村土地规模化集聚采取的简单操作制度与方式，导致城乡矛盾凸显、社会冲突加剧、经济徘徊不前等，国家经济增长与发展最终掉落“中等收入陷阱”的沉痛教训值得我们吸取教训。实际上，从国家整体发展、特别是国家协同发展的视角分析，土地制度并非完全私有化就是最好的，东欧社会主义国家转型中国家土地私有化方式引致对国家整体经济发展的负面影响所付出的沉重代价就是一个事实检验和证明。因此，如何坚持中国特色社会主义的改革方向，促进农村土地有序有效流转，推进粮食生产等农业规模经营成为当下国家和社会从理论到实践所共同探索的紧迫问题。

土地流转是指拥有土地承包经营权的农户，将土地经营权（使用权）转让给其他农户或经济组织，即保留承包权，转让使用权。促进农村土地流转可以通过转包、转让、入股、合作、租赁、互换等方式出让经营权，鼓励农户将承包地向专业大户、合作社等流转，促进农业规模经营。中国现行土地流转政策的要点是：在不改变家庭联产承包责任制经营基本制度的基础上，把股份制等新型经济形式引入土地制度建设，建立以土地为主要内容的农村股份合作制，将农户承包的土地从实物形态变为价值形态，让获得股权的农民可以安心从事第二、第三产业，让通过土地市场交易获得更多土地经营权的农民可以扩大土地经营规模，实现农业由传统向现代转型，公有制与市场的深度融合，促进集体经济的发展。2014 年，中共中央办公厅、国务院办公厅印发了《关于引导农村土地经营权有序流转发展农业适度规模经营的意见》，要求大力发展土地流转和适度规模经营，做好农村土地承包经营权确权等工作。2018 年，新出台的农村土地流转政策强调，土地流转和多种形式规模经营，不仅是发展现代农业的必由之路，也是农村改革的基本方向，完善土地承包法律法规、落实支持粮食生产政策、健全监管和风险防范机制、加强乡镇农村经营管理体系建设，推动土地流转规范有序进行，

真正激发农民农业生产特别是粮食生产的积极性。应当说，我国现行的农村土地流转制度越来越有利于粮食主产区粮食生产规模与效率同步提升的现实需要，主产区粮食生产规模集聚、粮食产出稳定增长、产粮大户规模扩大以及产粮大户数量增加就是经济学原理上所谓的经验检验。由此也说明，土地流转政策具有促进粮食生产规模效率实现的重要功能。

土地流转政策促进主产区粮食生产规模与效率的同步提升是基于政策导向下的预期效应、政策惠及下的成本效应、政策约束下的稳定效应、政策效果上的规模经济效应等引致的表现特征。所谓政策导向下的预期效应是指促进土地规模集聚，降低粮食生产土地流转成本，提高土地市场交易合约的稳定性等土地政策的演变趋势引致新型粮食经营主体决策于粮食规模生产积极心理与远期规划的反应。所谓政策惠及下的成本效应是指有利于粮食规模生产的土地流转政策可以降低规模经营土地流转的交易成本，特别是谈判成本与续约成本，提高土地交易市场效率的政策效应。所谓政策约束下的稳定效应是指粮食生产规模扩张中的土地流转合约具有法律意义上稳定的委托—代理关系，作为土地转出与转入的双方均有权利与义务遵守土地流转合约中的所有协议，维护双方的权益，促进土地流转合约的稳定性，减少甚至消除合约运行过程中因矛盾或纠纷引致的波动性，促进粮食生产规模集聚的持续性和长效性。所谓政策效果上的规模经济效应是指促进粮食生产土地流转政策将会引致经济学理论上的粮食生产经济效益提高，或者说是由于粮食生产力诸因素集约度的变动所引起的粮食生产经济效益的改善的现象。土地作为农户家庭生存与发展最基本的禀赋资源和粮食生产规模扩张最基本最重要的生产要素，决定着土地流转政策在顶层设计上的系统性、在操作层面上的可及性、主体博弈上的多赢性等。因此，进一步完善现行土地流转政策，推进主产区粮食生产土地流转政策创新是深化我国经济体制改革、促进我国粮食生产规模与效率同步提升的基础性、重要性和长期性的工作。

三、信贷支持政策对粮食生产规模效率实现的激励效能

信贷政策是中央银行根据国家宏观经济发展、产业发展、区域经济发展以及金融市场发展等政策需要，并积极配合财政政策所制定的指导金融机构贷款投向的政策，它是国家经济政策在信贷资金供给方面的特征表现，包括贷款供应政策和贷款利率政策两部分。国家一定时期的贷款供应政策规定了贷款的投向、规模、支持重点、限制对象以及促进国民经济发展的总目标；国家一定时期的贷款利率政策规定贷款利率的总水平和差别利率的原则。信贷支持是国家通过金融机构，主要是政策性金融机构，对其扶持的产业、部门、企业或具体项目给予贷款，帮助其发展的一种方式。信贷支持主要是通过发放优惠的政策性贷款或通过

信贷担保等方式进行，其目的是使被支持的对象能够筹集到发展所必需的低成本资金。

粮食规模生产的信贷支持政策是指政府支持粮食规模生产发展的特殊政策。具体表现为政府政策性金融机构直接贷款或由其他金融机构转贷款给粮食规模生产经营主体，帮助粮食生产者及时低成本筹集到粮食生产规模扩张和效率改进过程中所需的资金，保障粮食规模生产资金需求的有效供给，降低粮食生产者规模经营资金筹措成本和操作成本，提高粮食生产规模经营主体的积极性和有效性。粮食规模生产信贷支持政策是农业政策性金融机构重要的信贷政策，对于推动粮食规模生产的现代发展发挥着极其重要的作用。

信贷支持政策促进主产区粮食生产规模与效率的同步提升是基于政策的直接效应与间接效应的表现特征。所谓粮食规模生产信贷支持政策的直接效应即市场经济条件下金融供给部门直接满足粮食生产规模扩张中土地流转、新技术新种子采纳、新装备新设施建设、人力资本存量改善增量保障等资金需求，消除粮食生产经营主体在规模扩张决策中资金刚性需求的约束，降低粮食规模生产的投融资成本，提高粮食规模生产效率的效应。所谓粮食规模生产信贷支持政策的间接效应即市场经济条件下金融供给配合粮食规模生产的财政支持政策以及通过激活粮食主产区金融市场，改善粮食主产区区域经济环境等引致的促进粮食规模生产、改善粮食生产效率，推进粮食主产区粮食产业现代发展的系统功能效应。当前，我国粮食主产区资金短缺已成为粮食生产新型主体发展现代粮食产业的主要制约因素。新型粮食生产经营主体在规模化生产中需要进行规模化的投入，就自身财力是远远不能达到的，而国家财政支持又是有限的，因此，金融资金，尤其是信贷支持资金将成为其粮食规模生产支撑体系中的重要方面。但当前粮食主产区金融体制还存在诸多与现代粮食产业发展不相适应的地方，例如，农业金融机构信贷资金严重短缺问题还会在一定时期存在、粮食规模生产借贷相关的制度建设还有待完善、金融资源缺乏合理配置致使主产区的金融服务欠缺、民间金融不活等。另外，涉农金融机构自身也存在诸多需要解决的问题，例如，农村政策性金融业务范围狭窄、商业金融的趋利行为使其对粮食规模生产的支持力度日益弱化等。这些问题使粮食规模生产基础设施极为薄弱，新型粮食生产经营主体贷款难、贷款短、贷款贵等问题还没有从根本上解决，一定程度影响粮食生产规模与效率的同步提升。因此，进一步改善主产区粮食规模生产的信贷支持政策，促进主产区金融产业与粮食产业的协同发展是实现主产区粮食生产规模与效率同步提升的有效途径。

四、技术推广政策对粮食生产规模效率实现的激励效能

粮食生产技术推广是对经过检验和科学鉴定的合理的粮食生产新技术成果扩

大使用范围的行为。粮食生产新技术的应用与推广是将粮食科研成果迅速转化为生产力的重要措施，是依靠科学技术促进粮食生产发展、提高粮食生产效率的重要途径。粮食生产新技术的有效推广，需要具备以下五个条件：一是粮食生产新技术本身必须具有能够推广应用的条件，即具有粮食生产新技术成熟性和新技术适应性。粮食生产新技术成熟性是指研究粮食科研试验数据完整，原理设计、工艺设计合理，性能稳定可靠。粮食生产新技术适应性是指新技术能够适应粮食生产主体的资源、能源、工艺、装备的状况以及经济发展水平和教育水平，采纳后能够带来明显的社会、经济效益。二是粮食科技研究开发部门和使用单位都具有粮食生产新技术推广的积极性和责任心。三是国家、主产区制定合理的粮食科技政策和行政法规，保障粮食生产新技术的推广应用。四是具有健全的粮食生产新技术推广组织体系。五是粮食生产新技术采纳后，必须从制度上、组织上巩固成果的应用推广，并不断对粮食生产新技术进行再改造提高，使之日趋完善。

尽管粮食生产新技术的推广具有推进粮食产业现代发展至关重要的作用，但由于粮食生产技术推广具有典型的公共物品特性，因此，粮食生产新技术的推广必须坚持以政府为主导，社会广泛参与，实行公益性推广与经营性推广分类管理相结合的方式，并明确主产区粮食生产新技术推广机构的公益性定位，充分发挥市场机制作用，广泛吸引科研、教学、企业、社会经济组织和个人等多种社会力量投身于主产区粮食新技术推广事业。必须坚持试验示范，确保技术先进、适用和安全，维护粮食生产主体利益，同时必须尊重粮食生产主体意愿，保障粮食生产主体选择和应用技术的自主权，通过粮食生产新技术推广的典型示范，政策引导，努力调动主产区粮食生产经营主体采纳新技术的积极性，充分发挥粮食生产技术推广政策促进粮食生产规模扩张中的激励效能。

粮食生产技术推广政策是指国家主导下促进粮食生产技术改进、生产装备先进、生产效率增进的支持政策。因此，粮食生产技术推广政策必然有助于主产区粮食生产规模与效率的同步提升，一方面，通过公益性技术推广，减少甚至规避技术变革风险，增加粮食生产主体采纳新技术的积极性和持续性，从而不断促进主产区粮食生产专业化水平和集约化水平提升；另一方面，通过引进新技术、改善新工艺、改换新装备，增进粮食生产主体规模经营能力和潜力，直接改善粮食规模生产效率水平。当前，我国粮食生产进入了传统农业向现代农业转变的关键时期，粮食生产现代化正处在加快发展的重要阶段。粮食生产技术推广工作面临着新形势、新任务和新要求。必须加强主产区粮食规模生产关键技术的研发与推广，必须加快构建主产区粮食规模生产的高产、优质、高效、生态、安全技术推广支持政策体系，必须通过主产区现代粮食产业示范园建设加强粮食规模生产新技术的推广应用，发挥粮食生产技术推广政策效应，不断提高主产区粮食生产土地产出率、资源利用率、劳动生产率，不断增强主产区粮食综合生产能力、抗风险能力和市场竞争力，真正实现主产区粮食生产规模与效率的同步增进。

第四节 主产区粮食生产规模与效率同步提升的保障因子分析

基于主产区粮食规模效率生产行为目标的社会性、粮食规模效率生产行为发展的长期性、粮食规模效率生产动力牵引系统的长效性需要，必须建立粮食生产规模与效率同步提升的保障指引体系。粮食生产规模与效率同步提升的保障因子分析属于经济学分析的范畴，即市场经济条件下社会主体间经济意义上交互动态的有限支撑和支持。粮食生产活动是人类社会最基本的生存和发展活动，是其他一切活动的基础。粮食生产活动或粮食生产行为的保障即粮食生产行为的相关主体提供粮食生产行为需要的条件，以支撑和支持粮食生产行为的进行，实现粮食生产特别是粮食规模生产行为的目标。粮食生产活动或行为表现为经济学意义上的理性人独立偏好。理性人的偏好在既定经济条件下首先会赋予利己行为的动机，成为市场行为的经济环境。但是，当理性人的偏好在既定经济条件之外的社会条件下也可能会赋予利他行为的动机，成为社会责任行为的经济环境。因此，如何满足粮食规模生产经营主体的理性人性质偏好目标的同时尽可能改变粮食规模生产的既定条件，提升粮食生产经营主体的理性人性质的利他性动机，促进粮食生产目标行为的社会性需要在粮食规模生产要素资源既定下社会添加进一步的经济活动条件即行为保障条件。从经济机制设计理论视角分析，粮食生产规模与效率同步提升的保障系统即改变粮食生产行为效用函数的约束条件，其实质属于经济干预的范畴，是经济行为制度的重新安排。

粮食生产规模与效率同步提升的保障因子及其系统即所谓粮食生产规模效率实现的保障机制，它代表的是改变既定粮食生产环境下粮食规模生产目标行为的保障系统各要素之间、各子系统之间相互联系、相互作用的关系及其功能。粮食生产规模与效率同步提升的保障因子及其系统是粮食生产行为动力牵引系统的维持系统，主要起着为动力“加油”的作用。没有粮食规模生产行为的保障机制，粮食规模生产行为的动力系统很难发挥持续的引擎功能，粮食规模生产行为主体的自然偏好很难兼顾社会偏好，很难达成“个体追求利己目标的同时促进了社会福利增进”的亚当·斯密目标。因此，粮食生产规模与效率同步提升的保障因子及其系统在粮食规模生产的社会目标行为运行体系中具有至关重要的作用。粮食生产规模与效率同步提升的保障因子及其系统设计重点应该考虑中央和地方政府如何从政策、制度以及公共投入、风险分担、完全成本概念下的补偿等方面。就当前我国主产区粮食规模效率生产的实际而言，其保障因子主要包括粮食保险政策、粮食规模生产基础设施政策、促进主产区粮食大户粮食安全责任担当的相关政策等。粮食保险政策主要保障既定生产技术与要素投入下粮食大户粮食收益的预期，分担粮食规模生产的自然风险，促进粮食规模生产的积极性和持续性。粮食生产基础设施建设即基础设施投入，主要是通过大中型农田水利设施建设、粮食规模生产公益性社会化服务体系建设、现代粮食规模生产示范园建设等改善粮食规模生产的外在经济环境，分担粮食大户粮食规模生产的完全成本，补偿粮食规模生产的多功能成本，保障粮食生产规模效率改善的动力效能和激励效能的持续增进和能量释放。

一、粮食保险政策对粮食生产规模效率实现的保障效能

主产区粮食生产规模效率的实现必须以现行粮食生产稳定产出和收益为基础，由于粮食生产的特殊性，粮食产出与收益的稳定性必须以规避和化解粮食生产的自然风险和市场风险为前提。基于此，世界各国，特别是发达农业国均利用保险工具作为稳定粮食产出和收益的重要保障方式。所谓粮食保险是指专为粮食生产者在从事粮食生产过程中，对遭受自然灾害、意外事故疫病、疾病等保险事故所造成的经济损失提供保障的一种保险。粮食保险属于农业保险的范畴，是最重要的农业保险。所谓粮食保险政策是指国家财政对粮食保险业务给予一定比例的补贴，补贴的对象是投保农户，是以保险公司市场化经营为依托，政府通过保费补贴等政策扶持，对粮食生产因遭受自然灾害和意外事故造成的经济损失提供的直接物化成本保险。粮食生产保险损失频率和损失程度较高，要实现粮食保险业务的财务平衡，按市场计算的保险费率很高，单靠粮食生产经营主体自身承担是难以为继的。因此，需要公共财政提供一定比例的补贴，帮助粮食生产经营主体支付保费，缓解粮食保险市场的供需矛盾，使保费达到保险公司和粮食生产经营主体都能接受的水平。因此，粮食保险政策不仅属于政策性农业保险范畴，也属于世界贸易组织所允许的支持农业发展的“绿箱”政策范畴。它是将财政手段与市场机制相对接，以创新政府救灾方式，提高财政资金使用效益，分散粮食生产风险，促进粮食生产经营主体收入可持续增长。

从2004年中央一号文件开始我国提出加快建立包括粮食生产的农业保险政策，至2018年中央一号文件首次提出完全成本农业保险概念，我国粮食生产保险政策从无到有正在逐步建立与完善，主产区粮食保险政策的效能正在越来越凸显其角色。粮食主产区实施有效的粮食保险政策，一方面，通过稳定粮食生产经营主体决策预期，解除粮食经营者生产的后顾之忧，减少粮食生产意外风险损

失，减轻粮食生产者的经济负担，获取较大的生产安全保障，提高粮食生产者的风险应对能力，增加粮食生产者收入的稳定性，以防止粮食规模生产效率增进的动力因子衰减，保障粮食规模生产效率增进的激励因子效能充分释放；另一方面，通过保险激活主产区金融市场，提高主产区市场化水平，提高粮食生产规模扩张的资本能力，改善主产区粮食规模生产外部环境，保障主产区粮食规模生产外在经济条件的不断优化，从而实现粮食保险政策对粮食生产规模效率实现的保障效能。

当前，主产区粮食生产，特别是粮食规模生产由于生产力低下，人均耕种面积小，年收入偏低，粮食生产利润不高，再生产投入比例偏高。由于粮食保险本身的特点，其商业保险费用偏高。据统计，一般粮食作物的保险费率在2% ~ 15%，与其他保险相比，保险费率要高出十几倍。这样“政策性粮食保险”的补贴费率如果偏低，粮食生产规模经营主体仍然存在参保难的问题，引致政策性投保需求不足，不利于粮食规模生产的持续发展。此外，由于缺乏粮食生产巨灾保险项目与巨灾风险分散机制，当发生巨灾时，保险公司的赔付金额往往要大大超出当年收缴的保险费，增加了保险公司的负担，甚至保险合同难以履行，导致遭受大范围洪涝、干旱等自然灾害的粮食生产者几近颗粒无收，损失惨重。中国既是一个粮食生产大国，又是世界上粮食生产自然灾害频发且损失严重之国，由于粮食产出与自然风险具有高度的关联性，致使粮食生产风险损失在时间和空间上不易分散，很容易形成粮食生产巨灾损失。因此，粮食主产区必须建立政府主导下的粮食生产巨灾风险基金，由中央政府、粮食安全利益补偿的地方政府以及主产区政府提供财政支持，积累巨灾风险保障基金，对遭遇巨灾损失的农业保险公司提供一定程度上的补偿，增强抵抗粮食规模生产巨灾风险的保障能力。

二、粮食基础设施对粮食生产规模效率实现的保障效能

粮食生产，特别是粮食规模生产必须拥有一定相适应的道路、水利、农机服务机构、农资销售网点、农业技术服务机构、现代粮食生产示范园、农田数据网络设施等物资性基础设施以及促进劳动效率改善所必需的社会性基础设施。粮食生产的物资性基础设施是粮食生产协同自然资源构成有效劳动，创造产出，实现劳动价值所必要的、不可或缺的条件。粮食生产社会性基础设施是提高粮食生产者粮食生产效率的必要条件。良好和完备的粮食生产基础设施，对于提高粮食综合生产能力、改善粮食劳动生产率、减少自然风险引致的损失等起着越来越重要的作用。加强粮食生产基础设施建设应采取以下四项措施：其一，通过公共财政投资替代粮食生产经营主体的直接投入，可以降低粮食生产者单位面积生产成本；其二，加强粮食基础设施建设，意味着粮食生产环境得以改善，从而提高粮

食生产经营主体投入要素的生产率，提高粮食生产单位面积产量，并进一步降低粮食生产单位产品的平均成本；其三，加强粮食生产基础设施建设，可以加速物质资料（化肥、农药等生产资料）与资本（机械）对劳动力的替代，产生要素结构调整引致平均成本递减效应；其四，加强粮食基础设施建设，达成公共投入与私人投入的混合经济效应，从而保障粮食生产规模扩张的稳步推进和粮食生产效率的有效改善。

粮食主产区是国家粮食安全最重要的责任载体，主产区粮食生产规模扩大、效率改善等粮食生产综合能力提升的核心要素需要相匹配的粮食生产基础设施存量体系以及与粮食生产规模与效率同步增进的基础设施增量边际。由于粮食生产基础设施一般具有公共产品、外部经济性、自然垄断性和投资资金集聚性等特征，或准公共产品的特性，加之粮食规模生产的多功能性，因而决定着粮食生产基础设施必须构建由公共投资主导，社会积极参与、粮食生产市场主体自发投入的共治机制。例如，区域江湖河的治理、大中型水利设施建设、高标准农田建设、生态保护设施、区域电信网络建设等需要公共投资得以实现。但是，公共投资能力的有限性决定着主产区粮食规模生产相匹配的其他基础设施，例如，小型农田水利建设、节水灌溉农业设施、中低产田改造、智能化设施、机械化基础工程等需要发挥政府、社会和经营主体的共同作用才能得以逐步实现。

从时间序列比较，当前主产区粮食生产基础设施建设的确取得了长足的进步，粮食规模生产相匹配的基础设施得以基本满足。主要表现为粮食生产条件得以改善，主产区生态环境得以初步治理，粮食综合生产能力显著提高，粮食规模生产可持续发展能力增强，农田有效灌溉面积增加，粮食生产抵御旱涝等自然灾害能力增强，粮食生产机械化基础设施条件改观，粮食生产信息基础设施建设得以强化等。但与现代粮食生产发展需要对比，特别是与发达国家现代化粮食基础设施体系相比，我国主产区粮食基础设施建设的确任重而道远。新时期主产区政府需要以大力加强粮食基础设施建设为重点和抓手，加大粮食生产大中型基础设施建设的公共财政投入，支持粮食生产的秸秆还田、种植绿肥、增施有机肥等基础设施建设。同时，主产区需要创新机制，探索如何充分发挥国家政策支持、财政资金引导和市场机制作用的共治机制，探索如何以优惠政策吸引个人、集体、企业等各类经济主体投资粮食生产基础设施建设，探索粮食基础设施建设与管护主体如何多元化、建设项目如何业主化、筹资方式如何社会化、运行机制如何市场化等有效方式，使主产区粮食基础设施成为具有一定自我积累、自我发展能力的基础产业，最终构建主产区粮食生产基础设施建设与管护的长效机制。

三、粮食安全政策对粮食生产规模效率实现的保障效能

古典经济学认为，理性经济人追逐个体利益的最优行为将不断增进全体社会

成员的共同利益，即经济学理论的假设：市场是有效的。但是，由于粮食生产的自然与市场特性、社会提供多个选择行为的经济条件下，企业不会选择粮食生产行为，甚至可能从已选择的粮食生产行业退出，以实现企业资本比较利益和比较效用的最优。事实上，现代社会分工的不断深化，新兴产业的不断出现的确满足了企业家的理性行为愿望。中国改革开放发展的经验已经充分佐证了古典经济学关于市场完全有效性的非绝对性，例如，理性经济人努力追逐个人利益的最优行为不仅不会保障国家粮食安全，相反，极有可能引致国家粮食危机。因此，粮食主产区粮食安全政策及其行为是促进粮食生产规模与效率同步提升，达成社会共同利益增进的理性思维与选择。

粮食安全政策是指国家粮食安全目标下长效而稳定的粮食支持体系政策，包括粮食生产投入支持政策、粮食补贴政策、粮食调控支持政策、粮食风险支持政策、产业保护支持政策。虽然中国粮食生产支持保护政策经历了不少的波折，但正在走向越来越有效的方向。改革开放至1993年是以不断提高粮食市场价格，鼓励粮食生产，实施生产者补贴和消费者补贴的粮食支持政策阶段；1993～2004年是以粮食商品保护价收购为主要的补贴方式的粮食支持政策阶段；2004年至今是以转变粮食支持政策，构建以直接收入支持、粮食生产支持、价格支持、规模补贴等粮食支持政策体系为目标的阶段。2016年国家将粮食直补、农作物良种补贴、农资综合补贴合并成了“农业支持保护补贴”。目前，我国已经初步形成了以生产性补贴与收入补贴相结合、综合补贴与专项补贴相配套的综合政策框架体系。

因此，国家粮食安全政策是粮食主产区粮食生产规模化发展、集约化发展、现代化发展的最基本、最重要、最有效的保障。国家粮食安全政策及其实施有利于全社会粮食生产责任共识的达成，有利于改善主产区粮食规模生产环境，有利于中央财政支持力度的增强，有利于主产区粮食安全的利益补偿、有利于主产区粮食经济的特色发展。因而，首先，主产区必须充分利用国家粮食安全的政策契机和主产区粮食安全的禀赋资源条件，实施积极的粮食产业发展战略，从制度层面保障主产区粮食生产规模扩张的动力环境，从可操作层面保障主产区粮食生产规模效率增进的激励环境。其次，粮食主产区政府要充分发挥中央财政转移支付和主销区财政补偿支付在粮食安全政策中的保障作用，建立并不断完善主产区粮食生产规模与效率同步提升的体制机制，并努力发挥其机制的长效功能。

第十一章　主产区粮食生产规模与效率同步提升的实现途径与政策建议

遵循粮食主产区粮食生产规模与效率同步提升机理，实施经济学理论中的相机决策战略和行为，必须按照粮食生产规模与效率同步提升的可行途径付诸行动。所谓粮食生产规模与效率同步提升的实现途径即实现粮食规模生产效率的方法方式。为此，本章基于前面的理论和实证分析，试图探寻经济学大道定理意义上的主产区粮食生产规模与效率同步提升的实现途径及其相关政策建议。

第一节　主产区粮食生产规模与效率同步提升的实现途径分析

粮食生产规模与效率同步提升是一个复杂系统的长期工程，绝不是一蹴而就的工程，必须遵循“同步提升”的基本逻辑，从粮食生产规模与效率同步提升的内在经济与外在经济的条件改善及其内外在经济的协同等途径着手，夯实现实基础，补齐“同步提升”的短板，充分发挥市场与政府的互动作用，不断推进主产区粮食生产“同步提升”的实现目标，提高主产区粮食生产综合能力，促进国家粮食安全。

一、着力激活要素市场，提高内在经济的稳定性

一般来说，具有现代粮食生产禀赋条件的区域，同时也是粮食生产要素集聚的条件区域。主产区粮食生产的禀赋资源和集聚要素，通过粮食生产市场配置行为，成为粮食生产市场行为因子，包括土地、劳动力、资本、技术、信息等。粮食生产新型主体作为粮食生产市场行为因子的组织者，构建市场行为因子的集聚组织系统，形成粮食生产内在经济的运行基础。从这个意义上来说，粮食生产市场主体粮食规模扩张引致的内在经济其稳定性首先缘于粮食生产市场行为因子的

有效流动性和自由度。因此，粮食主产区必须不断完善并不断激活包括土地流转市场、职业农民培养市场、现代生产装备与技术交易市场、新品种新技术推广市场、粮食生产资本市场等要素市场，以从市场内生视角高质量高标准保障粮食生产规模与效率同步提升内在经济的要素需求，提高主产区粮食生产市场主体规模生产内在经济的稳定性。

二、不断完善体制机制，促进外在经济的长效性

实现主产区粮食生产的现代化，必须构建粮食生产规模与效率同步提升的长效机制。当前，我国主产区粮食生产安全的发展思路和政策设计大多建立在粮食产出的目标上，虽然与前期的普惠制补贴政策相比其大户补贴等政策进步很大，效果也显著，但与新时代加快粮食生产现代化进程的要求仍然存在较大差距，主要是缺乏粮食政策设计的超前性和粮食生产规模与效率同步提升外在经济的功能性的足够认识。因此，当前，粮食主产区必须以粮食生产的供给侧结构性改革为契机，着力创新粮食规模生产的新体制新机制，以粮食生产规模与效率同步提升的目标为着力点，以粮食规模生产外在经济的功能体系为参照系，全面持续推进粮食生产规模与效率同步提升的激励性政策体系、市场性生产服务体系和公益性生产服务体系等外在经济功能体系建设，不断促进主产区粮食生产规模与效率同步提升外在经济的长效性。

三、积极发挥区域功能，增进内外在经济的协同性

粮食主产区既有承载粮食生产规模与效率同步提升的内在经济功能，又有承载粮食生产规模与效率同步提升的外在经济功能，因此，积极发挥粮食主产区禀赋经济功能是增进粮食生产规模与效率同步提升内外在经济协同性最有效的方式。特别是把握新时期国家《关于建立粮食生产功能区和重要农产品生产保护区的指导意见》的战略新机遇，充分利用“两区”建设作为主产区粮食生产固定资产投资安排的重点领域，加大粮食规模生产基础设施建设投入，加强域内骨干水利工程等大中型工程建设和永久农田基本建设，配套完善田间工程和节水改造工程建设等，是当前打造粮食主产区禀赋经济基础和特色最紧迫的重要工作。随着主产区禀赋经济基础建设工程的不断推进，主产区粮食规模生产的内在经济体系与外在经济体系将自然形成更紧密的关联，形成市场与政府的联动耦合模式，达成并不断强化粮食生产规模与效率同步提升内外在经济的协同性。

第二节 实现主产区粮食生产规模与效率同步提升的政策建议

一、大力推进粮食规模生产效率提升战略

根据新时期我国粮食全要素生产率总体表征与趋势，加速我国粮食生产转型升级，促进我国粮食规模种植效率的不断实现。特别需要大力加强粮食主产区粮食全要素生产率改善的政策设计，充分发挥粮食生产短期性政策的大户激励效应。创新设计粮食生产与保障国家粮食长效安全的相关长期性政策，并不断提高粮食生产长期性政策的可及性。从区域性社会化服务、粮食生产新技术采纳和推广、现代粮食生产装备等方面加速主产区粮食生产的专业分工和协调，提高主产区粮食生产的专业化、产业化、市场化和商品化水平。

二、充分发挥主产区区域政策的表征作用

根据粮食政策效应的区域异质性特征，必须进一步发挥中央政策的引导和协调作用，必须进一步强化区域政策的表征作用。主产区必须坚持粮农增收的保障政策，必须通过构建产粮大户、政府与社会等三位一体的区域社会长效投入机制以大力加强具有区域特征的粮食生产基础设施体系建设，必须通过新型城镇化协同推进粮食生产规模化路径加快主产区土地置换与流转，加速主产区粮食规模效率生产，提高主产区粮食产业现代化水平。非主产区需要进一步改善粮食生产长期性政策效应，特别是经济发达的粮食主销区产粮大县，需要加强促进现代粮食生产水平提升的政策设计，加快现代粮食产业园建设，为主产区粮食产业现代化发展发挥引领、示范和支持作用。

三、着力激活粮食产区经济集聚市场因子

粮食产区不仅具有现代农业生产禀赋条件的区域，同时也具有经济要素集聚条件的区域。这些禀赋资源和集聚要素，通过市场配置原则，成为市场行为因子。在市场发育与成长的初期，这些行为因子的关联效应及其相关系统的自组织效应并不显著，需要政府行为的强力推进，才能沿着现代农业生产和经济集聚的路径前行。但是，当市场成长到一定程度后，区域市场行为因子自生关联的自组织效应产生质的变迁，粮食产区农业现代生产与经济集聚的区域经济自然形成协同效应，这时政府强力行为的空间越来越有限，市场行为的内力空间越来越扩

大。因而，政府需要转变强力推进的行为方式，更多地考虑如何有效激活包括土地、劳动力、资本、技术、信息等市场因子的自由配置行为，增进区域内外市场因子的可自由流动性，强化粮食产区市场机制配置资源的决定性作用，增强粮食产区协同推进区域经济进程中化解粮食生产规模化困惑的自组织能力。

四、不断推进主产区土地流转的机制创新

土地流转与集约是影响粮食产区生产规模化与区域经济协同演进的最重要因子。土地规模流转促使粮食生产必然走向专业化、机械化、标准化和集约化，催生现代粮食生产新型经营主体，盘活土地资源和主产区集体资产，拓宽农业投入新渠道，增加农民财产性收入，推动新型社区建设，促进农民工市民化进程，注入市场化发展新元素，推动区域经济建设，推进粮食产区现代化。因此，当前抓住农村土地使用制度改革的新契机，探索粮食产区粮食专业大户、土地股份合作、农机专业合作社、社区股份合作社、粮食龙头企业等各具特色的土地流转模式，推进具有粮食产区特色的宅基地退出与转换机制创新，目标粮食产区土地流转与宅基地置换的受让主体多元化、流转形式多样化、流转土地规模化、流转价格市场化、整体效益最大化，是促进粮食产区土地流转与规模农业、宅基地退出与土地集中、宅基地置换与区域经济集聚交互影响与协同演进的最有效行为方式。

五、努力优化主产区区域协同的支农政策

粮食产区既是国家粮食安全保障的重要地区，又是国家新型区域经济战略实施的示范区，充分发挥粮食产区粮食生产规模化与区域经济的协同作用，既是国家战略行为的需要，也是地方经济社会发展的需要。事实上，长期以来我国实施的财政支农政策，特别是粮食产区支农政策已经产生了积极的效果，粮食产区现代农业与区域经济建设联动效应进入到了新阶段。进一步强化粮食产区的粮食生产规模效率改善和新型区域经济示范作用，既要充分尊重市场规律，又要继续发挥公共财政的功能。粮食产区粮食生产规模化与区域经济协同演进的新阶段，其公共财政的功能主要体现为促进土地规模流转和农村人口转移，因此，公共财政政策设计的出发点应该从既有普惠均等的思想转变为强固实效的思想，例如，实施粮食生产的规模扩张和农村宅基地整体置换的农转非重点补贴政策等，以期通过政府更有效的外力作用，促进我国粮食产区区域经济与粮食生产规模化协同发展，提升粮食产区持续有效化解粮食生产规模化问题与困惑的能力。

六、着力构建完全成本下的持续激励机制

从政策学角度来看，政策设计需要以政策目标为基础和依据。然而，由于一

项新的政策在实施过程中受政策实施环境、决策者认知、消费者偏好等不同原因影响，必须在实践过程中进行不断修正才能达到动态均衡、激励相容的效果。粮食大户补贴政策的设计与执行需要利用粮食生产规模扩张的完全成本概念，创新建立起市场和政府互促互进的成本分担机制，以保证粮食大户补贴政策目标的长期性和有效性。新形势下我国粮食规模经营专项补贴政策在补贴目标设计上应紧紧瞄准粮食生产规模扩张的“双效应”功能，将专项补贴目标定位于粮食规模经营的外部收益引致的完全成本，消除目前社会大众对专项补贴即粮食大户利润补贴的认识偏差或误解，回归粮食大户专项补贴的目标本位，让全社会意识到粮食生产规模扩张不仅可以诞生新型农业经营主体、推进现代农业发展，也可以实现绿色发展、生态修复、文化传承、粮食安全等多重目标，营造全社会有利于粮食规模经营主体培育与成长的良好环境。只有这样，粮食规模经营主体才会在全社会共识条件下自觉将粮食专项补贴政策目标集中指向生产规模扩张的“双效应”作用路径，以便最大限度地发挥补贴政策效能。基于以上共识目标，科学构建政府、市场、社会多主体协同的粮食生产规模扩张成本分担机制就自然成为政策设计的关键。总体来说，对于粮食规模经营引致的外部收益而产生的完全成本，应该通过政府财政专项补贴或全部分担或按照合理比例分担，对于粮食规模经营带来的市场收益而产生的市场成本可以按照市场法则加以解决；对于粮食规模经营引致的社会化服务需求等可以按照公益性和市场性属性通过公共财政和社会力量责任分担和利益共享原则共同解决。

附录一　粮食生产农户的相关调查问卷

尊敬的粮食大户：您好！

我们是湖南农业大学国家粮食安全问题研究团队。为促进我国粮食生产规模发展，提高我国粮食产业竞争力，课题研究团队开展相关问题调查。调查的内容仅供课题研究之用，答题选项没有对错好坏之分，请您放心作答。对于您的支持，我们深表谢意！

注：本问卷调研以您家庭 2016 年实际收支数据为准。

一、农户及家庭基本情况

（1）您的性别：①男　②女

（2）您的年龄：________岁。

（3）受教育情况：①小学及以下　②初中　③中专/技校　④高中　⑤大专及以上

（4）家庭总人口数：________人。壮劳动力（16～60 岁）________人，全职务农________人，老人________人，外出务工 6 个月以上________人，学生________人。

（5）请您对下面问题按照实际情况回答“是√”或“否×”即可：

有无务工经历	是否为村干部	是否党员	是否加入合作社	有无培训经历	是否爱看新闻	是否会上网	是否兼业	新农合	新农保

（6）是否熟悉国家支农惠农政策？①完全不知道　②知道一点　③一般　④比较熟悉　⑤非常熟悉

（7）您的身体健康状况？①非常差　②比较差　③一般　④比较好　⑤非常好

（8）您家庭主要收入来源：①农业收入　②打工收入　③在乡非农经营收入（做生意，做零工）　④财产性收入（租金、利息等分红）　⑤工资性收入

（9）2016 年您家庭的总收入：________。

①3 万元以下 ②3 万～5 万元 ③5 万～8 万元 ④8 万～10 万元 ⑤10 万～15 万元 ⑥15 万～20 万元 ⑦20 万元以上

（10）2016 年您家庭农业生产总收入：________万元。

（11）目前您家的经营类型是：①普通农户 ②种植大户 ③家庭农场 ④农业服务主体（农机、技术能人）

（12）您家的用工需求状况如何？①靠家庭成员完成 ②家庭成员为主，农忙时要雇用 ③技术环节要雇人 ④常年个别雇用，农忙时节大量雇人 ⑤家庭成员为主，农忙换工或请亲友

（13）您家是否兼营养殖：①是 ②否（养殖内容：___，养殖收入___元）

二、土地生产经营情况

年份＼差别	总面积	自有面积	早稻	晚稻（杂交稻）	受灾面积	减产斤数
2017						
2016						
2015						
2014						

（1）单季稻________亩，原因：①人手不够 ②天气自然灾害 ③单季稻收益高 ④双季稻效益低

（2）是否签订承包合同：①是 ②否

（3）2017 年土地分为________块，集中连片最大一块面积________亩，5 亩以下________块，6～10 亩________块，11～15 亩________块，16～20 亩________块，20～30 亩________块，30～50 亩________块。

（4）承包地来源及比例：①本村________ ②邻村________ ③本外村兼有________ ④外乡镇________ ⑤外县________

（5）您家水稻种植方式及比例：①人工插秧________ ②手抛秧________ ③机插秧________ ④种子直播________

（6）您家农药喷施是否需要雇工：①是 ②否

（7）您家农药喷施方式：①人工喷施 ②飞机喷药

（8）水稻干燥方式：①自然晾晒 ②机械干燥 ③直接售卖湿谷

（9）2016 年各类生产环节的成本投入情况：（单位：亩、元、天）

类型	播种面积	亩产	销售价格	细化生产成本								净利润
				种子费	机耕费	肥料费	农药费	机收费	烘干费	保险费	运输费	
早稻												
晚稻												
一季												

（10）2016年您家里各种机械维修费________元，汽/柴油费________元，去年共得到国家补贴________元。您家庭成员常年投入________个工（人），约工作________天。常年雇工________人，月工资________元。短期雇工________人，持续________天，（不足1天加总折合）日工资________元，总雇工成本________元。

（11）根据实际情况填写下面雇工项目开支：

用工项目	用工量	工日数	工日价	用工项目	用工量	工日数	工日价
育秧				插秧（抛秧）			
施肥（次）							
农药喷施（次）							
晾晒				收割—运输—售卖			

（12）您觉得当前农村雇工工资水平？①很低 ②较低 ③一般 ④偏高 ⑤很高

（13）各类农业固定资产（元）：（注意区分大、中、小型号）

项目	拖拉机	收割机	播种机	烘干机	旋耕机	插秧机	农用卡车	小型农具	粮仓/粮库	其他
数量										
总价值										
补贴										
购置时间										

（14）其他类型投资成本：土地平整、排灌渠等公共设施投资________元。

三、农业基础设施与社会化服务情况

（1）现您家或乡镇耕种农地的基础设施情况：

题项	特别差	比较差	一般	比较好	非常好
水库（水源）建设蓄水					
农田河道、水渠通达情况					
农田道路交通情况					
农田整体平整情况					
农田排涝减灾情况					
农业技术推广服务情况					
职业农民培训情况					
粮食晾晒或干燥便利度					
集中育秧育苗情况					
病虫害防治技术指导					
测土施肥、肥料指导					
机种、机收服务便利					
农业机械维修服务情况					

（2）自然灾害对您农业生产的影响：①很强　②比较强　③一般　④比较弱　⑤很弱

（3）您家的农业生产资料（种子、化肥、农药、农膜等）如何采购？①自己单独采购　②与其他农户合作（搭伙）一起采购　③由所加入的合作组织（合作社或协会）统一采购　④由签协议企业统一提供　⑤由村集体统一采购

（4）您家是否有农机具储备仓库：①是　②否

（5）您家是否有粮食专用储备仓库：①是　②否　最大仓储量________吨。

（6）今年相比去年，您家种植面积有无变化：①变小　②没变　③变大

（7）您最希望政府在粮食规模种植方面落实好哪些政策？①加大对大户的补贴力度　②增加银行贷款力度，简化贷款手续　③加强农业基础设施建设　④引导农地合并整理　⑤落实补贴、优惠等

（8）您期望政府解决什么困难？选出三项重要的________（请在选中项打“√”）

	不需要	不太需要	一般	比较需要	非常需要
农业技术知识培训					
农业信贷服务/贷款担保					
继续施行粮食最低保护价					
协助流转土地，合并整理农田					
加大水利等基础设施建设					
农机库房、粮食仓储用地批复					
控制地租价格抬高					
农机补贴范围、力度增加					
对大户补贴加大力度					

（9）经营过程中，主要面临的困难是什么？①劳动力成本高　②自然风险大　③市场风险高　④土地转入难　⑤农业技术缺乏　⑥农机具缺乏　⑦销售渠道有限　⑧缺少资金

（10）农地从打算承包—协商—流转入手，大概需要多长时间？________天

（11）流转耕地是否麻烦：①很简单　②比较简单　③一般　④比较麻烦　⑤很麻烦

（12）流转耕地哪个环节最麻烦？①打听消息　②接触谈判　③讨价还价　④找熟人　⑤约定交易

（13）您家农业种植生产技术服务来源有：①自己琢磨（经验、查网络）　②问街坊邻居　③农资销售店　④乡镇农技站　⑤合作社　⑥电视（广告、农技师）　⑦相关农业企业　⑧高校或科研机构

（14）您在承包中是否出现过矛盾纠纷情况？①是　②否

（15）是否有矛盾调解或仲裁部门？①是　②否

（16）如果出现土地纠纷情况怎么解决？①双方协商　②找流转经纪人　③村委会　④乡镇部门

（17）在生产经营过程中是否有负债？　①是　②否

（18）您家农业生产资金是否缺乏？①从不缺乏　②季节性缺乏　③一般　④比较缺乏　⑤非常缺乏

（19）如果有负债，金额________元，负债来源：____________。

（20）您家在生产过程中是否贷款：________。①是　②否。贷款________元，利率年息________%。

（21）融资主要来源：①亲戚或朋友借款　②银行或信用社贷款　③民间高利贷

（22）您家土地流转的主要渠道：________。

①农户手中流转　②从村、组集体处流转　③从外出务工的亲戚朋友获得　④从农业合作社流转　⑤从农业企业返租　⑥其他方式________

（23）您村或乡镇是否有“土地流转中心”？　①有　②无

（24）耕种过程中，您如何确定化肥施用量________。

①按经验　②按说明书用量　③偶尔超标　④经常适度超标　⑤测土施肥

（25）您认为现在粮食价格________①很高　②比较高　③一般　④比较低　⑤很低

（26）您参加农业保险的意愿________①很强　②比较强　③一般　④比较弱　⑤很弱

（27）以下这些方面对规模种植粮食产量、成本影响情况如何？

	不重要	不太重要	一般	比较重要	非常重要
育种技术					
育秧技术					
插秧方式					
肥料控施技术					
病虫害防治技术					
农药除草技术					
粮食收割技术					
农田翻耕技术					
农田灌溉设施					
机耕道路情况					
粮食烘干技术					
家庭劳力人数					
雇工方便情况					
粮食仓储设施					
自家农机完备情况					

四、未来规模种植计划

（1）您家开展规模种植的原因是？①对种地有经验，增加收入　②外出打工没优势，只能多种地　③农业前景好，国家支持　④家庭原因不便外出

（2）您家今后的经营打算：①希望扩大　②希望缩小　③保持不变

（3）请您就未来是否愿意扩大水稻种植规模及其原因做出回答。（请在选中项打“√”）

	非常不同意	比较不同意	中立	比较同意	非常同意
如果您准备扩大粮食种植规模，其原因是：					
提高家庭总收入					
规模大能降低亩产成本					
规模大更能得到政府支持					
预期粮价会上涨					
家庭现生产力 > 现耕地面积所需					
前期投资大，退出成本高					
如果您准备缩小规模或放弃生产，其原因是：					
劳动力雇工成本上升					
地租成本上升较大					
粮食价格下跌严重					
自然灾害多，损失大					
水利等基础设施差					
家庭劳动力不足					
雇工难，劳动力缺乏，老、弱					
缺少资金					
缺乏相应的管理技术					
外出务工收入更高，更舒适					

（4）如果流入土地扩大耕地面积，您认为转入（或租入）土地期限几年较好？①1年　②2～5年　③5年以上　④长期或永久　⑤无所谓　⑥不知道

（5）你认为当前扩大种植规模与以前小规模经营相比对粮食单量有没有影响？①有明显减产　②减产很小　③完全没影响　④小幅增产　⑤大幅增产

（6）您认为种______亩地比较合适？您的这项决策是根据：①当前种粮收益　②家庭拥有的资金量　③家庭劳动力数量　④家庭劳动力文化水平　⑤家庭劳动力的体能　⑥家庭拥有的农业机械完备程度　⑦家庭开支需要　⑧外出打工机会及收入　⑨国家补贴水平和政策扶持力度　⑩自己的技术水平

——再次感谢您的耐心作答！

附录二　粮食生产合作社类的调研问卷

尊敬的朋友：您好！

我们是湖南农业大学国家粮食安全研究团队。为促进我国粮食规模生产，提高粮食产业竞争力，课题组开展相关问题调查。调查内容仅供研究之用，答题选项没有对错好坏之分，请您放心作答。非常感谢！

一、合作社基本情况

（1）您是不是村干部________？①是　②否

（2）您的年龄：________岁。

（3）您受教育情况：①小学及以下　②初中　③中专/技校　④高中　⑤大专及以上

（4）您在合作社的职务是：____________，您每年参加________次培训。

（5）合作社每年给社员培训____次，主要是____方面？①技术标准指导　②生产经营管理　③市场营销与食品安全　④合作及团队意识　⑤其他________

（6）您了解合作社哪方面的知识：①法律基础知识　②经营管理知识　③市场营销知识　④金融会计知识　⑤都听说过，但不太了解

（7）您熟悉国家惠农政策吗？①不知道　②知道一点　③一般　④比较熟悉　⑤非常熟悉

（8）您参加的合作社名称：________________。

（9）注册于____年____月，现有社员________户，服务非社员________户。

（10）该合作社由谁发起？①企业/公司　②农村能人或村干部　③生产销售大户　④政府

（11）合作社社员主要来自：①本村（占比____%）　②外村（占比____%）③本乡镇（占比____%）

二、合作社开展农业服务情况

（1）合作社向社员提供的服务________？（可多选）　①种苗、农资等生产资料采购　②农业科技培训　③价格信息与销售　④防虫防疫　⑤提供大型农机

⑥仓储服务　⑦运输服务　⑧贷款服务　⑨基础设施投资与改造　⑩加工服务

（2）以上服务的类型途径______？①统一提供　②按社员需要　③其他____________

（3）向社员提供服务时是否优惠？①是，优惠力度____%　②否

（4）您认为本合作社的运行模式属于以下哪一种？①合作社 + 农户　②合作社 + 基地 + 农户　③公司/企业 + 合作社 + 农户　④农户直接售卖，与合作社无关

（5）合作社对社员入社有无生产规模要求：①有　②无

（6）合作社获取资金的主要渠道：①社员自筹　②银行贷款　③政府支持　④农业企业资助

（7）合作社对社员生产成本降低效果？①不好　②不太好　③一般　④还可以　⑤非常好

（8）合作社对农户平均每亩生产成本能够降低________元。

（9）合作社对降低社员生产成本的具体表现：

项目环节	种子费（斤）	肥料费（吨）	农药费（亩）	烘干费（吨）	打地费（亩）	机插秧费（亩）	收割费（亩）	运输成本（元）
节约成本（元）								

（10）土地租金是每年________元/亩，土地是否集中连片？①是　②否

2017年每亩、各类生产环节的成本投入情况。（单位：亩、元、天）

类型	播种面积	亩产	销售价格	细化生产成本								每亩成本
				种子费	机耕费	肥料费	农药费	机收费	烘干费	保险费	运输费	
早稻												
晚稻												
一季												

（11）合作社耕地是否签订流转合同？①是　（签订了________年合同）②否

（12）您合作社水稻种植方式：①人工插秧　②手抛秧　③机插秧　④种子直播

（13）直播（撒谷）________亩，手抛秧________亩，人工插秧________亩，机插秧________亩。

（14）农药喷施方式____________。 ①人工喷施 ②飞机喷药。

（15）水稻干燥方式____________。 ①自然晾晒 ②机械干燥 ③直接售卖湿谷

（16）自然灾害对您农业生产的影响①很强 ②比较强 ③一般 ④比较弱 ⑤很弱

（17）2017年您家里各种机械维修费________元，汽/柴油费________元，全年总雇工成本________元，全年共得到国家补贴________元。

（18）各类农业固定资产（农机设备）________元，补贴了多少________元。

（19）其他类型投资成本：土地平整、排灌渠等公共设施投资________元。

（20）合作社是否有农机具储备仓库：①是 ②否。建设成本________元。

（21）合作社是否有粮食储备仓库：①是 ②否。最大仓储量________吨，建设成本________元。

（22）您最希望政府在粮食规模种植方面落实好哪些政策？①加大对大户的补贴力度 ②增加银行贷款力度，简化贷款手续 ③加强农业基础设施建设 ④引导农地合并整理 ⑤落实补贴、优惠等

（23）在经营过程中，主要面临的困难是什么？①劳动力成本高 ②自然风险大 ③市场风险高 ④土地转入难 ⑤农业技术缺乏 ⑥农机具缺乏 ⑦销售渠道有限 ⑧缺少资金

（24）您所在合作社今后的经营打算：①希望扩大 ②希望缩小 ③保持不变

您的姓名：____________手机号码：____________

——再次感谢您的耐心作答！

参考文献

[1] Ahmed M., Qureshi K. Reeent Evidence on Farm Size and Land Productivity: Implications for Public Poliey [J]. The Pakistan DeveloPment Review, 1999, 34 (4): 1135 - 1153.

[2] Alston, Julian M. The Incidence of US Farm Programs [A] //The Economic Impact of Public Support to Agriculture [M]. Springer New York, 2010: 81 - 105.

[3] Ball Gordon A, Heady Earl O. Size, Structure and Future of Farms [M]. Ames: Iowa State Univ. Press, 1972.

[4] Bamurn H N., Squire L. Technology and Relative Economic Effieiency [J]. Oxford Eeonomic Papers, 1978, 30 (2): 181 - 198.

[5] Bardhan P B. Size, Productivity, and Returns to Scale: An Analysis of Farm - Level Data in Indian Agriculture [J]. Journal of Political Economy, 1973 (81): 1370 - 1386.

[6] Barrett E. Kirwan, Michael J. Roberts. Who Really Benefits from Agricultural Subsidies? [J]. Evidence from Field - Level Data, American Journal of Agricultural Economics, 2016, 98 (4): 1095 - 1113.

[7] Barrett E. Kirwan. The Incidence of U. S. Agricultural Subsidies on Farmland Rental Rates [J]. Journal of Political Economy, 2009, 117 (1): 138 - 164.

[8] Barrett, Christopher B, Marc F Bellemare, Janet Y Hou. Reconsidering Conventional Explanations of the Inverse Productivity - Size Relationship [J]. World Development, 2010 (38): 88 - 97.

[9] Berry R A, Cline W R. Agrarian Structure and Productivity in Developing Countries [M]. Baltimore: John Hopkins University Press, 1979.

[10] Berry R A. Cline W R. Agrarian Structure and Productivity: An Empirical of Peasant Agricultural Production [J]. Oxford. Economic Paper, News Series, 1984, 36 (1): 131 - 145.

[11] Bojnec, Tefan, Laure Latruffe. Farm Size and Efficiency: The Case of Slovenia, Paper for 100th Seminar of the EAAE [J]. Development of Agriculture and Ru-

ral Areas in Central and Eastern Europe, 2007 (6): 21 -23.

[12] Brandy M. Krapf, Dwight Raab. Costs to Produce Corn and Soybeans in Illinois - 2016. [DB/OL]. http: //www. farmdoc. illinois. edu/manage/corn_soybeans_costs. PDF.

[13] Carletto, Calogero, Sara Savastano. Fact or Artefact: The Impact of Measurement Errors on the Farm Size - Productivity Relationship [J] . Journal of Development Economics, 2013, 103 (7): 254 -261.

[14] Carter M R, Wiebe K D. Access to Capital and its Impact on Agrarian Structure and Productivity in Kenya [J]. American Journal of Agricultural Econamics, 1990, 72 (5): 1146 -1150.

[15] Carter, Michael R. Identification of the Inverse Relationship between Farm Size and Productivity: An Empirical of Peasant Agricultural Production [J] . Oxford Economic Paper, New Series , 1984 , 36 (1): 131 -145.

[16] Cornia G A. Farm Size Land Yields and the Agricultural Production Function : An Analysis for Fifteen Developing Countries [J] . World Development, 1985, 13 (4): 513 -534.

[17] Deolalikar A B. Inverse Relationship Between Productivity and Farm Size: A Test Using Regional Data from Lndia [J]. American Journal of The Agricultural Economics, 1981, 63 (2): 275 -279.

[18] Dethier, Jean - Jacques, Alexandra Effenberger. Agriculture and Development: A Brief Review of the Literature [J] . Economic Systems, 2012, 36 (2): 175 -205.

[19] E G Satolo, A T Simon, F A Calarge. Complete Ecological Cost Accounting In The Context Of Sustainability: A Critical View [J]. Brazilian Journal of Biosystems Engineering, 2014, 8 (3) .

[20] Fan S, Chan - Kang C. Is Small Beautiful? - Farm Size, Productivity and Poverty in Asian Agriculture [R]. International Association of Agricultural Economists Plenary Paper, 2003.

[21] Fan, Shenggen, Connie Chan - Kang. Is Small Beautiful? Farm Size, Productivity and Poverty in Asian Agriculture [J] . Agricultural Economics, 2005 (32): 135 - 146.

[22] Feder G. The Relation between Farm Size and Farm Productivity: The Role of Family Labor, Supervision and Credit Constraint [J]. Journal of Development Economics, 1985 (18): 297 -313.

[23] Gardner B D, Pope R D. How Is Scale and Structure Determined in Agriculture? [J]. American journal of Agricultural Econ, 1978, 60 (5): 295 -302.

[24] Hall B. F, E. P LeVeen. Farm Size and Economic Efficiency: The Case of California [J]. American Journal of Agricultural Economics, 1978, 60 (11): 589 -600.

[25] Hayami Y. , Ruttan V. W. Agrieultural Development: Aninternational Perspeetive [M]. Baltimore: Johns Hopkins University Press, 1985.

[26] Helfand S M, Levine E S. Farm Size and the Determinants of Productive Efficiency in the Brazilian Center - West [J]. Agricultural Economics , 2004 (31): 241 -249.

[27] Heltberg, Rasmus. Rural Market Imperfections and the Farm Size - Productivity Relationship: Evidence from Pakistan [J]. World Development, 1998, 26 (10): 1807 -1826.

[28] Holden, Stein T, Monica Fisher. Can Area Measurement Error Explain the Inverse Farm Size Productivity Relationship? [R] . CLTS Working Papers from Centre for Land Tenure Studies, Norwegian University of Life Sciences, 2013 (12 -13) .

[29] Hoque A. Farm Size and Economic Allocative Efficiency in Bangladesh Agriculture [J]. Applied Economics, 1988, 20 (10): 1353 -1368.

[30] Huang J, Wang X, Rozelle S. The Subsidization of Farming Households in China's Agriculture [J]. Food Policy, 2013 (41): 124 -132.

[31] Huang J K. Institutional Innovation and Policy Support to Facilitate Small - scale Farming Transformation in China [J]. Agricultural Economics, 2015, 47 (S1): 227 -237.

[32] Jensen Harald R. Farm Management and Production Economics [M]. Lee R Martin. In a Survey of Agricultural Economics Literature. Minneapolis: Univ. Minnesota Press, 1977.

[33] Kimhi A. Polt Size and Maize Productivity in Zambia: The Inverse Relationship Re - examined [J]. Agricultural Economic, 2006, 35 (1): 1 -9.

[34] Kislev Yoav, Peterson Willis. Prices, Technology, and Farm Size [J]. Journal of Political Economy, 1982, 90 (7): 578 -595.

[35] Larson, Donald F, Keijiro Otsuka, Tomoya Matsumoto, Talip Kilic. Should African Rural Development Strategies Depend on Smallholder Farms? An Exploration of the Inverse Productivity Hypothesis [J] . Agricultural Economics, 2014 (45): 355 -367.

［36］ MacDonald, James M, Erik J. O' Donoghue, William D. McBride, Richard F. Nehring, Carmen L. Sandretto, Roberto Mosheim. Profits, Costs, and the Changing Structure of Dairy Farming ［M］. United States Department of Agriculture ERR -47, September. Bojnec&Latruffe, 2007.

［37］ Michael R. Langemeier. Elizabeth A. Yeager. Cost Efficiency and Feed Grain Production in Kansas ［J］. Journal of the Asfmra, 2014, 6 (2).

［38］ Mishra, Srijit. Agrarian Scenario in Post - reform India: A Story of Distress, Despair and Death ［J］. Orissa Economic Journal, 2007, 39 (1-2), 53-84.

［39］ Mugera, Amin W, Michael R. Langemeier, Does Farm Size and Specialization Matter for Productive Efficiency? Results from Kansas ［J］. Journal of Agricultural and Applied Economics, 2011, 43 (4): 524-527.

［40］ Muhammad Ibrahim Adil. Cost Return Analysis in Wheat Production in Federally Administrated Tribal Area. Pakistan ［J］. Journal of Agricultural Research, 2017, 55 (2).

［41］ Newell A, Pandya K, Symons J. Farm Size and the Intensity of Land Use in Gujarat ［J］. Oxd' ord Economic Papecs, New Series, 1997, 49 (2): 307-315.

［42］ Nicholas Rada, Cheng gang Wang. Subsidy or Market Reform? Rethinking China's Farm Consolidation Strategy ［J］. Food Policy, (2015) (5): 93-103.

［43］ North D C. Nstitutions and Produetivity in History ［J］. Economic History, 1994, 11 (3): 1-13.

［44］ OECD. Agricultural Policies in OECD Countries: A Positive Agenda for Reform ［M］. Paris: OECD Publishing, 2002.

［45］ Rao V, Chotigeat T. The Inverse Relationship between Size of Land Holdings and Agricultural Productivity ［J］. American Journal of Agricultural Economics, 1981, 63 (3): 571-574.

［46］ Rudra A. More on Returns to Scale in Indian ［J］. Agriculture Economic and Political Weekly, 1968, 3 (43): 33-38.

［47］ S C Kumbhakar. Short - Run Returns to Scale, Farm - Size, and Economic Efficiency ［J］. Review of Economics & Statistics, 1993, 75 (2): 336-341.

［48］ Saini G R. Holding Size, Productivity and Some Related Aspects of Indian Agriculture ［J］. Economic and Political Weekly, 1971 (26): A79-A85.

［49］ Schmitt Gunther. Farms, Farm Households, and Productivity of Resource Use in Agriculture ［J］. European Review of Agricultural Economics, 1989, 16 (2): 257-284.

[50] Sehuhz T W. Institution and the Rising Economic value of Man [J]. American Journal of Agricultural of Economics, 1968, 50 (5): 1113 - 1122.

[51] Sen A K. Size of holding and productivity [J]. Economic Weekly, 1964 (16): 323 - 326.

[52] Sen A K. An Aspect of Indian Agriculture [J]. Economic Weekly, 1962, 14 (4 - 6): 243 - 246.

[53] Sen, Amartya K. Peasants and Dualism with or Without Surplus Labor [J]. Journal of Political Economy , 1966 , 74 (5): 425 - 450.

[54] Sheng Y, Zhao S, Nossal K, Zhang D. Productivity and Farm Size in Australian Agriculture: Reinvestigating the Returns to Scale [J]. Aust. J. Agric. Resour. Econ, 2014 (59): 16 - 38.

[55] Srinivasan T N. Farm Size and Productivity: Implications of Choice under Uncertainty [J]. Sankhya - Ind. J. Stat, 1972 (34): 409 - 420.

[56] Sumner D A. American Farms Keep Growing: Size, Productivity, and Policy [J]. Journal of Economic Perspectives, 2014, 28 (1): 147 - 166.

[57] Timothy J. Coelli, D S Prasada Rao. An Introduction to Efficiency and Productivity Analysis [M]. Brisbane, Australia, 2008.

[58] Wang J Y, Chen K Z, Gupta S D, Huang Z H. Is Small Still Beautiful? A Coparative Study of Rice Farm Size and Productivity in China and India [J]. China Agricultural Economic Review, 2015, 7 (3): 484 - 509.

[59] Weiss C R. Farm Growth and Survival, Econometric Evidence for Individual Farms in Upper Austria [J]. American Journal of Agricultural Economics, 1999, 81 (1): 103 - 116.

[60] Yi F, Sun D, Zhou Y. Grain Subsidy, Liquidity Constraints and Food Security Impact of the Grain Subsidy Program on the Grain - sown Areas in China [J]. Food Policy, 2015 (50): 114 - 124.

[61] 阿林·杨格. 规模报酬递增与经济进步 [J]. 贾根良译，经济社会体制比较，1996 (3).

[62] 蔡昉，王美艳. 从穷人经济到规模经济——发展阶段变化对中国农业提出的挑战 [J]. 经济研究，2016 (5): 14 - 26.

[63] 蔡基宏. 关于农地规模与兼业程度对土地产出率影响争议的一个解答 [J]. 数量经济技术经济研究，2005 (3): 28 - 37.

[64] 蔡银寅. 技术进步的过程分析及演化机理研究——中国粮食生产分析案例 [D]. 东南大学博士学位论文，2015.

[65] 陈飞，范庆泉，高铁梅．农业政策、粮食产量与粮食生产调整能力[J]. 经济研究，2010（11）：101 –114.

[66] 陈昭玖，胡雯．农地确权、交易装置与农户生产环节外包［J]. 农业经济问题，2016（8）：16 –24.

[67] 成刚．数据包络分析方法与 MaxDEA 软件［M]. 北京：知识产权出版社，2014.

[68] 党国英．中国农业发展的战略失误及其矫正［J]. 中国农村经济，2016（7）：2 –14.

[69] 邓敏慧，杨传喜．基于超效率 DEA 模型的中国农业科技资源配置效率动态演化研究［J]. 中国农业资源与区划，2017（11）：61 –66.

[70] 董莹．全要素生产率视角下的农业技术进步及其溢出效应研究［D]. 中国农业大学博士学位论文，2016.

[71] 高鸣，宋洪远．粮食生产技术效率的空间收敛及功能区差异［J]. 管理世界，2014（7）：83 –92.

[72] 国务院发展研究中心农村部课题组．稳定和完善农村基本经营制度研究［M]. 北京：中国发展出版社，2013.

[73] 何秀荣．公司农场：我国农业微观组织的未来选择？［J]. 中国农村经济，2009（11）：4 –16 .

[74] 贺雪峰．论农地经营的规模［J]. 南京农业大学学报（社会科学版），2011（2）：6 –14.

[75] 洪名勇，周欢等．交易成本对农地流转影响的实证研究［J]. 广东社会科学，2015（24）：212 –217.

[76] 胡新艳，朱文珏，刘凯．理性与关系：一个农地流转契约稳定性的理论分析框架［J]. 农村经济，2015（2）．

[77] 黄季焜，王晓兵等．粮食直补和农资综合补贴对农业生产的影响[J]. 农业技术经济，2011（1）：4 –12.

[78] 蒋和平，张忠明等．粮食主产区利益补偿机制研究［M]. 北京：经济科学出版社，2013.

[79] 蒋培，冯燕．农业规模化经营的社会基础——社会资本视角［J]. 西北农林科技大学学报（社会科学版），2014（1）：17.

[80] 蒋永甫，张小英．农地流转主体的交易成本［J]. 学术论坛，2016（2）：43 –48.

[81] 蒋永穆，周宇晗．农业区域社会化服务供给：模式、评价与启示[J]. 学习与探索，2016（1）．

[82] 焦必方. 日本农地规模化经营的动向及启示 [J]. 复旦学报 (社会科学版), 2000 (6): 103-109.

[83] 孔令丞, 邵春杰. 均分地权条件下的农业规模化经营 [J]. 农业技术经济, 2005 (4): 47-50.

[84] 李春贵. 农田退化价值损失评估研究 [D]. 中国农业科学院硕士学位, 2007.

[85] 李谷成, 冯中朝. 小农户真的更加具有效率吗? 来自湖北省的经营证据 [J]. 经济学 (季刊), 2009 (1): 95-124.

[86] 李然, 李谷成, 冯中朝. 不同经营规模农户的油菜生产技术效率分析——基于湖北、四川等6省市689户农户的调查数据 [J]. 华中农业大学学报 (社会科学版), 2015 (1): 14-22.

[87] 李征. 中国区域全要素生产率演变研究 [D]. 吉林大学博士学位论文, 2016.

[88] 李志俊, 郭剑雄. 人力资本条件下中国农业生产效率的评价与分析 [J]. 华东理工大学学报 (社会科学版), 2007 (1): 48-52.

[89] 林善浪. 农村土地规模经营的效率评价 [J]. 当代经济研究, 2000 (2): 47-44.

[90] 林毅夫. 制度、技术与中国农业发展 [M]. 上海: 上海三联书店, 上海人民出版社, 1994.

[91] 刘凤芹. 农业土地规模经营的条件与效果研究 [J]. 管理世界, 2006 (9): 71-81.

[92] 刘鹏凌, 李乾, 栾敬东. 粮食补贴政策对粮食产量的影响 [J]. 农业经济与管理, 2015 (1): 40-45.

[93] 刘颖, 洪道远. 要素投入、技术效率与水稻生产潜力研究——基于湖北省农村固定观察点的面板数据 [J]. 华中农业大学学报 (社会科学版), 2018 (3): 35-43.

[94] 刘颖, 金雅, 王嫚嫚. 不同经营规模下稻农生产技术效率分析 [J]. 华中农业大学学报 (社会科学版), 2016 (4): 15-21.

[95] 罗必良. 论服务规模经营 [J]. 中国农村经济, 2017 (11): 2-16.

[96] 罗必良. 农地经营规模的效率决定 [J]. 中国农村观察, 2000 (5): 18-24.

[97] 罗伊·普罗斯特曼等. 中国农业的规模经营: 政策适当吗? [J]. 中国农村观察, 1996. (6): 17-29.

[98] (美) 阿格尼丝·贝纳西-奎里, 贝努瓦·科尔等. 经济政策: 理论

与实践［M］. 徐建炜等译．北京：中国人民大学出版社，2015.

［99］（美）约瑟夫·E. 斯蒂格利茨．经济学（第4版）［M］. 北京：中国人民大学出版社，2013.

［100］［美］道格拉斯.C. 诺思．经济史中的结构与变迁［M］. 陈郁，罗华等译．上海：上海三联书店，上海人民出版社，1991.

［101］［美］科斯．企业、市场与法律［M］. 盛洪，陈郁译．上海：格致出版社，上海三联书店出版社，2009.

［102］马晓河等．建立土地流转制度，促进区域农业生产规模化经营［J］. 管理世界，2002（11）：63－77.

［103］梅建明．再论农地适度规模经营［J］. 中国农村经济，2002（9）：31－35.

［104］倪国华，蔡昉．农户究竟需要多大的农地经营规模？——农地经营规模决策图谱研究［J］. 经济研究，2015（3）：159－171.

［105］倪建伟，桑建忠．完全成本视角下新生代农民工城市住房成本构成研究［J］. 经济社会体制比较，2016（6）.

［106］农业部改革试验区办公室．小规模均田制走向适度规模经营——全国农村改革试验区土地适度规模经营阶段性试验研究报告［J］. 中国农村经济，1994（12）：3－10.

［107］潘剑玲，代万安等．秸秆还田对土壤有机质和氮素有效性影响及机制研究进展［J］. 中国生态农业学报，2013（5）.

［108］钱贵霞，李宁辉．粮食主产区农户最优生产经营规模分析［J］. 统计研究，2004（10）：40－43.

［109］钱克明，彭廷军．我国农户粮食生产适度规模的经济学分析［J］. 农业经济问题，2014（3）4－7.

［110］钱忠好，冀县卿．中国农地流转现状及其政策改进［J］. 管理世界，2016（2）.

［111］［瑞典］冈纳·缪尔达尔．世界贫困的挑战：世界反贫困大纲［M］. 顾朝阳等译，北京：北京经济学院出版社，1991.

［112］任晓娜．种粮大户经营状况与困境摆脱［J］. 改革，2015（5）：94－101.

［113］任治君．中国农业规模经营的制约［J］. 经济研究，1995（6）：54－58.

［114］孙昊．小麦生产技术效率的随机前沿分析——基于超越对数生产函数［J］. 农业技术经济，2014（1）：42－48.

［115］谭淑豪等．土地细碎化的成因及其影响因素分析［J］. 中国农村观察，2003（6）：24－30.

[116] 唐建，Jose Vila. 粮食生产技术效率及影响因素研究——来自 1990 ~ 2013 年中国 31 个省份面板数据 [J]. 农业技术经济，2016 (9)：72 - 83.

[117] 唐轲，王建英，陈志钢. 农户耕地经营规模对粮食单产和生产成本的影响 [J]. 管理世界，2017 (5).

[118] 田国强. 中国改革：历史、逻辑和未来 [M]. 北京：中信出版社，2014.

[119] 田红宇，祝志勇. 农村劳动力转移、经营规模与粮食生产环境技术效率 [J]. 华中农业大学学报（社会科学版），2018 (9)：69 - 81.

[120] [英] 西尼尔. 政治经济学大纲 [M]. 蔡受百译. 北京：商务印书馆，1977.

[121] [英] 约翰·希克斯. 价值与资本 [M]. 薛藩康译. 北京：商务印书馆，1962.

[122] 万广华，程恩江. 规模经济、土地细碎化与我国的粮食生产 [J]. 中国农村观察，1996 (4)：41 - 46.

[123] 王忠玉译. 效率与生产率分析引论（第二版）[M]. 北京：中国人民大学出版社，2008.

[124] 文长存，孙玉竹，魏昊，吴敬学. 新形势下农户粮食规模经营行为及其影响因素研究——基于粮食主产区的调查数据 [J]. 华中农业大学学报（社会科学版），2017 (3).

[125] 吴意云，史晋川. 交易成本论 [J]. 浙江社会科学，2003 (3)：41 - 46.

[126] 西奥多·舒尔茨. 改造传统农业 [M]. 北京：商务印书馆，2006.

[127] 夏益国，宫春生. 粮食安全视阈下农业适度规模经营与新型职业农民——耦合机制、国际经验与启示 [J]. 农业经济问题，2015 (5).

[128] 肖芸，赵敏娟. 基于随机前沿分析的不同粮食生产规模农户生产技术效率差异及影响因素分析——以陕西关中农户为例 [J]. 中国农学通报，2013 (15)：42 - 49.

[129] 谢琳，钟文晶. 规模经营、社会化分工与深化逻辑 [J]. 学术研究，2016 (8)：101 - 106.

[130] 许庆，尹荣梁，章辉. 规模经济、规模报酬与农业适度规模经营——基于我国粮食生产的实证研究 [J]. 经济研究，2011 (3)：59 - 71.

[131] 杨德才，王明. 为什么小农经济会长期存在？[J]. 农业经济问题，2016 (5).

[132] 杨钢桥，胡柳，汪文雄. 农户耕地经营适度规模及其绩效研究：基于湖北 6 县市农户调查的实证分析 [J]. 资源科学，2011，33 (3)：505 - 512.

［133］杨小凯，黄有光．专业化与经济组织［M］．北京：经济科学出版社，1999．

［134］杨义武，林万龙．农业技术进步、技术效率与粮食生产［J］．农业技术经济，2017（5）：46－56．

［135］姚监复．中国农业的规模经营与农业综合生产率——访华盛顿大学农村发展所徐孝白先生［J］．中国农业资源与区划，2000，21（5）：19－21．

［136］姚增福，刘欣．现代农业全要素生产率分解及空间优化差异［J］．经济地理，2016（12）：：119－125．

［137］余斌，吴振宇．供需失衡与供给侧结构性改革［J］．管理世界，2017（8）：1－7．

［138］袁宁，刘小．不同耕地规模影响农户粮食经营行为的实证研究［J］．调研世界，2013（1）：31－34．

［139］湛毅青，欧阳花．高校科研项目完全成本补偿问题研究［J］．科学学研究，2010（3）．

［140］张光辉．农业规模化经营与提高单产并行不悖［J］．经济研究，1996（1）：55－58．

［141］张红宇．中国农地调整与使用权流转：几点评论［J］．管理世界，2002（5）：76－87．

［142］张丽丽，朱俊峰．中国小麦主产区农地经营规模与效率的实证研究［J］．中国农学通报，2013（29）：85－89．

［143］张清津，王新志．中国农村专业化分工与农业经营组织体系的演变［J］．财经问题研究，2016（2）：194－199．

［144］张晓恒，周应恒，严斌剑．农地经营规模与稻谷生产成本：江苏案例［J］．农业经济问题，2017（2）．

［145］张忠根，黄祖辉．规模经营：提高农业比较效益的重要途径［J］．农业技术经济，1997（5）：4－6．

［146］张忠根，史清华．农地生产率变化及不同规模农户农地生产率比较研究［J］．中国农村经济，2001（1）：67－74．

［147］张忠明，钱文荣．不同土地规模下的农户生产行为差异分析——基于长江中下游区域的实地调查［J］．四川大学学报（哲学社会科学版），2008（1）：87－93．

［148］张忠明，周立军，钱文荣．设施农业经营规模与农业生产率关系研究［J］．农业经济问题，2011（12）：23－29．

［149］赵颖文，吕火明．关于农地适度规模经营“度”的经济学理论解析

[J]. 农业经济与管理，2015（4）：13 - 20.

［150］中华人民共和国中央人民政府网站．中共中央　国务院关于实施乡村振兴战略的意见［EB/OL］. http：//www. gov. cn/zhengce/2018 - 02/04/content_5263807. htm.

［151］钟甫宁，顾和军，纪月清．农民角色分化与农业补贴政策的收入分配效应［J]. 管理世界，2008（5）：65 - 76.